PETER THOMAS RUGGENTHALER

DAS WAHRE NIBELUNGENLIED

DONAUWELLEN STATT RHEINGOLD

MOLDEN
VERLAG

PETER THOMAS RUGGENTHALER

DAS WAHRE NIBELUNGENLIED

DONAUWELLEN STATT RHEINGOLD

Die alte Sage des Herrn von Kürenberg
mit den mittelalterlichen Miniaturen

MOLDEN VERLAG
in Zusammenarbeit mit
CARL GEROLD'S SOHN Verlagsbuchhandlung

Für
Liliane Nenada
und
Marcus Thomas Magnus

INHALT

VORWORT

EIN NEUES UND EIN ALTES BUCH

Kann man Gesprochenes lesen?
Selbstverständlich, wenn man heutzutage noch auf einen Menschen trifft, der aus Überzeugung und Neigung – oder umgekehrt – der deutschen Sprache mächtig ist und seine Ansichten zu formulieren weiß.
Peter Thomas Ruggenthaler, der in Wahrheit ein erfolgreicher Manager war und ist und sich als ein Mann der Tat erwiesen hat, gehört zu den wenigen Gesprächspartnern, denen ich mit Vergnügen zuhöre und bei dessen Bemerkungen ich mir denke, sie müßten auch in niedergeschriebener Form unverändert haltbar sein.
Er beweist das mit diesem Buch, das nicht nur über das „Nibelungenlied", sondern auch über den Manager Ruggenthaler viel aussagt.
Was zum Thema gehört, erklärt er im folgenden selbst überzeugend, aber nicht einfach. Er erklärt es in heutigen und zugleich nicht modischen Sätzen und deshalb will ich ihm nicht vorgreifen.
Über ihn selbst sagt dieses Buch nicht nur aus, daß er ein Bücherliebhaber ist und einer, der in Antiquariaten daheim sein müßte. Sondern vor allem, daß er seine Freude daran hat, sich und seine Gesprächspartner – oder Leser – immer wieder auf Nebenwege zu locken und ihnen Möglichkeiten zum Mitdenken oder zur Widerrede anzubieten. Und überhaupt, daß er seine Phantasie nicht zügeln und nicht zügeln lassen will.
Vielleicht gehört dies auch zu den Eigenschaften, die man von einem Privatgelehrten immer schon erwartet hat.
Privatgelehrter? Nun, Peter Thomas Ruggenthaler hat, als er sich mit wichtigen und gewichtigen Problemen der Wirtschaft herumzuschlagen hatte, neue Übertragungen aus dem Chinesischen veröffentlicht und dabei außer Erfolg auch Erstaunen provoziert. Er hat dabei nicht nur die Regeln der Strategie, sondern auch einfach Weisheiten, allgemein gültige, noch einmal und in uns nahestehender Form „eingedeutscht" und mit Disziplin weit über sein eigentliches Fach und Wirken hinaus ergründet. Er hat Zeit und Neugierde in Bereiche investiert, in denen nicht unmittelbar Gewinn zu erwarten ist, es sei denn, man zählt zu den im Privaten gern Gelehrten, die sich auch über anderes als über Zahlen und Gewinn unterhalten können. Und so kam er, was er im Vorwort besser erzählt als ich es könnte, auch zu dem Bildband, den er hochhält und uns zu erklären versucht.
Dabei fand er neue Erkenntnisse und solche, die schon lange niedergeschrieben sind, die man

aber kaum mehr nachliest, denn die mittelhochdeutschen Ausgaben des Nibelungenliedes hat kaum noch jemand in seiner Bibliothek stehen und von Karl Bartsch wissen nur mehr wenige. Also hat Ruggenthaler recht und verdienstvoll gehandelt, wenn er seit Jahrhunderten vergessene Wahrheiten ausgräbt, den Autor des Nibelungenliedes benennt und uns patriotisch fühlen läßt, wie nahe von Wien doch dieser „Kürenberger“ gedichtet und gewirkt hat und wie die Donau in unseren oder nahe unseren Gegenden der wahre Strom ist, an dessen Ufern sich abspielen sollte, was wir in neueren Inszenierungen von Wagner überhaupt nicht mehr zu sehen bekommen.

Zurück und um nicht in die Manier des Autors zu verfallen in den wenigen Gedanken, die ich diesem Buch voranstellen darf. Peter Thomas Ruggenthaler ist ein Mann des gesprochenen Wortes, man sollte sein Buch erstens aufmerksam, zweitens „laut“ und drittens nur in kurzen Abschnitten lesen – immer, wenn man sich zu erinnern sucht oder nach einem Gleichnis fragt, soll man bedenken, daß man von Ruggenthaler dazu verleitet wurde und daß man ihm einen Gefallen tut, wenn man innehält und mitdenkt. Er macht es einem erstens nicht leicht, zweitens aber bereitet er einem Genuß – soferne man ein Gespräch noch nachfühlen und einen hingeworfenen Nebensatz begreifen will.

Manchmal provoziert er, wird derb oder tunkt uns in die Gegenwart. Nicht nur, indem er die erhabenen Ortsnamen auf ihre heutige Form bringt und wir uns mit einmal in Traismauer wiederfinden. Mehr noch, indem er viele menschliche und also wenig edle Beweggründe bei den Personen findet, die man vor Jahrzehnten im Unterricht als hehr oder edel geschildert hat. Mit diesen Wahrheiten, mit denen er nicht hinter dem Berg hält, muß man sich abfinden wie mit der Wirklichkeit.

Und dann kann man die alten Bilder betrachten und auch sehen, was der Autor uns nahebringt. Und soll ihm dankbar sein für die Seiten, die man in einem Zug gelesen hat.

Meine Achtung für den Privatgelehrten Ruggenthaler ist groß. Ich denke mir, daß er sich bei vielen Lesern seiner Schilderung eine ähnliche – oder eine viel fundiertere – Dankbarkeit erwirbt. Ich wünsche es ihm und mir.

Wir leben in Zeiten, in denen beinahe alles, was er repräsentiert, abgeschafft wird. Es soll aber noch für Generationen Gültigkeit haben.

Franz Endler

PROLOG

Krachend schlägt Rüdigers Schild vor Gunther und Hagen auf den verkohlten Boden: Die da vor den Burgunden stehen, sind jetzt keine Freunde mehr.

Ich schrecke auf aus meinem Traum – kein Tronjer und keiner von Bechelaren steht da vor mir – was ich gehört habe, war nur der Wind, der das Fenster zugeschlagen hat. Der Wind hat mich zurückgeweht aus dem Thronsaal in Etzels Burg in meine Zeit und in mein Haus.

Vor mir liegt aufgeschlagen ein Blatt des Nibelungenliedes und davon die Seite mit der XXXVII Aventiure.

Da stehen sie voreinander, die zwei aus meinem Traum – Rüdiger und Hagen.

Nie zuvor habe ich eine alte Handschrift gesehen, in der das Nibelungenlied in Bildern dargestellt ist – was Wunder, es gibt keine alte Fassung mit Bildern außer dieser einen da, die vor mir liegt mit ihren farbigen Miniaturen.

Miniaturen wie die vielen Bilder, die wir als Kinder geträumt haben und die ich nun sehe in diesem seltsamen Buch, über dem ich eingeschlafen bin und das auf so seltsame Weise in meine Hand gekommen ist. Aus zweimal einer fremden Welt – aus der des Kürenbergers an der Donau und aus der der roten Potentaten im Osten von Elbe und Saale.

DAS BUCH

Noch zur Zeit des inzwischen untergegangenen Roten Reiches hat man mir in Thüringen für Vorlesungen Geld ausbezahlt; Geld war das eigentlich nicht, MDN, Mark Deutscher Notenbank haben die bunten Zettel zwischen Wertlosigkeit und wenig Gegenwert an schlechter Ware geheißen. Was also tun mit den Scheinen mit den Insignien des Arbeiter- und Bauernstaates.

Etwas kaufen für Freunde daheim, etwas, das aus dem Lande kommt, ein Stück aus Meißen etwa? Aber weit gefehlt, das gab es nicht für die Landeswährung, das gebe es nur für Westgeld, wurde ich lächelnd belehrt.

Die Empfehlung meiner Freunde aus Thüringen führte mich in ein Antiquariat, wo man vielleicht Ostgeld verwenden könnte für alte Bücher und Stiche.

Beim zweiten und dritten Besuch hatte ich dann meine Freunde bei mir, die den Besitzer kannten und die ihm versicherten, daß ich zuverlässig wäre im Sinne meiner politischen Ahnungslosigkeit, ich käme aus „Östreich", so sprachen sie das aus.

Auf meine Frage nach alten Büchern wurde mir daraufhin ebenso freundlich wie zuvor, aber viel offener geantwortet – Gutes gebe es auch bei Büchern nur für gutes Geld, für richtiges Geld, für „echte" Währung also.

Ein Lächeln zwischen Nachsicht und Unsicherheit auf der anderen Seite, und es ergab sich, daß man mir ein wertvolles Buch anbieten wollte, das ich aber nicht im Geschäft kaufen könne, man werde es mir bringen. Der Preis war für mich viel Geld, aber die Freude an der angebotenen Kostbarkeit wog weit mehr und so kam ich in den Besitz einer alten Bibel. Ich habe sie aber nie zu Hause aufgeschlagen, da meine Bemühungen um eine ordnungsgemäße Ausfuhr letztlich zum Verschwinden meiner Bibel auf dem Amtswege geführt haben.

Meine Enttäuschung war groß und zweifach. Ich war und bin kein reicher Mann, und der Kaufpreis war dahin – und schlimmer noch, meine Bibel war verloren.

Bei meinem nächsten Besuch in der Goethestadt erzählte ich meinen Freunden von meinem Mißgeschick und wurde aufrichtig bedauert, wohl auch wegen meiner falsch verstandenen Redlichkeit: Derlei gebe es eben im Arbeiter- und Bauernstaat, und von einer Nachforschung über den Verbleib des Buches sei nicht viel zu halten und auch abzuraten.

Man versuchte gemeinsam mit mir gutzumachen, was eben möglich wäre, und so gingen wir nochmals zu dem Buchhändler, der von meinem Mißgeschick schon gehört hatte. Eine solche Bibel bekomme er sicher nie wieder in die Hand, meinte er, so eine große Rarität. Etwas anderes mit Bildern, einen Nachdruck allerdings, habe er für mich: den Kodex des Hundeshagen, wovon es nur ein Original und ganz wenige Nachdrucke gebe. Dieser Kodex sei eine spätmittelalterliche Fassung des Nibelungenliedes, einen einzigen Nachdruck davon habe der Händler vor Jahren erworben, den könne ich haben.

Man zeigte mir das Buch, das mir seltsam erschien, da ich von mittelalterlichen Bildern des Nibelungenliedes noch nie gehört hatte und nur Zeichnungen aus späterer Zeit kannte: Wo immer Hagen mit einem Flügelhelm in einem Boot stehend allerlei Pretiosen im Rhein versenkte, woran er angesichts deren Machart gut getan hatte.

Dieses Buch aber enthielt in feiner Wiedergabe der alten Farbminiaturen auf Pergament Bilder zu den 39 Aventiuren. Auf einzelnen Originalen hatte allerdings jemand – vielleicht ein Kind – die Gestalt des Hagen mit einem Federbusch gekennzeichnet und manchmal auch Waffen übermalt.

Ein kleiner Trost für meinen Verlust war das Buch immerhin.

So also begann mit bunten Bildern lange nach meiner Kinderzeit voller Geschichten von Rittern und Helden, minniglichen Maiden und dem grimmigen Lindwurm für mich nun die Geschichte der Burgunden in einer alten Handschrift, dem Kodex des Herrn Hundeshagen.

HUNDESHAGEN UND DER KODEX

Zu Anfang des vorigen Jahrhunderts hatte ein gewisser Helfrich Bernhard Hundeshagen eine „alte Handschrift des Niblungen um den Preis von 100 Duckaten erhandelt“, so seine Aufzeichnung über seinen Erwerb, den er „als ein schätzbares und angenehm zu lesendes Denkmal der Schreiberei“ ansah. 100 Dukaten waren viel Geld für einen Beamten, der zuvor Hofgerichtsadvokat gewesen und der nun, als er die Handschrift erwarb, Bibliothekar in Wiesbaden war. Ein Jahr danach wurde Hundeshagen entlassen und arbeitete dann in Bonn als Baumeister, von wo er aber bald wegen seiner Geisteskrankheit in eine Anstalt in Endenich kam. Dort starb er im Jahre 1858 und hinterließ einem Freund seine bibliographische Kostbarkeit. Kodex wird diese Handschrift, so sagte man mir, darum genannt, weil dieses mittelalterliche Buch eben ein Block von Pergamentblättern ist und nicht mehr eine Schriftrolle wie ehedem üblich.

Die Geschichte dieser wohl im Raume Augsburg – Regensburg entstandenen Handschrift des Nibelungenliedes wäre für sich alleine ein Buch wert, trotz oder wegen der vielen Fragen, die dazu offen sind.

Der Einband des Kodex, den Hundeshagen selbst abgelöst hat, bestand aus einem Pergament, auf dem 1434 in Augsburg eine Urkunde niedergeschrieben worden war.

An dem Papier des Kodex ist zu erkennen, daß die darin ursprüngliche enthaltene Datierung mit 1437 zu Recht bestanden hat; heute ist das Vorsatzblatt mit dieser Datierung aber nicht mehr aufzufinden.

Das bedeutet, daß der Hundeshagensche Kodex etwa 200 Jahre nach der ersten Niederschrift des Nibelungenliedes entstanden ist: Im Spätmittelalter wurde also dieser Kodex nach dem um 1140 entstandenen Nibelungenlied geschrieben. Ort und Zeit der beiden Fassungen sind nicht so weit auseinander, wie es heute scheinen mag: Die Zeit zwischen dem 12. und dem 15. Jahrhundert war nicht so schnellebig wie die unsere, und die angeführten Orte der beiden Niederschriften waren zwar weit auseinander, der Raum um Augsburg und das Donautal zwischen Passau und Wien gehörten jedoch damals schon lange dem gleichen Kulturkreis an.

Wenn auch der Entstehungsort des Hundeshagenschen Kodex bei den Bibliographen außer Zweifel steht, so gilt dies noch immer nicht für den Ort der ersten Niederschrift des Nibelungenliedes und dessen Verfasser. Der Meinung, es sei dies in Passau oder weiter westlich gewesen, steht entgegen, daß in den vier im Nibelungenlied beschriebenen Fahrten zwischen Worms und Gran nur selten Namen genannt sind von Orten westlich von Passau; daß aber das Gebiet zwischen Passau und Wien oft mit Namen auch kleinerer Orte beschrieben wird, wobei besonders die genaue Beschreibung des Raumes Enns–Tulln auffällt. Verglichen mit den damals bedeutenden Orten am Wege zwischen Worms und Passau wie Mainz, Würzburg oder Regensburg dürften so kleine Flecken wie Eferding, Enns, Traismauer oder Mautern und Tulln gar nicht erwähnt werden. Die genaue Ortskenntnis um diese Gegend und die immer wieder und ausführlich genannte Feste Bechelaren – Pöchlarn läßt trotz anderer Meinung annehmen, der Dichter des Nibelungenliedes sei jener Kürenberger gewesen, der in den Urkunden der herzoglichen Kanzlei in Wien zu finden ist und der ein bekannter Mann war. Demnach wäre der erste Text des Nibelungenliedes wirklich aus der Zeit um 1140. Nach der nicht erhaltenen Urschrift und einer Abschrift davon sind drei andere Fassungen entstanden und nach diesen über dreißig weitere Handschriften.

Um die Zeit der ersten Niederschrift des Nibelungenliedes lebte Walther von der Vogelweide etwa 10 Jahre am Hof zu Wien, wo er schrieb „wol uf mit mir und varen wir daheim in Osterrîche“. Auch etwa zur Zeit des Kürenbergers lebten Reinmar von Hagenau, Ulrich von Lichtenstein, Neidhart von Reuental und auch der sagenhafte Tannhäuser aus Bayern.

Wenn also der Kürenberger als Verfasser der Urschrift mancherorts in Zweifel gezogen wird, da er von den anderen Sängern seiner Zeit nicht geschrieben habe, obwohl in seinem Text dazu oft und oft besser Gelegenheit gewesen wäre als für die endlosen Beschreibungen kostbarer Gewänder und blutiger Kämpfe, dann ist zu sagen: Es wären dem Kürenberger noch ganz andere Dinge entgegenzuhalten, daß er nämlich die Fahrt des Rüdiger von Gran nach Worms, die Reise der Krimhild von Worms nach Gran, die Sendung von Wärbel und Schwemmel von Gran nach Worms und zuletzt den Zug der Burgunden von Worms zu Etzels Burg alle durch das Österreich der Babenberger beschrieben hat, die er entgegen einem durchaus unbekannten Rüdiger von Bechelaren mit keinem Wort erwähnt.

Der Kürenberger lebte aber im Donautal zu einer Zeit, als der Stamm der Babenberger in Österreich schon lange an der Herrschaft war: damals Heinrich II Jasomirgott und nach ihm Leopold VI, der 1198 bis 1230 Herzog von Österreich und mit Theodora, der Enkelin des Kaisers von Byzanz vermählt war. Eine damals höchst pittoreske und an sich erwähnenswerte Sache das, weil Byzanz ja schon damals nicht gleich bei Wien lag, wohin die Babenberger im Laufe der Zeit von Westen her ihren Sitz verlegt hatten.

Auch andere Begebenheiten dieser Zeit erwähnt der Kürenberger mit keinem Wort, die aber viel wichtiger wären als etwa der Bischof von Passau.

Es wird schon so gewesen sei, daß dieser Bischof ein Gönner des Dichters war und daß er darum immer wieder genannt wird – als Oheim von Gunther und Krimhild.

Der Kürenberger soll nicht der Verfasser des Nibelungenliedes gewesen sein, so wird oft gesagt von Leuten, die aber niemand anders nennen können an seiner statt. Die Minnesänger Wolfram von Eschenbach, Walther von der Vogelweide, Wirnt von Gravenberg, Heinrich von Ofterdingen, Ulrich von Liechtenstein, Ulrich von Sachsendorf und Konrad von Fußesbrunnen – Feuersbrunn – können außer dem Letztgenannten aus Gründen der Ortskenntnis

nicht gut das Lied geschrieben haben, und dieser Konrad von Fußesbrunnen ist wahrscheinlich erst geboren worden, als das Nibelungenlied schon geschrieben war.
Und beim Kürenberger ist es ja auch nicht leicht, nach bald tausend Jahren herauszufinden, warum gerade in der Heidelberger Liederhandschrift von ihm fünfzehn Strophen überliefert sind. Sein Falkenlied „Ich zôch mir einen valken mêre danne ein jâr“ ist ihm aber ebensowenig abzustreiten wie diese.
Auf dem Bild des Kürenbergers ist zu sehen, wie er seine Obrigkeit grüßt, die nach Zeit und Krone babenbergisch war. Damit paßt das Donautal zusammen, das der Dichter des Nibelungenliedes zum Unterschied von anderen Orten und Gegenden genau beschreibt, auch wenn er die Burg des Rüdiger von Bechelaren nicht benennt – er hätte aber wissen können, was selbst heute noch bekannt ist: daß es in Bechelaren eine Herilungoburg gegeben hat, von der sogar eine Urkunde aus dem neunten Jahrhundert berichtet.
Daß der Dichter die Babenberger Herrschaft in seiner Heimat mit keinem Wort erwähnt, ist aber gut zu verstehen: Hätte er von Heinrich I, Ernst oder Leopold geschrieben in seinem Lied, dann wäre ihm seine dichterische Freiheit verlorengegangen für die Zeit, in die er sein Lied setzte. Denn mit diesen geschichtlichen Gestalten passen seine Burgunden und sein Etzel ja wahrlich nicht zusammen. Da hat die Kunst des Weglassens schon ihre Richtigkeit.
Auch das spricht nicht gegen den Kürenberger.
Ich für meinen Teil folge dem Karl Bartsch, der 1866 geschrieben hat: „Wir dürfen aber mit größter Wahrscheinlichkeit einen österreichischen Ritter aus dem Geschlechte der Kürenberger ... als denjenigen betrachten, der das Epos in seiner ursprünglichen, leider nicht auf uns gekommenen Gestalt dichtete.“
Bessere Begründungen als die von Bartsch geschriebene habe ich für keinen anderen Namen gefunden, und so bin auch ich dabei geblieben, den Kürenberger, meinen Landsmann aus Österreich, als den Dichter des Nibelungenliedes anzusprechen.
Und unsere Freunde an Isar, Main und Rhein brauchen sich darüber sowieso nicht zu kränken, indem daß der Dichter dort sicher nicht daheim gewesen ist.
Daß der Kürenberger aber auch kein Wiener war, wird aus dem Ende des Liedes klar, weil die Wiener erfreuen sich außer am Wein am meisten an den Liedern über den Tod und über eine „schöne Leich“, und dazu wäre in Gran nach Hildebrands Schwertstreich ja wahrhaft Gelegenheit genug gewesen. Aber da hört das Lied auf und die darauffolgende „Klage“ wird von fast niemand mehr dem Kürenberger zugeschrieben.

LORBEER FÜR DEN KÜRENBERGER

Das Nibelungenlied müßte ja eigentlich „Burgundenlied" heißen: Fast alles darin handelt von den Burgunden, und selbst wo von dem Nibelung die Rede ist, von Siegfried also, da stimmt der Name auch nicht, weil die Nibelungen mit dem Siegfried des Nibelungenliedes nur das eine zu tun haben, daß sie von ihm erschlagen worden sind und er sich ihren Schatz angeeignet hat. Und die Burgunden heißen nicht nach dem berühmten Weingebiet in Frankreich so, nein, es ist umgekehrt – die Burgunden, die ursprünglich aus Skandinavien, von Bornholm und aus Rügen, den Inseln in der Ostsee kamen, haben dem Burgund seinen Namen gegeben. Woher sie auch immer kamen, die Burgunden, sie zogen durch Sachsen und dann ein Teil von ihnen nach Westen an den Rhein und weiter in das Tal der Saône, dem heutigen Burgund oder Bourgogne in Frankreich. Der andere Teil von ihnen zog nach Südwesten, über das westliche Ungarn, die Steiermark und Kärnten bis in die Gegend von Trient nach Welschland.

Das – also gut: Nibelungenlied befaßt sich mit den Burgunden am Rhein, und diese mit ihren drei Königen an der Spitze müßten im Königreich Burgund gewesen sein, als Hochburgund und Niederburgund nach 934 vereint wurden. Die Hauptstadt dieses Königreiches war aber Arles, also weit, weit von Worms entfernt, wo die drei Könige des Nibelungenliedes zu Hause gewesen sein sollen nach der Erzählung des Kürenbergers.

Man sieht – die Unklarheiten fangen schon vor dem Anfang der Sage an.

Nun sagen die klugen Leute, das Nibelungenlied sei eine Sage, ein Epos bestenfalls, zusammengeflickt aus anderen Sagen. Eine davon die Sage von der schönen Isländerin, dann von Siegfried und seinem elenden Ende in Worms, eine andere die von der Rache der Krimhild und vom Untergang der Burgunden in Etzels Burg in Gran. Und das alles, sagen sie, passe nicht zusammen. Dazwischen waren ja Jahrhunderte vergangen, weil der von der Ostsee kommende Germanenstamm der Burgunden, der Sachsen also, mit der Völkerwanderung im 5. Jahrhundert über den Rhein gekommen war und sich dann in der Gegend von Worms und Mainz niedergelassen hatte. Und 436 nach der Zeitenwende wurden ja wirklich die Burgunden von einem gemeinsamen Heer von Römern und Hunnen unter Aëtius Flavius vernichtend geschlagen und Attila selbst von den Römern und den Westgoten unter ihrem König Theoderich auf den Katalaunischen Feldern besiegt.

Mit dem Etzel-Attila aus Gran in der Nibelungensage habe das alles nichts zu tun, Gran sei erst ein halbes Jahrtausend später Herrschaftssitz geworden und einen Etzel habe es dort nie gegeben.

Das leuchtet ein: Die Katalaunischen Felder, die nach dem römischen Catalaunum für das heutige Châlons sur Marne genannt sind, liegen auf halbem Wege zwischen Metz und Paris, und da war der sagenhafte Attila tatsächlich im Jahre 451.

Klar, das paßt mit dem Attila aus Gran, dem heutigen Esztergom, nicht recht zusammen, von wo aus der Hunnenkönig des Nibelungenliedes nie weiter nach Westen als bis nach Tulna-Tulln gekommen sein soll bei seinem ersten Zusammentreffen mit Siegfrieds Witwe; wenn er nicht bei einem früheren Kriegszug bis knapp vor Passau gekommen ist, aber nicht weiter: Passau war bayerisch und ist es noch, und die Bayern waren damals schon ein harter Verein und einem aus dem Osten nicht so untertan wie die aus Ostarrichi.

Die Burgunden also im 5. Jahrhundert und – soll so sein, ein Hunnenführer namens Attila in dieser Zeit, aber der gleiche Hunnenkönig 500 Jahre später in Gran, das geht nicht zusammen, obwohl die Hunnen, die Hiunen aus der Mongolei, gegen deren Angriffe sogar Große Chinesische Mauern gebaut werden mußten, sichtbar schon ganz andere Sachen zuwege gebracht haben. Aber Gran, das heutige Esztergom, gab es damals wirklich noch nicht, es kam erst um 1000 zu einiger Bedeutung, als es vom Heiligen Stephan – ja, der mit dem schiefen Kreuz auf der Krone – zum Sitz eines Erzbischofs gemacht wurde. Vorher war es Sitz der Arpaden, der Großfürsten der Magyaren, die vor den Petschenegen dahin geflohen waren. Um diese Zeit der Jahrtausendwende kommt in Gran kein Attila mehr vor. Also alles Geschichtenflickerei, sagen die Gelehrten, nicht mehr als das sei das Nibelungenlied. Als ob das etwas zu bedeuten hätte! Daß das aber die eigentliche Meisterleistung des Kürenbergers ist, solche weit auseinander liegende Sagen oder Geschichten zu einem großen Ganzen zusammenzufügen, das muß man erst erkennen. Und daß er sich dazu eines Landsmannes bedient, des ansonsten weithin unbekannten Rüdiger von Bechelaren, ist ja wohl auch ein nicht zu übersehender Hinweis auf seine eigene Herkunft.

Mit diesem seinem Rüdiger erst bringt er die schöne Witwe zum König der Hunnen. Und mit diesem seinem Rüdiger erst macht er aus einem zur gegenständlichen Zeit durchaus notorischen Abschlachten im Osten erst die grausige, aber einleuchtende Sache zwischen den Burgunden und dem Markgrafen auf seiten der Hunnen. Und dieser Markgraf Rüdiger von Bechelaren kämpft dann als wichtigste Gestalt des Liedes gegen die mit ihm eigentlich befreundeten Burgunden, bis er von diesen – wie sagt man so anschaulich: niedergemacht wird.

Zum Schluß wird noch ein großer Vollstrecker gebraucht. Vollstrecker darf man sagen, weil der Herr Dietrich war aus Bern und daher eigentlich unverdächtig, das leuchtet ein. Der Kürenberger hat auch diesen Herrn aus einer anderen Sagenwelt geholt und seine Arbeit verrichten lassen.

So ist also das Nibelungenlied ein Epos, ein langes Gedicht in dem seltenen und schwierigen Versmaß, das der Kürenberger auch in seinen anderen Liedern verwendet hat.

Und daran hat er insgesamt gut getan, weil wenn er nicht die Burgunden donauabwärts ziehen gelassen hätte unter falschem Namen, aber immerhin, wie kämen dann die Österreicher zu ihrem Nibelungengau, wohl dem schönsten Teil des Donaustromes.

DIE BILDER VON DEN NIBELUNGEN, DEN BURGUNDEN UND DEN HUNNEN

Vor dem Bild zur ersten der 39 Aventiuren muß man die Vorgeschichte kennen, die den Menschen zur Zeit des Kürenbergers durchaus bekannt war. Diese Vorgeschichte beginnt mit einer schönen Königin im Norden, die auf ihrer Insel Island auf ihrer Burg Isenstein von vielen Helden umworben wird. Nun ist aber die Königin mit ungeheuren Körperkräften ausgestattet und möchte nicht Frau eines Schwächlings werden. Sie läßt darum jeden Bewerber mit sich um sich kämpfen und dafür sein Leben einsetzen. Wegen ihrer Kräfte war jedoch jede Werbung erfolglos und zudem fatal für die Brautwerber, die in großer Zahl den Boden Islands mit ihrem Blute getränkt haben.

Das hört auch Siegfried, der Sohn von König Sigmund von Xanten und macht sich auf nach Island. Die Niederländer – Xanten war einst holländisch – sind ein seefahrendes Volk, man kann ihnen das nicht absprechen, und Siegfried war ein Niederländer, so geht das Nibelungenlied.

Die Königreiche können aber damals nicht gar so groß gewesen sein, wenn in Worms, ein paar Dutzend Meilen im Süden von Xanten, schon die nächsten Könige saßen.

Aus Xanten ist der junge Siegfried also losgezogen, alleine durch Wälder und Auen den Rhein hinunter und dann über das Meer – man sieht: Seefahrt tat damals schon not.

Solcherart kam er nach Island und fand dort seine Walküre. Die Sache ist bei Wagner lang und breit zu hören und zu sehen. Mit den Namen der da und später handelnden Personen hat sich der Kürenberger sichtbar schwer getan, wo er an die alten Sagen der Edda und besonders die von der schönen Walküre anknüpft: Dort ist Grimhilt die spätere Ute, die Krimhild heißt in der Edda Gudrun, Gunther dort Gunnar und Hagen Högni. Siegfried hieß in den älteren Liedern Sigurd, Brunhild Prynhilt und Etzel einfach Atli.

Siegfried oder Sigurd, je wie's beliebt, kam also nach Island und dortselbst in die Gunst der allseits bewunderten Walküre.

Von den Freuden der beiden bei ihrer sehr nahen Bekanntschaft weiß man immerhin, daß dabei der Schönen ihre hünenhafte Kraft abhanden gekommen sein soll – nicht ganz freilich, wie sonst wäre sie später bei der Brautwerbung Gunthers noch zu solch herkulischen Taten fähig gewesen!

Daß der Xantener vorher zu der Schlafenden durch ein Feuer springen habe müssen – das gehört sich als mindestes, wenn er sonst schon keine großen Leistungen vollbringen mußte, um zu der Dame zu kommen und sie nachher zu „truiten", wie das oft in den alten Liedern

heißt. Und was von manchen Übersetzern und von blutleeren Erbsenzählern mit „freudvoll betrachten" oder ähnlichem beschrieben wird.
Das ist natürlich Unsinn, denn mit „truiten" war die leibliche Minne gemeint, wie jeder österreichische und bayerische Waidmann weiß aus dem Sinnspruch „Wer den Hahn schießt vor Sankt Georgen, der muß das Treten selber besorgen".
Truiten ist also „treten", und was der Hahn damit meint, das hat der Holländer bei der schönen Brunhild schon längst gewußt – wenn nicht, dann gäbe es gar kein Nibelungenlied. So ging das einige Zeit in Liebe, Pracht und Frieden, und eines Tages verspricht Siegfried der Brunhild die Ehe, und danach geht er fort und kommt nicht wieder.
Schlimm daran war nicht so sehr, daß die Schöne ihm sein Verschwinden nie verziehen hat. Schlimm daran war vielmehr, daß das Nibelungenlied diese Sache zur Vorgeschichte hat und daß Brunhild und Siegfried zuerst in Island und dann in Worms wieder zusammenkommen. Ohne diese Vorgeschichte der Brunhild ist die spätere Geschichte von Siegfried, Krimhild und den Burgunden, wie sie der Herr von Kürenberg geschrieben hat, nicht zu verstehen.
Das alles geschah vor der ersten Aventiure.

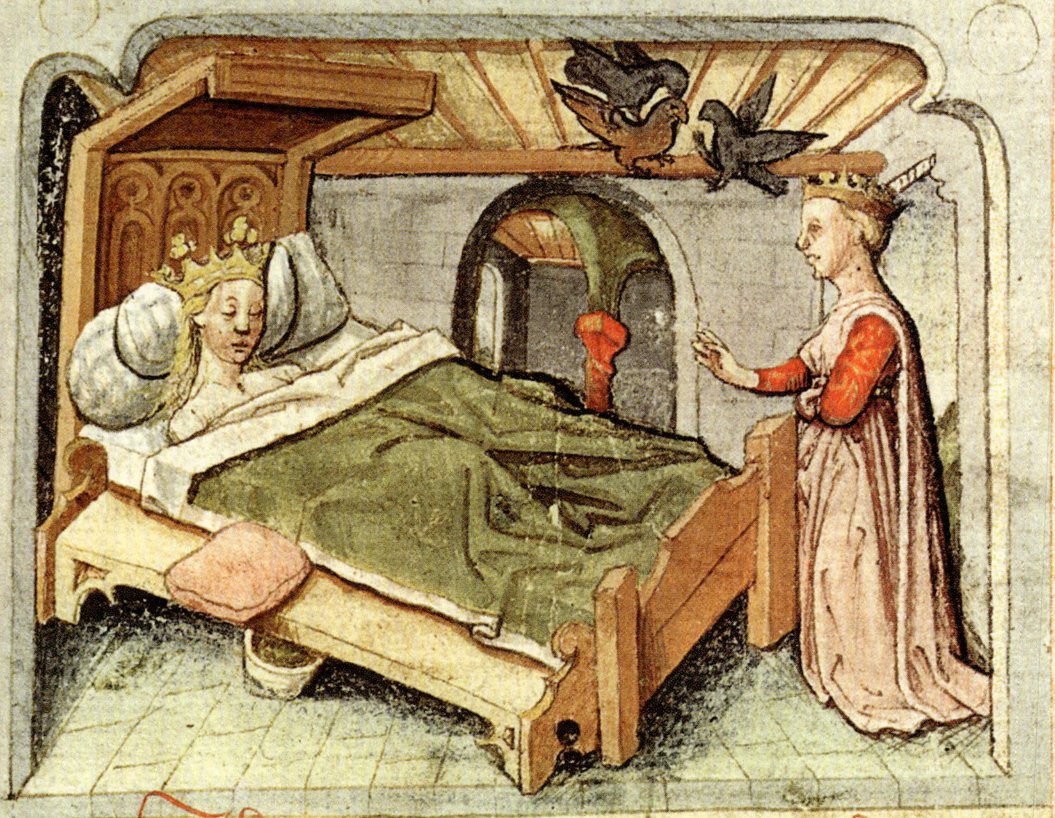

Abentewr von Seyfrid dem Starcken

Dl wuchs in nider lande ains edlen kunges chint
des vaters hies Sygmund sein muter Sigelint
In ainer burge reiche witten wol erkant
niden bey dem reine die waz genant
¶ Seyfrid waz gehaissen der schnell degen gůt
er versůcht vil der recken durch ellenthafften můt
durch seines leibes stercke ersůcht er frende land
hey waz er schneller degen zu den burgonden vand
¶ E daz der degen küne wol gewuchs ze man
da het er soliche wunder mit seiner hand getan
Da von man immer mere mag singen unde sagen
des wir von disen stunden mussen vil von im vertagen
¶ In seinen besten zeiten bey sein jungen tagen
man macht michel wunder von Seyfriden sagen
waz eren an im wuchs und wie schon waz sein leip
des heten in ze minnen die weltlichen weib

I AVENTIURE

Wie Krimhild träumte. Oder: Wenn eine Prinzessin träumt, dabei aber Adler und Falken verwechselt, dann kann das nicht gutgehen. Auch wenn sie mit dem Falken vorerst nichts zu tun haben will.

Dieser Teil der Sage ist kein Abenteuer, denn das meiste an „action“, was zu einem Abenteuer ja gehört, das ist da nur der Falkentraum der Krimhild, und den träumt sie sinnvollerweise im Bett.

Das erste Bild des Kodex zeigt das ganz genau: Krimhild liegt standesgemäß und daher mit der Krone auf dem Haupt und darum nicht sehr bequem halb sitzend zur Ruhe. Der Maler der Miniatur war sehr sorgfältig: Auch das Bettzeug der Prinzessin hat er im Detail dargestellt.

Die Bayern haben das beim Herrn Hundeshagen nur noch nie ganz genau angeschaut, weil sonst täten sie uns schon darauf hinweisen in ihrer feinfühligen Art, daß sie (die Polster) aus blau-weißem Rautenstoff sind und wie historisch bedeutsam die sohin bayerische Bettwäsche mit den blauen Rauten ist.

Krimhilds Traum von den zwei Adlern, die einen Falken „erkrummen“, also mit ihren Krummen, wie die Fänge der Raubvögel bei den Jägern heute noch heißen, zerhacken, ist im Bild an der Decke von Krimhilds Gemach dargestellt. Das erzählt sie ihrer Mutter Ute, die ihr den Traum deutet.

Die Königinwitwe – ihr Mann Dankrat war lange schon verschieden – meint, daß der Falke, dem es da schlecht ergeht, wohl ein Sinnbild für einen edlen Mann wäre. Krimhild meint dazu, das ginge sie nichts an, da sie sich niemals mit einem Manne einlassen wollte – Recke oder nicht Recke.

Ihre Mutter weiß es aber besser, und besser bedeutet bei der königlichen Seherin ein schlechtes Ende in dieser Sache.

II AVENTIURE

Wie Siegfried erzogen wurde. Oder: Ein Prinz aus Holland wird erwachsen. Was er dabei alles erlebt, das erfährt niemand, bis ein gewisser Hagen eines Tages in Worms davon erzählen wird.

Die II Aventiure vom jungen Siegfried ist in den alten Handschriften nicht immer gleich, überall aber ist er der Sohn von König Sigmund und Königin Siglind und also ein junger Prinz. Aus ihm einen kopf- und herzlosen Abenteurer zu machen, das kann man auch nur uns antun, aber die Gelehrten nicken dazu und erinnern daran, daß nur ein Wüstling so mit Brunhild habe umgehen können, wie Siegfried es sich hatte zuschulden kommen lassen.

Das kommt davon, daß eine Strophe der II Aventiure falsch übersetzt oder verstanden wird, wo von Siegfried steht „er war nu sô gewahsen, daz er ze hove reit“. Damit ist beschrieben, daß der junge Siegfried nun aus dem Pagenalter heraus war und bei SM König Sigmund in Dienst zu treten hatte. So war das damals, auch ein junger Prinz hatte Dienst zu tun und nicht nur für Paparazzi zu posieren.

Der Dienst verstand sich verständlicherweise als Waffendienst und das nahm der König zum Anlaß, zu einem Hofgelage einzuladen, zu einer „hôchgezît“. Aus dieser „hôchgezît“ wurde bei einem Übersetzer eine „Lustbarkeit“, was sich heute auch aus Gründen des Knüppelverses erklärt und sich damals für alle Beteiligten erhoffen ließ.

Gleich 400 Schwertdegen, „swertdegene“ hat der König dem Siegfried zur Begleitung gegeben. 400? – soll so gewesen sein, wichtig ist es, daß es swertdegene waren, was nur bedeutet hat, daß die Knaben ein Schwert bekamen. Mit unserem „Degen“ hat das nichts zu tun.

Und alle 400 waren sehr ergriffen, daß sie zu Rittern wurden. Daß sie dazu geschlagen wurden, davon ist nicht die Rede – die Sache fand aber auch in der Kirche statt. Anschließend gab es das sonntägliche Pflichtturnier, bei dem die Jungen so eifrig mittaten, daß der König sicherheitshalber abwinkte und alle zu Tische bat.

Trotz aller Ehrungen lehnte Prinz Siegfried ab, von seinem Vater die Herrschaft zu übernehmen. Man sieht: Ein guter Sohn aus gutem Hause.

Soweit also alles im Lot in Xanten.

Daz sy den jungen wolten ze eine herre han
des engerte nicht herr seyfrid der vil watliche man
Seit daz noch baide lebten Sygmund vnd sigelint
niht wolte tragen krone ir baider liebes chint
Doch wolt er wesen herre für allen den gewalt
des in den landen furchte der degen kün und balt
In dorfte niemant schelten sit do er waffen genam
ja geruete vil selten der recke lobesam
Süchte yemant streiten sin ellenthaffte hant
dat in ze allen zeiten in fremden richen wol bechant

III AVENTIURE

Wie Siegfried nach Worms kam. Oder: Unhöflich fragen und frech antworten, so benehmen sich Könige und Prinzen besser nicht – fast wäre der Streit da schon losgegangen.

Der Prinz hört, daß eine „scoeniu meit waere in Burgonden", eine Schwester von König Gunther, um die sich schon viele bemüht hatten, ohne Erfolg alle: So schön und so erlaucht sei sie, daß die „edlen Recken und Fürstensöhne" alle wieder gehen mußten.

Nun sind und waren die Niederländer und solcherart auch der junge Siegfried nicht nur seefahrende, sondern auch wagemutige und erfolgreiche Leute, was man an ihrem blühenden Land erkennen kann. Es hat daher den Prinzen von Xanten ganz besonders gereizt, daß da in nicht allzu ferner Nachbarschaft eine so schöne Prinzessin zu freien wäre. Xanten – Worms, den Rhein entlang für einen guten Reiter zehn, zwölf Tage, zwei Wochen vielleicht. Und also verkündet der Kronprinz, er wolle um die Hand der Burgundenprinzessin anhalten, und das trotz der kummervollen Bedenken der Eltern, die Burgunden hätten ein viel größeres Reich und deren König Gunther täte alles, die Werbung „dem Degene sere ze leiden". Siegfrieds Vater warnt ihn auch vor den Mannen Gunthers, insbesondere vor einem gewissen Hagen, womit SM am Ende nur allzu recht behalten sollte. Wenn schon, so meint der König, dann möchte er seinen Sohn mit standesgemäßer Begleitung ausstatten, so gut er nur könne, da König Gunther allerlei wehrhafte Leute in Diensten habe.

Siegfried nimmt aber nur 12 Mann mit auf seine Brautfahrt und wird dazu von seiner Mutter auf das prächtigste ausstaffiert. So reiten sie also selbdreizehnt den Rhein entlang und halten ihre Marschtabelle bestens ein: Für den langen Weg brauchen sie nur 7 Tage – recht ordentlich, so an die 30 Meilen jeden Tag, und das in voller Rüstung; ihre Schilde „licht und breit", also frisch mit Sand poliert. Schöne Bilder, daß „der Schwerter Enden niedergingen auf die Sporen", scharf ihre Speere und der Spieß Siegfrieds sei zwei Spannen breit gewesen. Aber bitte, wie geht das? Der Prinz war sicher gut bei Kräften, aber ein Lanzenblatt mit zwei Spannen Breite, also soviel wie eine Elle oder einen halben Meter! Gemeint ist wohl „sehr breit", so wie wir heute sagen, eine Predigt sei ellenlang und meinen, der Pfarrer hat sich wieder einmal in die Bibel vergraben. Eines ist wie das andere nicht wörtlich zu nehmen.

Schade, daß sich im Kodex von dieser Pracht nur eine Zeichnung des Helfrich Bernhard Hundeshagen, aber kein altes Bild findet; hatten da doch die Leute in Gunthers Land was zu begaffen – sie „kapfeten sie an", solcherlei hatten sie noch nicht gesehen: Pferdegeschirr mit Gold und Seide, und alle liefen ihnen entgegen, „Ritter und Knecht". Begrüßt hat man die Fremden, die da zum König wollten. Einer Rotte von gepanzerten Schlägern hätte man nicht den Weg zum

König gewiesen. Siegfried bleibt aber mit der kleinen Schar im Hof der Burg bei den Pferden und gibt damit Gunther Gelegenheit, sich zu erkundigen, wer da gekommen sei. Niemand hat eine Antwort, nur Ortwein von Metz meint, seinen Oheim Hagen soll man kommen lassen, der wüßte sicher Bescheid über die Leute in Eisen und Gold, wenn man schon keinen Gotha zur Hand hätte.

Und da kommt der Reichs-Nomenklator und bewundert zuerst einmal die Gepanzerten, die er nicht kennt. Nach dem, was er gehört habe, könne aber „der große Recke, der dort herrlich geht“, nur Siegfried sein, von dem soviel die Rede ist.

Da geht nun dem Dichter der Federkiel durch, oder er nützt einfach die Gelegenheit, Hagen über Siegfried alles erzählen zu lassen, was den großartigen Niederländer ausmacht. Dazu braucht der Kanzler 14 Strophen, um Siegfrieds Heldentaten zu beschreiben, ohne daß ihn sein König danach gefragt hätte. Gunther hatte eigentlich nur gefragt, wer da eingeritten sei: Ganz leise, ganz unsichtbar am Anfang, bringt da der Kürenberger vor, wer eigentlich wichtig war in Worms, auch wenn Gunther und seine Brüder Gernot und Giselher eine Krone tragen.

Alles Wichtige erzählt Hagen – daß Siegfried in das Land der Nibelungen gezogen sei, wo er Schilbung und Nibelung, die beiden Söhne von König Nibelung, samt 12 Riesen und 700 Gepanzerten erschlagen habe.

Der Grund sei nicht ganz klar, meint der Kanzler, es sei in der Erbschaft der Nibelungen aber unglaublich viel Gold, und die Nibelungenprinzen wären darüber wohl uneins gewesen. Sie hätten zuerst untereinander Streit gehabt und den Gast Siegfried daraufhin zum Erbschaftsrichter haben wollen und ihm zum Lohn das Wunderschwert ihres Vaters, den sagenhaften Balmung, gegeben. Was sich in der Folge als unverzeihlicher Fehler herausgestellt habe, wenn man 714 Gefallene in Rechnung stelle gegen einen einzigen Mann.

Nach diesen, die er allein erschlagen habe, sei Siegfried am Ende auch noch der Hüter der Reichtümer der Nibelungen entgegen getreten, Alberich. Dieser sei zwar ein Zwerg, aber kräftig wie 12 Mann und mit einer Tarnkappe ausgestattet gewesen, wodurch Siegfried nicht habe sehen können, woher ihn der Wicht angegriffen habe. Siegfried sei da „in große Not“ gekommen. Im letzten Augenblick sei es dem Xantener aber gelungen, dem Zwerg, der seinem Namen Albtraum alle Ehre gemacht habe, die unsichtbar machende Mütze abzunehmen und mit dem solcherart Sichtbaren kurzen Prozeß zu machen. Das schlimme Ende der Sache habe der Kleine aber nicht abgewartet, er habe vielmehr dem neuen „herre des hordes“, also dem Besitzer des Schatzes gehuldigt und sich allsogleich als Kämmerer bei Siegfried verdingt. So verfüge der Xantener also über den unermeßlichen Schatz und das Reich von König Nibelung, über dessen unbesiegbares Schwert Balmung sowie über die Tarnkappe von Alberich; eine Ausstattung, die zu denken geben sollte.

Bevor man sich mit dem Niederländer so oder so einläßt, sollte man vielleicht auch noch daran denken, daß der wegen eines Bades im Blute eines von ihm eigenhändig erschlagenen Lindwurms eine so feste Haut habe, daß er von keiner Waffe verletzt werden könne. Gunther beherzigt das und läßt den Fremden freundlich empfangen. Dabei gibt der König bedauerlicherweise manchen Philologen ein ebenso fadenscheiniges wie begeistert aufgenommenes Argument gegen die Ebenbürtigkeit des Niederländers an die Hand; er redet ihn so an: „Es wundert mich, woher ihr, edler Siegfried, in unser Land gekommen seid und was ihr in Worms da – eigentlich – wollt". Es scheint für unsere Sprachphilister schwer zu begreifen, daß Siegfried auf ein solches Willkommen antworten muß, wie er es tut – höflich aber hart: „Ich höre, ihr seid ein König voller Kühnheit, aber ich will euch abnehmen was ihr habt, Burgen und Land". Und wegen dieser Antwort auf eine wahrhaft unfeine Begrüßung soll der Xantener nur ein dahergelaufener Abenteurer, ein Parvenü (parvenire) sein, nur ausgezogen, um sich fremdes Gut anzueignen? Sicher, so redet man nicht: „Was ihr wellet werben", also „was ihr da haben wollt zu Worms am Rhein", das ist eine Zumutung, das sagt man nicht ohne Gruß und Willkommen zu einem Fremden; noch dazu wenn man von Hagen weiß, welcher Art er ist – und wie er mit Lindwürmern umgeht.

Das mußte den Jungen zornig machen: Das „edler Siegfried" kann sich der da sparen, was glaubt der Alte, wer bin ich schließlich! Darum die Antwort des Xanteners im Bewußtsein seiner Kraft und seiner Waffen: „Das soll euch nicht verborgen bleiben und wenn ihr so mutig seid, wie man sagt, dann tragen wir die Sache aus – mein Reich gegen das deine. Dem Sieger gehört alles."

Ob dieser im wahrsten Sinne des Wortes geharnischten Antwort „Dem Sieger gehört alles und der Verlierer geht leer aus" wird die Sache für den Schwachen nicht eben leicht, „den künec hete wunder". Uns wundert, daß sich der König wundert.

„Wie het ich daz verdienet", sagt darauf der König. Wohl nicht die wahre Antwort auf einen Fehdehandschuh, geworfen von – soll sein – knapp vier Zentner Panzer samt Inhalt, beides hoch zu Ross, wenn man der Zeichnung von Hundeshagen glauben will. Die alte Miniatur zur III Aventiure von der Ankunft Siegfrieds in Worms ist verschollen, aber der Herr Hundeshagen hat eine so feine Ergänzung für diese gezeichnet, als hätte er das verlorene Bild noch gesehen.

Die Sache selbst läßt der Dichter aber noch einmal gut ausgehen: Es findet sich ein Diplomat in der Person Gernots, der zu Siegfried meint, die Burgunden streben nicht nach Landgewinn. Das müßte den Gast eigentlich zum Lachen reizen; damit das aber nicht geschieht, darf nun Ortwein von Metz keck reden gegen den Holländer.

Der aber bescheidet ihm darauf, dies sei ein Gespräch unter Königen. Selbst ein Dutzend solcher wie der Herr Ortwein hätten mit ihm zum einen nicht zu reden – und gegen ihn zum anderen jedenfalls den kürzeren zu ziehen. Obwohl Gernot einlenkt, fühlt sich Hagen veranlaßt, seine Lehensherren gegen den Gast aufzubringen; was wieder Siegfried zu harten Worten veranlaßt: Wenn es dem Herrn Hagen nicht paßt, was ich sage, dann soll man sehen, wie meine Hände auch bei den Burgunden aufräumen, „wellent vil gewaltec sin". Gernot bringt Ruhe in das Gezänk und endlich löst Giselher den Knoten aus Pracht, Prahlerei und Peinlichkeit und sagt einfach „willekomen".

Na endlich, und darauf ein paar Flaschen vom Besten, von des „Guntheres wîn", die Burgunden müssen zumindest dabei ihrem Namen Ehre machen.

Das Gefolge des Niederländers, die Nibelungen also, werden nun auf das feinste bewirtet und

beherbergt und bleiben und bleiben im Worms; was besonders „den vrouwen“ gut gefällt, denn Siegfried hat sich lauter Lange Kerls mitgebracht. Er und seine Garde sind bei jedem Wettkampf, ob Tjost, also Mann gegen Mann, oder Buhurt, solches im Team, die besten.
Es geht aber auch im Harnisch nichts über wahres Können.
Verständlich, daß darum bei den Heimischen Bewunderung und Neid gleichermaßen aufkommen und daß Hagen unruhig zu werden beginnt.
Daß das nicht gut gehen kann, scheint der Kanzler zu denken, wenn er sehen muß, daß die 12 Eisenmänner mit Siegfried voran den Burgundenkönigen überallhin folgen. Da lernen sie das Reich kennen, ein Jahr lang.
Hagens Sorge bezieht sich freilich auch auf die erkennbare Absicht Siegfrieds, die Burgundenprinzessin zu gewinnen. Das alles zusammen ist nicht erbaulich für Hagen von Tronje, aber es kommt alles ganz anders.

¶ Die ich von hertzen minne vnd dick han getan
die ist mir noch vil fremde des mus ich trawrig stan
So die kunig reiche reittent in ir land
So mussent ye die recken mit in alleze hand
¶ Damit reit auch seyfrid daz waz den frawen laid
er het durch hohe minne dick michel arbait
Sunst want er bey den herren daz ist alles war
in guntheres lande volliklichen ain Jar
¶ E daz er die minneklichen die zeit nie gesach
von der im seyt vil liebe vnd auch laid geschach

IV AVENTIURE

Wie Siegfried mit den Sachsen stritt. Oder: Wie man sich in der Fremde nützlich machen kann auf Kosten anderer. Das geht aber nur darum gut, weil die anderen schwächer sind.

Es erscheinen nun Boten von König Lüdeger aus Sachsen und König Lüdegast, die den Krieg erklären, einfach so. Man könne sich aber auch unterwerfen. Zeit zur Vorbereitung gebe es nicht, der Anmarsch der Allianz aus dem Norden erfolge in 12 Wochen. Das trifft sich für Siegfried gut, der zwar bemerkt, wie viel Schöne aus den Fenstern der Kemenaten auf ihn und seine 12 ein Auge werfen; was hilft das aber, die bewußte Dame ist nicht zu sehen, da wachen schon ihre Brüder drüber, die sonst mit Damengesellschaft nicht geizen.

Und weil sie – die Burgunden, – als echte Sachsen auch wissen, wie man den Gulden im Hause hält, statt ihn für Unsinnigkeiten wie eine Mitgift zu vergeuden, haben sie längst überlegt, daß die Heirat ihrer Schwester mit dem Nibelungen diesen beiden viel, ihnen selber aber wenig Freude machen würde. Der vom „unteren Rheine" war einfach zu stark und würde sie das als Schwager im Hause spüren lassen – seine Ankunft war ihnen noch im Gedächtnis. Das wieder wußte der Xantener und ließ darum die Zeit für sich arbeiten, die ihm die Kriegserklärung von Lüdeger und Lüdegast bescherte.

Ach, guter Kürenberger, so gut hast du das geschrieben und wirst doch nicht verstanden: Keine Rede bei dir, daß Siegfried nicht gewagt habe, um Krimhild anzuhalten und das wegen seiner zweifelhaften Herkunft! Daß Siegfried die Sache im guten regeln wollte, was bei überlegener Stärke immer der richtige Weg ist und Feindschaften in der Zukunft vermeiden hilft, das verstehen die Gotha-Leser halt nicht.

Die Kriegserklärung und der schnelle Anmarsch der Sachsen und der Dänen trifft bei den Burgunden teils auf Heldenmut wie bei Gernot, teils auf kluge Überlegung wie bei Hagen. Der meint, die Vorbereitung für einen Waffengang mit den beiden Königen sei viel zu kurz, man müßte die Sache Siegfried sagen.

Es trifft sich gut für Siegfried, daß man ihm die Sache mit Lüdeger und Lüdegast „sagte", war er doch schon ein ganzes Jahr in Worms und hatte Krimhild noch nichteinmal einmal gesehen. Und nun war er drauf und dran, Worms Lebewohl zu sagen – entweder war es mit der Schönheit der Burgundenprinzessin nicht so weit her, wie ihm erzählt worden war, oder die drei Burgundenkönige hatten sie jemand anders versprochen, wozu also noch lange warten. Und dann das: Dänen und Sachsen im Anmarsch. Endlich Fleisch zwischen die Zähne, nicht immer diese schrecklich langweiligen Wochenendturniere, wo man niemand von den Wormsern wirklich richtig angehen konnte, gleich fielen sie vom Roß, und man selbst hatte womöglich Verdruß, Hagens Augen waren überall.

Und die Sachsen? Sie gaben Gunther noch Gelegenheit, sich zu beraten und zu rüsten, statt gleich „ad portas“ von Worms zu klopfen. Keine strategische Meisterleistung das, aber sehr fair. Hagens Rat an Gunther ist klug, man solle das Siegfried „sagen“: Zum einen bringt das die einzig mögliche schnelle Verstärkung, zum anderen will Siegfried sicher zeigen, was er kann. Da bei den Dänen und Sachsen solche Kaliber wie Irnfrid und Iring stehen, ist der Ausgang des Treffens recht ungewiß und fällt Siegfried, dann bringt das dem Feind jedenfalls auch große Verluste und man ist den Xantener endlich los, die zweitbeste Lösung. Noch besser wäre allerdings, Siegfried hätte Erfolg, dann wäre die ungemütliche Nachbarschaft in Nordost endlich und ein für alle mal bereinigt. Siegfried könnte man aber dann die Hand der Prinzessin nicht mehr verwehren, na ja, jedenfalls aber: Buren an die Front!
Siegfried geht auf alles ein. Zuerst tröstet er Gunther, von dessen Heer er nur 1000 Mann rekrutiert zu seinen 12 Xantenern – es sind noch immer dieselben, mit denen er gekommen ist, und dann verspricht er Sieg und Frieden, wie es ihm nach seinem Namen ja auch zukommt. Gunther schickt daraufhin die Kriegsboten wieder nach Hause – gebracht hat das Wartenlassen nichts, die Sachsen halten Termine peinlich genau ein.
12 Wochen sind 12 Wochen.
Die Kuriere haben viel gesehen in Worms, so auch daß „Siegfried der helt ze niederlant“ im Burgundenheer stehe. Das bringt Lüdeger und Lüdegast dazu, auf 60 000 aufzurüsten: Man sieht, wie die über den Holländer dachten. Ich frage ja nicht, ob diese Zahlen stimmen können, ich denke nur darüber nach, wie man um das Jahr 1000 ein so großes Heer so schnell zusammenrufen konnte, und wie man 60 000 Mann auf einem Heerzug von Silkeborg und von Stralsund ... – ich will nicht nachrechnen, was und woher da an Brot für den Mann und Hafer für das Roß aufgebracht werden mußte.
Zu so weiter Fahrt kamen die Dänen und die Sachsen aber gar nicht: Siegfried machte sich mit seinen 1012 Mann, darunter auch Hagen, Gernot und Volker, Dankwart und Ortwein, auf nach Nordost. Wie sie über den Rhein setzten, ist nicht zu lesen, wohl aber, daß sie nach Sachsen zogen und mit „roube und mit brande verwusteten daz lant“. Gar nicht so ritterlich einfältig, dem Gegner keine Gelegenheit zum Fouragieren zu lassen und ihn zum Nachziehen zu zwingen – Hagen hat eben für alle gedacht! Siegfried läßt sein Regiment zurück unter Befehl von Hagen und König Gernot. Klar: Hagen vor Gernot, irgendwer muß doch wissen, wie's geht. Siegfried reitet also alleine weiter „in der Sahsen lant“. Dort stößt er bald auf ein anderes Regiment „daz heer daz grôze, daz ûf dem velde lac“, 40 000 oder noch mehr.
Drüben geht auch einer auf Kundschaft, König Lüdegast. Es war noch die Zeit, als Könige im Krieg als Herzöge bei der Truppe waren, und das vor ihren Leuten – damals versteckten sich die Könige noch nicht hinter ihren Leuten.
Siegfried und Lüdegast bemerken einander, wenden ihre Rösser und reiten „mit Schilt und Schaft“, mit Speeren also, gegeneinander an. Die Speere brechen, wie sich's gehört, damit der Dichter das schöne Bild folgen lassen kann: „ihre Rösser tragen die beiden voneinander, als wehte sie der Wind“. Das ginge freilich nicht, wenn einer der beiden sich im Staube wälzte.

So aber greifen sie jeder in den Zaum und dann zum Schwert und dann den anderen an. Die Methode war weitgehend normiert im Europa des Mittelalters.

30 Mann wollen Lüdegast zu Hilfe kommen, es ist aber schon zu spät, Siegfried hat den König schnell geschlagen und das Ersatzkorps fällt bis auf einen einzigen Mann, der bei König Lüdeger berichtet, der König sei gefangen.

Diese mißliche Lage des Lüdegast ist in der Miniatur zur IV Aventiure gezeigt: Siegfried und der König, beide mit Bihändern, die dem Mann von der Schulter bis zum Schuh reichen; Siegfried hat sein Schwert zum Schlag erhoben, Lüdegast hält seine Waffe zu Boden und die andere Hand erhoben: Reden will er, verhandeln, da er von Kopf und Schulter blutet und den Helm verloren hat – wehrlos der Däne.

Die Rüstungen der Burgunden und Siegfrieds gleich wie die der Dänen sind ganz fein gemalt und zeigen die Zeit, in der sie dargestellt wurden – die gleiche Zeit, als der Hundeshagensche Kodex geschrieben wurde: In Ingoldstadt ist die Vorlage für die Grabplatte Herzog Ludwigs von Bayern von Hans Multscher aus dem Jahre 1435 zu sehen. Die gleiche Rüstung trägt dort der tote Bayer wie Siegfried im Kodex.

Auch das Grabmal des Kunz von Haberkorn in Würzburg zeigt eine Rüstung des 1421 gestorbenen Kunz gleich den Rüstungen im Nibelungenlied: Die Rüstungen im Kodex sind Harnische und Helme, Speere und Schwerter des Hochmittelalters noch vor der Verwendung des Schießpulvers, es ist aber nirgendwo auch nur die Andeutung eines Schutzes für die Streitrösser zu sehen.

Um die Mitte des 15. Jahrhunderts haben jedoch die Stechzeuge schon große Roßharnische enthalten, und doch hat Paolo Uccello die Rösser in der Schlacht von San Romano im Jahre 1450 auch ohne jeden Schutz gemalt, was sicher nicht stimmt, aber die Arbeit des Malers vereinfacht hat. Darum wird wohl auch der Maler der Miniaturen im Kodex die Roßzeuge weggelassen haben.

Lüdeger geht es hernach nicht anders als Lüdegast. Von Siegfried mit seinem Balmung wird er geschlagen. Der König sieht an der Krone auf dem Schild des Xanteners, wen er vor sich hat und bittet um Frieden.

Dann reiten alle heim, die einen ohne ihre Könige, weil sie geschlagen sind, die anderen mit zwei Königen mehr, weil sie gesiegt haben.

Dann reitet ein Bote nach Worms, der vom großen Sieg berichtet und der zu Krimhild gerufen wird, heimlich, weil auch die Minnigliche wissen will, wie es um ihren Drachentöter steht, dessen Absichten sie natürlich längst kennt. Der Bote weiß, wie man sich einen guten Botenlohn verdient, lobt Hagens und Gernots Tapferkeit und stimmt ein Preislied auf den Xantener an, dem der Sieg recht eigentlich zu verdanken sei. „Ir scoenez antlitse, daz wart rosenrôt“, schreibt der Dichter über die Gedanken der Prinzessin.

V AVENTIURE

Wie Siegfried Krimhild zum ersten Mal sah. Oder: Eine seltsam lange Brautwerbung, wobei der Bräutigam auf eine alte Geschichte in Island verständlicherweise nicht zu sprechen kommt.

Im Kodex ist genau zu sehen, wie das vor sich ging, nachdem man zu Worms die geschlagenen Dänen und Sachsen im guten aufgenommen hatte: Die Burgunden feiern ein großes Fest, und dabei geht Krimhild auf Siegfried zu und beide reichen einander die Hände. Mutter Ute sieht dem parlierend und segnend zu. Ihr Kommentar könnte sich auf Siegfrieds auffallende Bewaffnung mit Schwert und Dolch beziehen, was sicher unüblich war bei einer Vorstellung bei den Damen.

Schön ist vom Kürenberger, daß er auch an die verletzten Gefangenen denkt, die „in den betten lagen und heten wunden nôt". Die kommen in der Miniatur aber nicht vor. Dort ist nur Gloria, Glanz und Geschmeide zu sehen, die Oberschicht eben. Höflich hat Gunther den Xantener zu seinem Fest gebeten, er „sult ze hove gân". Und wieder keine Rede von einem Siegfried, der ein Findelkind oder ein Schmied gewesen sein soll, gleich das alles nun – nun steht er vor Krimhild, alleine nur wegen seiner Kraft und seines Schlachtenglückes, ob er womöglich nach Art und Stand an die Esse gehörte, das zählt alles nicht mehr.

Alle sehen es –, „ er neig ir flizecliche", sie nahm ihn an der Hand und dann gehen alle zum Münster, und nach dem Hochamt sind Krimhild und Siegfried nicht mehr zu trennen, „sooft ein Tag war". Ein schönes Paar die beiden.

Derweilen heilt die Zeit die Wunden der Dänen und der Sachsen, der Degen und der Helden. Die Bader hätten es nicht gekonnt, zu gering war deren Wissen im Mittelalter, das auch darin wahrhaft ein finsteres war. „Die dâ wunde lâgen, die sâch man vüre gân". Ein fast verlorenes Wort in unserer Sprache – vüre? Aber nein, in Ostarrichi sagen sie heute noch „vüre", wenn sie meinen „nach vorne, vors Haus". Also waren die Wundgeschlagenen wieder soweit, vors Haus zu gehen, und die Dänen, die schon immer weiter gedacht haben, bitten nun um Versöhnung und Frieden.

Und eben da kommt die Strophe, wo Gunther den Niederländer um Rat bittet, wie er mit den Geiseln verfahren solle, die ihm ein reiches Lösegeld anbieten. Ein König geht vielleicht heute zu einem reichen Parvenü, Gunther bittet aber den Kronprinzen des Nachbarreiches um Rat. Und an diesem Rat ist zu erkennen, wer der Xantener ist: Obwohl oder vielleicht weil über die Maßen reich, rät er dem Burgundenkönig, kein Gold zu nehmen von den Besiegten. Man sollte die beiden Könige samt Gefolge vielmehr als Freunde ziehen lassen. Frieden sollte sein, und das sollten die Herren mit Handschlag geloben.

Aventeur wie Seifrid chriemhilden erste sach

Man sach sy dtglichen reiten an den rein
Die zu der hochzeite geren wollten sein
Die durch der kunge liebe chamen in daz lant
Den gab man dumelichen baide ros und gewant
¶ In waz ir gesidel allen wolberait
Den hochsten und den pesten als uns ist gesait
Zwen und dreissig fursten da zu der hochzeit
Da ziert sich engegen vil manig junckfraw gemait
¶ Es waz vil unmussig geyselher daz chind
Die fremden und ir mage vil gutlichen sind
Enpfangen von gernote und auch ir baider man
Ja gruissten sy die degen als es nach eren waz getan
¶ Die goldvarben satel sy prachten in daz land
Die zierlichen schillte und herlich gewant
Durch des wirtes liebe zů der hochzeit
Vil mangen ungesunden sach man frolich seit
¶ Die in den petten lagen und heten wunden not
Die músten des vergessen wie herte waz der tot
Die siechen ungesunden músten sy verclagen

So redet ein Edelmann, nicht der Klügste vielleicht, aber so beschreibt der Kürenberger eben den „von unten an dem Rheine".
Da gehen sie nun alle fort, verrauscht ist das große Fest, Friede ist im Land und Siegfried will jetzt auch heim nach Xanten, da er meint, Krimhild nicht erringen zu können.
Seltsam das: Im Norden springt er für die eine durch einen Feuerring, und am Rhein traut er sich bei der anderen nicht, bei den ihm verpflichteten Burgunden um die Hand ihrer Schwester anzuhalten. Was Zeit, Ort und Aufsicht doch aus einem Mann zu machen vermögen!
Als nun Siegfried aufbrechen will, bittet Giselher ihn zu bleiben und wegen Krimhilds großer Schönheit „der herre dâ beleip". Daß ihn das in große Not brachte und er am Ende „lac vil jemerliche tot", das sagt der Dichter immer wieder. Das kann bedeuten, daß das Nibelungenlied wirklich als Lied gesungen wurde von einem Minnesänger, wie der Kürenberger einer war, und wer kann schon 39 Aventiuren bis zum Ende singen, erzählen also zur Drehleier! Kein Mensch kann das und die Zuhörer würden einschlafen dabei und also weist der Dichter immer wieder auf den Zusammenhang hin in seinem Lied.

VI AVENTIURE

Wie Gunther nach Island zu Brunhild fuhr. Oder: Ein König hat keine Ahnung vom Vorleben seines Schwagers und ebensowenig von seiner Braut. Aber: Die beiden wissen sehr viel voneinander.

Nun hat Siegfried endlich einen Anlaß zum Bleiben – durch die Sache mit der Walküre, von der eine Nachricht „über Rhein" kam, wie schön sie wäre. Warum „über Rhein", das ist schwer zu verstehen, denn wer aus Island an den Rhein oder gar weit rheinaufwärts will, der sollte eigentlich immer westlich des Stromes bleiben, wenn er vernünftigerweise wie die Wikinger von und nach Island sich immer nach den Färöer – oder nach den Shetland–Inseln hielt oder über England im Osten oder die Hebriden und England im Westen fuhr. Aber was soll's, wer weiß, wie die Reise ging zu Brunhilds Zeiten. Da die Besiedelung Islands durch die Wikinger nicht vor 874 geschah, kann aber auch die Nachricht von der schönen Königin nur nach dieser Zeit gekommen sein.

So fügt sich das einigermaßen mit den Jahrhunderten, und die Sache mit der Walküre auf der Insel ist immerhin möglich, das muß man dem Dichter wohl lassen.

Das dachte sich auch Gunther, der der „Vogt vom Rheine" genannt wird. Er muß darum auch Schirmherr eines geistlichen Stiftes oder Richter in einem geistlichen Herrschaftsbezirk gewesen sein, sonst wird man nicht Vogt. Das kann so gewesen sein in Worms, dem keltischen Borbetomagus und der civitas Vangionum der Römer: zu dieser Zeit und unter deren Herrschaft zählten auch die Burgunden zum römischen Reich. Worms war im Mittelalter eine der wichtigsten Städte Europas.

Dort also hat Gunther beschlossen, „ich wil nider an den sê, hin ze Prünhilde". Was Näheres hat er sich nicht gewußt! Hätte er sich den Siegfried zum Vorbild genommen, der seine Minne nahebei suchte und fand, dann wäre ihm, dem Xantener und der Brunhild viel erspart geblieben.

Wir hätten heute aber auch kein Nibelungenlied, da erst seine Brautfahrt den Gunther und die Geschehnisse in Gang bringt. Die Absicht Gunthers löst dem Siegfried die Zunge, der aus einsichtigen Gründen dem König abrät, sein Glück auf Island zu suchen. Seltsam, daß Hagen zu dieser Fahrt und zur Begleitung durch Siegfried rät, obwohl er schon weiß, daß Siegfried genaue Kunde hat, „wie ez um Prünhilde stât".

Alles entschieden also, der Reichskanzler hat zugeraten, und der König tut immer, was der sagt – außer verhängnisvoll später einmal nicht, als es um die Fahrt nach Gran ging. Siegfried sieht die Möglichkeit, aus der Hochzeit Gunthers mit Brunhild eine doppelte solche mit sich und der Prinzessin aus dem Burgundenland zu machen: Gunther hat gehört, wie wehrhaft die Isländerin ist und bittet Siegfried um Geleit, und der sagt zu – gegen das Versprechen

Aventeur wie gunthor ze Isslande nach praunhilld fur

IT newer mere chamen vber Rein
man sayet daz da were manig schönes megetein
der gedacht im aine erwerben gunthor der küng gůt
da von begund dem recken vil sere hohen der mŭt
¶ Es waz ain küngynne gesessen verr vber se
ir geleich dehaine west man nindert me
Die waz unmassen schon vil michel waz ir kraft
Sy schozz mit schnellen degen umb minne den schaft
¶ Den Stain den warff sy verre darnach sy wert sprang
wer ir minne gerte der müst ane zwang.
drew spil angewinnen der frawen wolgeporn
geprast im an dem ainen er het daz haubt verlon
¶ Des het die Junckfrawe an massen vil getan.
Daz hort bey dem Reine ain ritter wolgetan
der wante sein synne an daz schöne weip

der Hand von Krimhild, wenn man mit Brunhild wohlbehalten wieder nach Worms komme. Daß er rät, nur zu viert auf die Reise zu gehen und sich möglichst prächtig zuzurichten, zeugt nicht von seinem besonderen Gedächtnis! Wenn ihm Brunhild nicht verziehen hat, dann kann eigentlich nur ein großer Zug von Bewaffneten helfen, nicht aber ein Fähnlein von 4 Mann, auch wenn das Siegfried, Gunther, Hagen und Dankwart sind, alles erprobte Leute mit Schwert und Speer, wovon man weithin weiß. So werden sie also eingekleidet – warum der Dichter das immer so ausführlich beschreibt, das weiß kein Mensch. Es könnte nur etwas damit zu tun haben, daß er sein Lied sicher mehr als einmal in Wien vorgetragen hat, und Wien war um diese Zeit wirklich ein Vorbild für die Mode.

Krimhild befiehlt Gunther noch der Obhut Siegfrieds, und dann fährt das Fähnlein der 4 Aufrechten auf dem Rhein davon, „dô huoben sich von lande die snellen ritter lobesam". Von dieser Reise erzählt eine Miniatur im Kodex, die aber nicht zeigt, ob es sich dabei um die Abfahrt aus Worms oder um die Ankunft in Island handelt. Die vier sind im Sattel, und davon ist in Worms nicht die Rede. Im Lied steht, daß man ihnen ihre Rösser brachte. Sie wollten „reiten dann", gemeint ist wohl auf der Insel, wofür auch spricht, daß die vier auf einem Weg zu einer Stadt reiten. Das kann nicht Worms sein, wenn sie von dort wegfahren wollen. Zwei Damen blicken aus den Fenstern, das könnten wieder Krimhild und Ute sein, aber wo sind die zwei Vizekönige? Die Bauten sind in den Miniaturen nicht so genau gezeichnet, daß man daraus eine Ähnlichkeit mit anderen erkennen könnte, und so kann man nur sagen, daß die nächste Miniatur sicher die Ankunft der Reisigen in Island darstellen soll. Die sind dort aber zu sechst, was von einer Begleitung kommen kann, die die Königin ausgesendet hat; die schaut da mit zwei Geharnischten von der Burg hinunter auf Reiter, Roß und Rüstungen.

Von der Reise wird nicht viel erzählt vom Kürenberger. Am Anfang schafften sie ein Etmal „von zwanzig meilen eh niedersank die Nacht" – nicht viel stromabwärts, da werden sich die Mannen auf See schon sehr beeilt haben müssen, da ihnen der Dichter von Worms nach Island nur 12 Tage gelassen hat. Aber wer eine Tarnkappe mit hat, was sind für den schon Breitengrade!

VII AVENTIURE

Wie Gunther Brunhild gewann.
Oder: Wie der Betrug an einer Walküre fortgesetzt wird, was für alle Beteiligten zu einem schlimmen Ende führen muß.

Da kommen die vier also nach Isenstein, der „veste mit vil scoener vrouwen“, die „niwan als nur Sivride erkant“. Brunhild in „schneeweißem Gewand“, wie erzählt, und wie der Miniaturenmaler im Hundeshagenschen Kodex nicht malt: Dort hat die Königin ein blaues Gewand an, aber an der schweren Krone ist sie ja gut zu erkennen. Siegfried erzählt, bevor sie in die Stadt reiten, wem Lehen, Land und Leute gehören, was ohnehin klar ist. Wichtig ist, daß er den anderen dreien erzählt, was sie zu tun haben, und dabei fällt ihm ein, was die Isländerin wohl sagen wird, wenn er daherkommt und nicht selbst um sie wirbt wie Jahre zuvor. Er beschließt darum, als Lehensmann Gunthers aufzutreten; dies in der Hoffnung, die Königin werde ihr Abenteuer mit einem Vasallen aus Scham schnell vergessen wollen. Und wirklich geht Brunhild zuerst auf Siegfried zu und redet ihn mit „willkommen“ und mit Namen an, so wie er sie – die beiden wissen aber mehr voneinander als nur den Namen.

Und gleich sagt er der Königin, er sei nicht würdig, als erster begrüßt zu werden – nein –, sein Lehensherr, Gunther, werbe um ihre Hand. Ganze drei Strophen verwendet der Drachentöter darauf, die Königin von der Peinlichkeit der Situation abzulenken.
Eine Frau versteht solche Dinge viel besser und Brunhild besonders, und darum sagt sie ohne Umschweife, wie die Dinge stehen – wer kann schon in der Menschen Herz schauen!
Nur meint sie das anders: Wenn Gunther unterliegt wie alle Freier bisher, dann ist es um alle vier geschehen, darunter auch um den Niederländer, und die Schmach ist getilgt und das Buch Xanten ist dann für sie geschlossen.
Und da, guter Kürenberger, sind Spaß und Scherz zu Ende, das verstehen wir wohl: wenn eine „edle vrouwe“ so elend getäuscht wird, wenn Siegfried um die Tarnkappe geht und dem Gunther hilft, die Unbesiegliche zu schlagen mit Schild, Spieß und Stein. Immerhin schont Siegfried die Königin, da er den scharfen Spieß umdreht und ihn nur mit dem Speerschaft voran auf sie schleudert, obwohl ihm von ihrem Wurf schon das Blut aus dem Munde rinnt. Die Königin fällt trotz der stumpfen Waffe in die Knie und dankt Gunther, daß er sie geschont hat. Der hätte das aber selbst nie geschafft, wie der Dichter sogleich hinzufügt.
So wird die Schöne von Siegfried nun ein zweites Mal betrogen, da Gunther ohne Siegfrieds Hilfe längst geschlagen wäre. Die Königin war am Ende nun geschlagen und war „in zorne rôt“, obwohl sie um den wahren Hergang ihrer Niederlage gar nicht Bescheid wußte.
Sie hält sich aber an ihr Wort und läßt ihre Leute dem Gunther huldigen.

¶ Da der kunig gunther so vil der burge sach
vnd auch die weiten marcke wie pald er da sprach
Sagt mir fraind Seifrid ist ew daz bechant
wes sind dise burge vnd herliches lant
¶ Des antwurt Seifrid es ist mir wolbechant
Es ist praunhilden baide land vnd lewt
vnd ysenstain die veste als ir mich horent iehen
da mugt ir noch hewt schone frawen vil wol sehen
¶ vnd wil ew helden raten ir habt ainen müt
Ir iehent geleiche Ja duncket es ew güt
wann wir noch hewt für praunhilden gan
So mussen wir mit sorgen vor der kunigin stan
¶ So wir die minnikleichen bey iren gesinde sehen
so sult ir held mere wann ainer rede iehen
Gunther sey mein herr vnd ich seine man
des er da wil beginnen daz wirt alles getan
¶ Des warens in berait waz er sy loben hies
durch iren vbermüte ir dehainer daz lies
Sy iahen wes er wolte da von in wol geschach
da der kunig gunther die schonen praunhilden sach
¶ Ja lob ichs nit so verre durch die liebe dein
so durch dein schwester daz schone megetein
die ist mir sam die sele vnd mein selbes leip
Ich wil daz geren dienen daz sy werd mein weip

Siegfried geht inzwischen unsichtbar mit seiner Tarnkappe zu dem Schiff und kommt nachher scheinbar zu spät, recht listig Gunther fragend, wann endlich das Kampfspiel beginne. Brunhild glaubt das alles nicht, bis Hagen sich um eine Erklärung bemüht.
Die dann folgende Einladung der Königin an die Großen ihres Reiches erscheint Hagen als große Gefahr, weil Brunhild womöglich alles durchschaut hat und nichts verzeihen wird. Keiner von denen aus Worms traut dem Frieden und Siegfried schon erst recht nicht. Er plant darum, 1000 Bewaffnete nach Island zu bringen, man will schließlich heil wegkommen von der Insel. Darum empfiehlt er Gunther, Brunhild zu sagen, man habe ihn, den Lehensmann Siegfried, weggeschickt.
Da der Burgundenkönig zu diesem Rat nickt, macht sich der Nibelung auf und sticht in See.

VIII AVENTIURE

Wie Siegfried zu den Nibelungen fuhr. Oder: Wozu quält der Holländer seine Norweger, wenn die doch nichts anderes tun, als unter der Erde auf sein Vermögen aufzupassen.

Das Nibelungenland hat sich der Dichter wohl in Norwegen gedacht, ein wie er meint 100 Tagesreisen – „wol hundert langer raste" – entferntes Land, wie er sagt. Von der Nibelungenburg ist im Kodex ein Bild, das die Ankunft Siegfrieds zeigt – aber nicht so wie im Lied beschrieben: Siegfried ist nicht alleine, sondern hat eine kleine Gefolgschaft bei sich, als er an das Burgtor pocht. Darin sieht man den Riesen, der zusammen mit Alberich die Burg bewacht. Eine Kirche mit einem hohen Kirchturm ist auch zu sehen, das Nibelungenland hat sich der Maler also schon unter Kirche, Kreuz und Krummstab vorgestellt.

Von dem großen Kampf Siegfrieds gegen seine eignen Lehensmänner in Norwegen ist auf der Miniatur nichts zu sehen, so gerne der Maler sonst auch solche Szenen gemalt hat. Es ist ihm wohl so ergangen wie uns heute – kein Mensch kann verstehen, warum der Holländer seine Leute erst halb erschlagen muß, bevor er an ihre Treue zur Herrschaft glaubt und dann 1000 Bewaffnete abkommandiert. Und die sind aus 3000 Freiwilligen ausgewählt worden. Die Nordlichter waren demnach damals keine Pazifisten.

Und nachher 1000 Mann über See? Ob das wohl alles wahr sein kann – all der Aufwand für Roß und Rüstung für 1000 Mann. Der Nibelungenschatz wird aber davon wohl nicht kleiner geworden sein. Siegfried kommt also mit der prächtig ausgestatteten Mannschaft nach Island und wird von Gunther als sein eigenes Gefolge ausgegeben, dessen Anführer die Königin grüßen möge. Das tut sie auch, nur den Holländer schaut sie nicht an.

Dann übergibt die Königin die Herrschaft über Island an einen Verwandten und fährt „aus ihres Vaters Land, das sah sie nimmermehr".

Warum, das erklärt der Kürenberger nicht: Nach Gunthers Tod hat sie in Worms den kleinen Siegfried aufgezogen und dem wäre nach allem die Herrschaft Island zugestanden, wenn sie mit ihm wieder nach Island gefahren wäre. In Worms muß sie ja sehr allein gewesen sein. Lang dauerte die Reise über das Meer und dann den Rhein hinauf.

Die Schöne wollte mit Gunther aber nicht viel zu tun haben derweilen, denn „den heren wolde si niht minnen uf der vart" und Gunther tut dann auch nichts dergleichen, seit Isenstein weiß er ja Bescheid.

Sy besant ir seine mag unde man
Die pat sy zu eysenstaine chumen ungenant
und hies in geben allen reich und herlich gewant
Sy riten taglichen spat unde fru
Der praunhilden schar vaste zu
Jarya sprach hagen waz haben wir getan
Wir erbaiten hie vil ubel der praunhilden man
Da sy da mit krefften kamen in daz lant
Der kunginne wille ist uns unbechant
Was ob sy alle zurnet daz wir sein verlorn
So ist uns die maget edel zu grossen sorgen geporn
So sprach der starck Seyfrid daz sol ich understan
Des ir da habt sorge des lass ich nicht ergan
Ich sol euch helffen pringen her in ditz lant
Von ausserwellten recken die ew ye wurden noch erkant
Ir sult nach mir nit fragen ich wil hin farn
Got musse ewr ere die zeit wol bewaren
Ich chum schier wider und pring ew tausent man
Der aller pesten degen der ich ye chund gewan
So seit auch nicht ze lange sprach der kunig do
Wir seyen ewer hilff vil willeklichen fro
Ich chum ew wider in vil kurtzen tagen
Daz ir mich habt gesendet daz sult ir praunhilden sagen

und die Kämmerer des Königs mühen sich nach Kräften. Des Königs Schaffer – die schaffen an, sorgen also für große Pracht in Worms, und bald schon kommt die Kunde, „daz man rîten sach die Prünhild unde ir vriunde". Von König Gunther ist erst zwölf Strophen später die Rede, und das nur darum, weil er 54 Schönheiten aus dem Reich kommen läßt.

Blond mußten sie alle sein, so wird erzählt, und gekleidet in Stoffe aus dem Morgenland – mit dem fernen „Heidenland" kann wohl nichts anderes gemeint sein; später ist Arabien tatsächlich als Herkunftsland der feinen Gewänder genannt. Daß die Damen ihre Ringe über den seidenen Handschuhen trugen als Zeichen äußerster Extravaganz, fügt der Kürenberger hinzu, obwohl er meint, man könne die Pracht eigentlich gar nicht beschreiben.

Kein Wunder also, daß die Junker herbeieilten, den „vielminniglichen schönen Maiden" den Arm zu bieten.

In dungelichen zuchten sy raumten ir aigen lant
Sy kust ir freund die pesten die sy da bey ir vand
mit gutem vrlaub sy kamen auf den se
Ze ires vaters lande so kam die fraue nimmer mer
Do hort man auf der verte manger hande spil
Aller kurtzweile der heten sy vil
Da kam in zů ir rayse ain rechter wasser wint
sy faren von dem lande mit vil grossen freden sind
Da wolt sy den herren nicht minnen auf der vart
es ward ir kurtzweile vntz in sein haus gespart
Ze wurms zů der burge zů ainer hochzeit
Da sy vil frowdenreiche kamen mit iren helden seit

X AVENTIURE

Wie Brunhild in Worms empfangen wurde. Oder: Die Isländerin kommt langsam dahinter, wie sich die Sache mit dem Siegfried wirklich verhält. Und: Wie fühlt sich ein König, wenn er am Kleiderhaken übernachten muß? Aber: Warum merkt die Schönheit aus dem Norden nicht, daß nicht der Burgundenkönig, sondern der Holländer mit der Lindwurmhaut zu ihr kommt?

Die Miniatur von der Ankunft in Worms zeigt die Schiffe auf dem Rhein, und weil sie da sind, müssen sie wohl den Strom herauf gekommen sein. Das geht stromauf mit Segeln alleine nicht, dazu braucht man Rösser, Treppelpferde also, zum Ziehen am Strand, und so wird wohl die erste Strophe der X Aventiure zu lesen sein – Mädchen haben die Zugpferde am Zaum geführt die letzte Strecke bis zur Ankunft am Gestade von Worms.

Das Bild im Kodex zeigt die beiden Königinnen, die sich an der Hand fassen, wie damals üblich – am Unterarm nämlich. Daß sie dabei beide mit der Linken an ihre Kronen greifen, soll wohl auch ein Gruß sein, wegen des Windes allein wäre es nicht nötig, weil der geht nicht auf der Miniatur, und zum anderen sind die Kronen so schwer gezeichnet, daß sie kein Wind davonwehen könnte. Neben Brunhild steht Gunther, der die Braut um die Hüfte hält und ihm gegenüber Siegfried. Der Dichter erzählt von mehr als nur von höfischem Gruß: Frau Ute und ihre Tochter „kusten dicke ir süszen munt“ der Königin aus den Norden. Wunderschön war sie, und nur der Liebe des Dichters zum heimischen Herd ist sein Satz zuzuschreiben, daß Kenner der Krimhild den Preis der Schönheit vor der Brunhild zugestanden hätten.

Bei dem großen Turnier zu Ehren der Gäste tut auch Siegfried mit, der Gunther hernach an sein Versprechen erinnert, Brunhild und alle anderen wären nun wohlbehalten in Worms und da wäre noch etwas offen: Die Hand der Prinzessin ist ihm versprochen. Da fügt sich nun Gunther in die von Anfang an nicht willkommene Schwägerschaft und "do hiez man Krimhilde ze hove vür den künic gân".

So kommt also Krimhild und wird mit Siegfried verlobt, und danach gehen alle zu Tisch. Und da erträgt es Brunhild nicht länger, mit ansehen zu müssen, wie der Xantener eine andere, eine schöne Königin wie sie selber, zur Frau nimmt und „zu weinen siu began, ir vielen heize trähene über lichtiu wange dan“, so leid war es die Königin, Krimhild bei Siegfried zu sehen.

Gunthers Frage beantwortet sie mit der einzigen Ausrede, die ihr selbst möglich und den anderen glaubhaft erschien: Sie weine wegen Krimhild, die nun dem Siegfried zugehöre, der doch nur ein „eigenholde“ sei, ein Leibeigener oder Lehensmann – bestenfalls. Was bleibt dem Gunther schon übrig, als die Sache zu vertagen. Brunhild will das aber nicht, sie will nicht Gunthers Gemahlin werden, bevor sie wüßte „warum Krimhild die Braut von Siegfried sei".

Nun erklärt Gunther einfach, daß der Xantener selber ein reicher König wäre, mit Burgen und weitem Land und daß man ihm darum die Krimhild getrost zur Frau geben könne. Und keine Rede mehr vom Steigbügelhalten auf Island und von dem weggeschickten Boten, Gunther hat noch viel „Erklärungsbedarf", wie das heute heißt.

Und von da an wird die Sache ernst, wir verstehen den Kürenberger auch noch nach 1000 Jahren, wie schlimm die Mär nach dieser Strophe der X Aventiure weitergeht, da Gunther mit der halben Wahrheit so schändlich gelogen und Brunhild nicht weiter gefragt hat. Jede weitere Frage hätte ja verraten, wieviel sie von Siegfried weiß und warum ihr soviel an ihm liegt.

Diese Strophe ist eigentlich der Wendepunkt des Liedes. Alles weitere Geschehen kommt mit unausweichlicher Sicherheit: Brunhild sitzt nun in Worms nach allem, was auf Island gewesen ist mit ihr und dem Xantener. Sie weiß nur zu gut, daß das Schwert Gram nicht wie in der Sage im Bett zwischen ihr und dem Niederländer lag.

Und diese Brunhild hatte der Kürenberger im Sinn. Eine solche Frau weint eben vor Zorn und Scham, wenn sie nun ihr weiteres Leben mit Gunther zubringen soll, als Schwägerin ihres – und nur ihres – Drachentöters, der nun da drüben neben der nichtssagenden Blonden saß. „Siu hete trüeben muot", schwer kam es die Königin an, die nun ohne Heimat war an Land und Herzen.

Was dann kommt, das zeigt, wie gut sich der Dichter seine neue Mär aus alten Liedern zurechtgelegt hat; er sieht wegen der Tränen, was kommen muß – er sieht aber auch, daß diese Tränen noch nicht genug sind und daß er noch einen Anlaß braucht, um alles folgerichtig ablaufen zu lassen.

Und dazu kann er halt die alte Geschichte aus der Edda nicht brauchen – wegen der Namen nicht und auch nicht wegen der Darstellung dort, wo sich Brunhild und Gudrun, die nun Krimhild heißen muß, im Rhein ihr schönes Haar waschen und die da wegen des reineren Wassers weiter oben streiten. Es geht ihnen dort nur um die höhere Stellung und die eigentlich schwächere Krimhild platzt in ihrer Wut mit einer unfaßbaren Niedertracht heraus. Darauf geht Brunhild in der Edda schweigsam heim und läßt ihren Schwager Sigur töten.

Im Nibelungenlied läßt der Dichter beide Paare aber noch in ihr Brautgemach gehen. Krimhild und Siegfried erleben große Freuden, für Gunther wird's aber eine schlimme Nacht: Er will in der Kammer seine Braut umarmen und muß dabei erfahren, daß von den Kräften der Walküre nur allzuviel geblieben ist: Sie will noch „magt belîben", unberührt bleiben – zumindest von Gunther und ab nun, möchte der Dichter wohl sagen, aber das geht jetzt nicht mehr, zu ernst ist die Lage schon geworden im Nibelungenlied.

Der König möge sich gefälligst daran halten, sagt Brunhild und ihr nicht zu nahe kommen, bevor man ihr nicht erzählt, was es mit Siegfried auf sich hat. Gunthers gewaltsames Begeh-

Awenteur wie prunhilt enpfangen ward

ANderhalb des reines sach man mit mangen scharen
den kunig mit seinen gesten zu dem state varn
Auch sach man da bey zame laiten mang mait
die sy enpfahen solten die waren alle berait
Da die von yslande ze schiffen chomen dan
Und auch von nibelunge des seifrides man
Si gachten zu dem land unmussig waz ir hant
Da man des kunyges freunde anderthalben an dem gestat vand
Nun hort auch dise mere von der kunigein
Uten der vil reichen wie sy die magetein
Gefrumte von der burge da sy selbe rait
Da gewan ain ander chunde vil mang ritt und mait
Der hertzog gunther krienhilden zante dan
Nun wan für der burge tor Seifrid der kune man
Er müs yr fürbas dienen sy waz ain schones chint
Des ward im wol gelonet von der junckfrawen sint

ren beantwortet sie damit, daß sie den König mit ihrem Gürtel an Händen und Füßen fesselt und ihn hernach kurzerhand an einen Nagel an der Wand hängt, einfach so.
Das kann man glauben, auch wenn es schlimm war für den König: Noch heute kann man in alten Häusern und Burgen solche Nägel in der Wand sehen, gut fingerdicke Holzstäbe, Äste meist, eingemauert in die Wand, um das Gewand daran zu hängen, und solch ein Nagel trägt auch einen ganzen Mann.
So auch den Gunther bis in die Morgenstunden, wo er Wohlverhalten gelobt, wenn Brunhild seiner Minne schon „sô starke leit“ wäre. Sie möge ihn befreien, bevor die „kameraere“ ihn so fänden: Wenigstens das Gesinde sollte ihn nicht an der Wand hängen sehen.
Die großen Waffenspiele am nächsten Tag machten Gunther aus der Natur der Sache freilich keine Freude. Siegfried wußte genau, warum und fragte den König dennoch, wie es ihm mit seiner Königin ergangen wäre. Das war nicht sehr fein und einfühlsam, Gunther so zu fragen, so elend wie der aussah. Voller Kummer mit seiner Frau, von der Siegfried weiß, wie es um ihre Kräfte steht – niemand weiß das besser als er.
Wenig fein ist es aber auch, daß Gunther dem Xantener alles haarklein erzählt, und wie er hoch an der Wand die Nacht in Fesseln zugebracht hat.
Der Siegfried aber ist voller Freude über seine Prinzessin und über die Freude mit ihr, der einen, die er nicht für tausend andere hergegeben hätte. Er ist darum auch voll Mitgefühl für seinen Schwager. Dem verspricht er, in der kommenden Nacht mit der Tarnkappe zu kommen und an Gunthers statt die Königin zu bändigen. Gunther möge am Verlöschen der Lichter in der Hand der „kinden“, des Gesindes also, erkennen, daß er zur Stelle ist. Der Rest sei seine Sache, Gunther könne sich hernach sicherlich seiner Königin erfreuen, Siegfried verlöre denn Leib und Leben.
Ohne daß du sie „truitest“, sagt Gunther, bitte ja. Truiten heißt also doch, was die Grünröcke meinen. Und das ist das einzige, was Gunther dem Siegfried versagt bei der schönen Brunhild – ein armseliger Rest von Ehrgefühl.
Gunther, der König mit dem guten Magen und dem reinen Gewissen, dem beides lieb und leid war: Brunhild, die wilde, gleich wie ihre Zähmung durch Siegfried.
Wie es dann soweit kommt, da erkennt die Königin nicht die verstellte Stimme des vermeintlichen Gemahls und wehrt sich sofort gegen dessen Zudringlichkeit: Laß das Gunther, sonst geht es dir wie gestern! Gunther selbst hat die Tür verschlossen und sich im Gemach versteckt. Lange haben Brunhild und der Holländer in der Finsternis herumgetobt, fast wäre Siegfried gefesselt worden wie Gunther, aber am Ende ist die Walküre niedergerungen und sie unterwirft sich dem Stärkeren – „ich gewer mich nimmer mêre der edelen minne dîn“. Was ein Elend, dieses Wort der Hingabe gegen eine solche Lüge der Männer. Daß der Xantener der Königin dabei noch einen Ring und die Gürtelborte wegnimmt, das muß so sein, das ist kein Zeichen für die Niedrigkeit eines Emporkömmlings. Nein, diese Requisiten werden noch gebraucht für den Streit der Königinnen.
Siegfried geht also mit seiner Tarnkappe und Gunther kommt, um zärtlich zu sein mit seiner

Braut; daß er einen guten Magen hat, das war schon zuvor zu erkennen. Aber jetzt gleich über die Wehrlose herzufallen – so wenig Rittertum am Rheine!

Das Vermählungsfest ging noch zwei Wochen und die beiden Könige überboten sich an Großmut; Roben, Roß und Riemen verteilte der großzügige Niederländer, der damit den Nibelungenschatz nicht geringer machen konnte. Soviel Gold hätte er gar nicht unter die Leuten bringen können.

Trotz aller Pracht und guter Kurzweil wollten aber alle wieder heim, es war ihnen die Zeit in Worms zu lang geworden. Und auch Siegfried möchte nach Xanten mit seiner Angetrauten aus Worms.

Seltsam, daß der Dichter diesmal nichts dazu sagt, daß Siegfried diesen Weg von Worms nach Xanten in der umgekehrten Richtung noch einmal zurücklegen wird und dann keinen mehr.

Die gaben durch sein ere claider vnd golde y rot
Ros vnd silber vil mangem werden man
Die herren die dar chamen die schieden frolichen dan
¶ Vnd auch her Seifrid ausser niderland
mit dausent seinen mannen alles daz gewant
daz sy dar pracht ten da ward gar hin gegeben
vnd auch die ros mit satlen sy chunden herlich leben
¶ E daz man die reichen gabe alle da verschwang
Die hain ze land wollten die daucht es gar ze lang
Es enward nie gesindes bas gepflegen
So endet sich die hochzeit daz wolt gunthör der degen

XI AVENTIURE

Wie Siegfried mit seiner Frau heimkam. Oder: Die Frage der Mitgift ist dem Holländer nicht wichtig, das muß man ihm zugute halten. Dabei ist aber zu beachten, daß er daheim ein Königreich bekommt und sein Vermögen in Norwegen jeden Verzicht leicht macht.

Nun fährt der Nibelunge mit seiner Gemahlin heim nach Xanten. Krimhild ist jetzt eine andere geworden – sie ist nicht mehr nur die große Schönheit des Hofes zu Worms, nein, nun denkt sie auch an ihr Erbteil, da sie ihre Heimat verlassen soll. Die Brüder bieten Siegfried und Krimhild an, die Erbschaft nach ihrem Vater Dankrat nach Billigkeit zu teilen, aber Siegfried weist das Erbteil seiner Gemahlin zurück, „got lâz iu iuwer erbe immer saelic sîn!“ Er braucht das alles nicht, denn wo Krimhild Königin sein wird, da wird sie reicher sein denn irgendein Lebender, so sagt er. Krimhild läßt das gut sein, aber auf eine verläßliche Gefolgschaft will sie nicht verzichten, und da bietet ihr Gunther von den 3000 Bewaffneten, die er selber hat, 1000 Mann nach ihrem Wunsch.

Krimhild läßt Hagen und Ortwein von Metz, den Sohn von Hagens Schwester kommen. Die beiden sollten zuvörderst mit an den Niederrhein.

Mit Hagens zorniger Antwort zeigt der Kürenberger, wie es nach seiner Ansicht um die Lehenspflicht um die Jahrtausendwende und besonders in Worms stand: gut nicht, denn der Lehensmann kann den Gehorsam unbeschadet verweigern –, oder das Königtum Gunthers war das, was es zu seiner Zeit in Wahrheit war: Eine treue Gefolgschaft gab es für die Starken, und wenn die Gefolgschaft stärker war als der Anführer, dann drehten sich die Verhältnisse. So ist das aber immer, und bei Hagen kam noch dazu, daß er und sein Bruder Dankwart die Söhne Aldrians waren, die stärksten Kämpfer der Burgunden und zudem mit ihnen verwandt. Hagen geht nicht mit Krimhild, sagt er, und Krimhild bleibt wegen des ausbleibenden Machtwortes von König Gunther nichts anderes übrig, als einzulenken und Eckewart, den Markgrafen der Burgunden, ihre Gefolgschaft anführen zu lassen.

In Xanten vernehmen König Sigmund und Königin Siglind, daß ihr Sohn wohlbehalten und mit „Krimhild diu scoene“ heimkommen wird.

Wie lange er schon fort gewesen ist: Mehr als ein Jahr und im Vorbeifahren bei Xanten hat er seine Eltern nicht besucht, zweimal hätte er das tun können. Wie undankbar Kinder sind.

Mit „lachendem munde“ küssen König und Königin die schöne Schwiegertochter bei ihrer Ankunft, ganz zufrieden waren sie mit Siegfrieds Wahl.

Prachtvoller noch als die Hochzeit in Worms ist der Empfang in Xanten und König Sigmund übergibt Krone, Gericht und Land an seinen Sohn.
Nach zehn Jahren glücklicher und gestrenger Herrschaft Siegfrieds bringt Krimhild einen Sohn zur Welt, der nach Gunther genannt wird. So wie auch Gunther Vater eines Sohnes wird, der nach Siegfried seinen Namen erhält.
Warum sich der Thronfolger erst nach so langer Zeit einstellt in Xanten wie auch in Worms, das erzählt der Dichter nicht.
Bald darauf stirbt Königin Siglind, und Krimhild „het den gewalt mit alle", sie ist nun Regentin in Xanten.
Die Macht und die Herrlichkeit gehören Siegfried nicht nur am unteren Rhein, sondern auch in Norwegen, im Land der Nibelungen. Dort liegt sein großer Schatz und bleibt auch dort, der König von Xanten braucht ihn nicht.
Zu dieser XI Aventiure zeigt eine Miniatur im Kodex den Abschied Krimhilds und Siegfrieds von Worms. Ebenso gut könnte aber der Maler die Ankunft der beiden in Xanten dargestellt haben, die Leute im Boot auf dem Rhein würden dann vom Xantener Königspaar begrüßt und nicht von Gunther und Brunhild verabschiedet.
Nur einen kleinen Hinweis auf Worms versteckt der Maler in den Mauern, daß es Worms ist und darum der Abschied des Nibelungen und seiner Frau von den Burgunden: den Torbogen mit den Zinnen darauf im Stadtinneren, den er auch bei Geres Rückkehr in Worms zur XII Aventiure malt, gleich wie den gedeckten Torbogen, der bei Siegfrieds Botengang nach Worms in der Miniatur zur IX Aventiure zu sehen ist.

Daz er wer ainer der peste der ye auf ros gesas
Man forcht sein sterck und dot vil pillichen das

Aventew wie gunthor Seifrid ze der hochzeit pat

Nun gedacht auch alle zeite des gunthöres weib
Wie trewtet also hohe fraw kriemhild den leip
Nun ist doch unser aigen Seifrid ir man
er hat uns nun vil lange lutzel dienst getan
¶ Ditz trug sy in irem hertzen und ward auch wol verdeit
Daz sy ir fremd waren daz was ir harte lait
Daz man ir so sellten dient von Seifrides lant
Wa von daz chomen were daz het sy gern bechant
¶ Sy versucht es an den kunig ob es mocht geschehen
Daz sy kriemhillden noch zu ainem mal solt sehen
Si rett es haimliche daz sy da hete műt
Da daucht den herren die rede massliche gůt
¶ Wie mocht wir sy pringen sprach der kunig reich

XII AVENTIURE

Wie Gunther Siegfried zum Hofgelage bat. Oder: Die schöne Isländerin hat dem Niederländer nicht verziehen, daß er sie im Norden sitzengelassen, sie dann mit Waffen betrogen und zu schlechter Letzt noch mit dem Wormser verkuppelt hat.

Brunhild grübelt, warum der Vasall Siegfried keinen Dienst leistet und warum Krimhild so hochmütig ist. Sie fragt daraufhin den König ob sie Krimhild nicht wiedersehen könne.

Der hält aber nichts davon und meint, Krimhild sei so weit weg, wie könne man da verlangen, daß sie komme. Das läßt die Königin aber nicht gelten, ein Lehensherr sei schließlich ein Lehensherr, und Siegfried sei Gunthers Lehensmann, und was dem sein Herr sagt, das habe er zu tun. Und als Gunther darauf nicht eingeht, versucht sie es nochmals mit ihrem Wunsch, Krimhild wiederzusehen: Krimhild, die gute, die schöne.

Endlich willigt Gunther ein und sendet eine kleine Schar unter Markgraf Gere, einem Verwandten, nach Xanten mit der Einladung an das Königspaar, nach Worms zu kommen. Nach drei Wochen treffen die Boten den Nibelungen, allerdings in seiner Herrschaft in Norwegen. Seltsam das, aber Gere und seine 30 Mann müssen demnach gewußt haben, wo man Relaispferde bekommt, derlei gab es damals schon. Auch Krimhild und König Sigmund sind da in der Nibelungenburg und alle heißen Gere willkommen. Siegfried argwöhnt, die Burgunden seien wieder einmal in Bedrängnis. Er sagt darum, er werde immer Hilfe bringen, wenn man ihn brauche. Gere aber erzählt von Wohlergehen am oberen Rhein und wie herzlich man Siegfried und Krimhild einlade, vor der Sonnenwende nach Worms zu kommen.

Die zweite Miniatur zur XII Aventiure zeigt, wie Gere die Einladung überbringt an die vier Großen in Siegfrieds Land, bei ihnen auch der treue Eckewart. Keine Rede also von einem Ruf nach einem Vasallen, aber das hat Brunhild ja schon längst gewußt. Siegfried ist vorsichtig, er meint, das wäre eine mühsame Sache, nach Worms zu fahren; Krimhild aber freut sich über den Besuch ihres Vetters Gere und über die Einladung.

Siegfried fragt nun seine Verbündeten nach ihrer Meinung zu dieser weiten Reise durch dreißig Herren Länder. Die Antwort heißt: Ja, aber mit 1000 Mann unter Waffen. Siegfrieds Vater will mitfahren und 100 Bewaffnete zum Geleit beisteuern. Seines Vaters Meinung überzeugt Siegfried, und so sagt er Gere zu, der endlich nach neun Tagen wieder heimfahren kann. Für die Reise werden Sigmund, Krimhild und Siegfried gleich wie die ganze Gefolgschaft neu eingekleidet und bewaffnet.

Gere verkündet in der Miniatur zur XII Aventiure in Worms, daß die Nibelungen kommen wollen und wie reich sie, die Boten, von Siegfried beschenkt worden seien. Das wundert

Hagen nicht, weiß er doch, daß Siegfried seinen Hort nicht aufbrauchen kann, und „sold er immer leben“. Da sei es leicht, großzügig zu sein; schön wäre es auch, sagt der Kanzler, wenn der Schatz in den Besitz der Burgunden käme. Das ist ja leicht einzusehen. Warum Gere aber nicht berichtet, daß Siegfried mit mehr als 1000 Mann unter Waffen kommen will, das erzählt der Kürenberger nicht.

Der Küchenmeister Rumold weiß aber, was er zu tun hat und trifft Vorkehrungen für die Verwandtschaft, die da kommen wird.

Und auch die Schneiderinnen und die Putzmacherinnen läßt der Kürenberger fleißig arbeiten. Das geschieht bei ihm aber jedesmal, wenn Besuch zu erwarten ist – eine der wenigen Abwechslungen bei Hofe, meint er damit wohl.

Truchsazzen vnd schencken die richten mange panck
des half in auch her ortwein des sagt im gunthör danck
¶ Rumolt der kuchen maister wie wol er richte sit
die seinen vndertanen vil mangen ketzel weit
häfen vnde pfannen hey waz man der da vand
da berait man da speyse den die chamen in daz lant

XIII AVENTIURE

Wie sie zum Hofgelage fuhren. Oder: Alle großen Reisen im Lied finden zur Zeit der Sommersonnenwende statt, diese Reise aber führt zum Unglück nur in eine Richtung. Und: Die sonntags stattfindenden Schlägereien mit schwerem Gerät gehören zur Unterhaltung oder zur Spionage, je nachdem.

So kommen also in der XIII Aventiure das Königspaar von Xanten und König Sigmund nach Worms und werden dort empfangen, wie es sich geziemt. Gunther bittet Brunhild, Krimhild ebenso herzlich zu begrüßen, wie diese seinerzeit die fremde Brunhild begrüßt hatte. Die Königin sagt zu und geht dann herzlich grüßend auf Krimhild zu, nachdem man die schönen Frauen von den Zeltern gehoben hat – Zelter wie Tölt, der Gang der schweren Pferde.

Die unausweichlichen Kampfspiele dauern nicht lange, obwohl Hagen und sein Neffe Ortwein alles auf das beste vorbereitet haben; auch um zu zeigen, „daz si gewaldec waeren“ sie, die Macher im Reich. Mit Ritterspiel und feierlichen Bewirtungen vergeht die Zeit, elf Tage hat man gefeiert, solange noch Friede und Freundschaft war zwischen den Königinnen.

Krimhild und Brunhild begegnen einander mit großer Höflichkeit, sagt der Kürenberger, die Kronen tragen sie, wenn sie miteinander zum Münster gehen. Brunhild ist die erste, die aus der Höflichkeit Distanz und daraus dann Ablehnung werden läßt.

XIV AVENTIURE

Wie sich die Königinnen schalten. Oder: Eine Königin beleidigt die andere. Wie ein Wort das andere ergibt und sich eine Königin verständlicherweise halt nicht eine Schlampe heißen läßt.

Mit der XIV Aventiure beginnt der Streit. Auf der Miniatur ist dargestellt, wie die beiden aneinander geraten: Mit erhobener Hand sitzen die Königinnen da, mit offenem Mund und bösem Gesicht beide. In dem Zimmer, in dem sie sitzen, steht außerdem noch Siegfried, um den es eigentlich geht, und der macht – höflich gesagt – einen unbedarften Eindruck, die Linke wie später einer aus dem Frankenreich seine Rechte in den Rock gesteckt. So stellen wir uns den Xantener eigentlich nicht vor, nicht so klein und nicht so einfältig. Und noch etwas, guter Meister: Mir deinen Vorstellungen von einer Perspektive in einem Bild ist es nicht weit her, deine Fluchtlinien laufen auseinander und die Gesimse sind verkehrt bei dir!

Aber immerhin: Butzenscheiben und dicke Holzfenster sind zu sehen hinter den Damen, die da streiten.

Nach einem pflichtgemäßen Ritterspiel reden sie zuerst davon, daß ihre Könige beide ohnegleichen wären. Nur sagt da Krimhild etwas, das auf Brunhild wie ein Brandsatz wirken muß, trotz der an sich harmlosen Bemerkung „meinem Mann müßten alle diese Reiche untertan sein". Brunhild darauf, das könnte nur sein, wenn Siegfried und Krimhild alleine auf der Welt wären, solange aber Gunther lebe, könnte das niemals so sein.

Und da werden die beiden Damen boshaft, nur weil die eine zu viel und die andere zu wenig weiß. Immer aufdringlicher wird das Loblied Krimhilds auf Siegfried, und Brunhild entgegnet, so schön und edel Siegfried auch sein mag, Gunther, Krimhilds eigener Bruder, der sei doch ein größerer König und stehe über Siegfried.

Das muß schrecklich gewesen sein für die Königin in Worms, gedacht wie sie war: zugeben zu müssen, daß ihr Gemahl nur dem Range nach über Siegfried stehe. Das wäre aber die goldene Brücke für Krimhild gewesen – ihr Bruder und ihr Mann, beides feine Kerle!

Aber nein, sie läßt Brunhild auch nicht den letzten Stolz, sie muß unbedingt sagen, Siegfried sei Gunthers „genoss", sein gleichrangiger Waffenbruder.

Da aber, da muß Brunhild heraus mit ihrem letzten Argument, ihrem letzten Schutz gegen ihre Einsamkeit in der Fremde und gegen ihre Erinnerungen, die sie nicht los wird: Ihr Mann ist der größere König und sie darum die wichtigere Königin, und der Drachentöter steht weit unter dem Burgundenkönig. Und darum sagt sie zu Krimhild, Siegfried selber habe damals bei dem Kampfspiel auf Island gesagt, er wäre Gunthers Mann, sein Vasall also. Krimhild ist tief

Da chamen in die mere die frawen viter dan
Den edlen kungynne volget manger chuner man
¶ Sy stunden vor dem munster wider auf daz gras
Prunnhild wen gesten dannoch vil wege waz
Sy giengen under der chrone in daz munster weit
Dew lieb ward seit geschaiden daz frumte grosser neit
¶ Do sy gehorten messe sy furten wider dan
Mit vil mangen eren man sach sy seider gan
Ze dische frolciche frewde nie gelag
Da ze der hochzeite untz an den aylften tag

getroffen, und sie bittet Brunhild, nie mehr davon zu reden, wenn schon ihre Brüder sie nicht standesgemäß verheiratet hätten. Brunhild spürt, wie verletzend sie ist und bohrt nach: Sie will auf einen so guten Lehensmann und seine Dienste doch nicht verzichten! Krimhild begehrt dagegen auf: Keine Rede von einer Dienstbarkeit ihres Mannes und wenn Siegfried ein Vasall wäre, dann hätte er ja all die Jahre seinen Lehenszins schicken müssen.
Alles Unsinn und Übermut das! Ob denn nach ihrer Meinung in Zukunft Krimhild so geachtet werde wie sie selber, sagt Brunhild, als könnte neuer Zorn altes Leid vergessen machen. Und Krimhild ist um kein Haar besser, wenn sie sagt, alle werden sehen, wer voran gehen wird in die Kirche. Beide Königinnen suchen nun ihr kostbarstes Gewand – damit alleine schon wollen sie ihren Rang zeigen, und dann geht Brunhild mit ihrer Entourage zum Münster. Dort wartet schon Krimhild mit Gefolge. Alle wundern sich über diesen Aufwand der Königinnen. Brunhild bleibt vor dem Dom stehen und sagt zu Krimhild, sie soll stehenbleiben, vor einer Königin habe ein Unfreie nicht zu gehen.
Und da ist der Fehdehandschuh, da Krimhild sagt, eine Kebse könnte gar keine Königin sein.
Brunhild: Wer soll eine Kebse sein, wer, ich?
Aber ja, sagt Krimhild, mit Siegfried warst du zuerst zusammen und nicht mit meinem Bruder, der dich geheiratet hat. Du hast dich also mit einem Unfreien eingelassen. Und jetzt, Frau Königin?
Brunhild beginnt zu weinen und Krimhild geht vor ihr in den Dom. Das Hochamt scheint Brunhild endlos lange zu dauern und als es endlich vorbei ist, wartet sie vor dem Münster auf Krimhild. Was sie der Dichter denken läßt, das zeigt, wo das Schwert Gram auf ihrem Lager mit Siegfried gelegen war, sicher nicht zwischen den beiden: Und wenn sich Siegfried dessen auch noch gerühmt hat, dann geht es ihm ans Leben.
Sie fragt darum Krimhild nach Beweisen für ihre schändliche Behauptung, und die zeigt nun wirklich ihrer Widersacherin den Ring und die Borte aus Brunhilds Besitz, beides hat sie von Siegfried. Da beginnt Brunhild wieder zu weinen und sendet nach König Gunther. Als der König kommt, erzählt sie ihm von Krimhilds Vorwurf, sie sei Geliebte – Kebse – von Siegfried gewesen.
Und daß Krimhild den Gürtel „von ninive der sîden“ trägt, den sie längst verlegt habe, irgendwo und den verlorenen Ring. Wenn der König sie nicht vor dieser großen Schande befreie, werde sie ihm nimmermehr angehören. Gunther läßt Siegfried holen, und als der ahnungslos ankommt, da hält er dem Nibelungen vor, er habe sich Krimhild gegenüber als erster Mann der Brunhild ausgegeben. Alle wußten damals, was das bedeutet: Die prima nox, die erste Nacht mit einer Frau bedeutete ungleich mehr als heute. So war das damals, und darum das Ganze eine mehr als ernste Sache.
Gunther verlangt von Siegfried, er müsse es auf seinen Eid nehmen, sich nie gerühmt zu haben, der erste Mann der Brunhild gewesen zu sein. Als aber Siegfried bereitwillig die Hand zum Schwur hebt, da läßt es der König damit bewenden und sagt so laut, daß es alle hören können, er habe wohl erkannt, daß Siegfried unschuldig sei. Siegfried bedauert, daß der

Burgundenkönigin das angetan worden war, und Gunther und er sehen sich tief in die Augen.

Nachher aber geht Hagen zu der beleidigten Königin und fragt sie nach dem Grund für ihre Tränen. Als er den Hergang erzählt bekommt, gelobt er, daß Krimhilds Mann dafür büßen werde oder er, Hagen, wolle nie mehr unter den Fröhlichen sein. Auch Ortwein und Gernot raten, Siegfried müsse diese Ungeheuerlichkeit gegen die Königin mit dem Leben büßen. Nur Giselher spricht dagegen. Es sei oft unklar, sagt er, warum die Frauen so zornig werden. Der Kanzler meint, es muß sein. Gunther darauf: „Er hat uns nichts getan".

Was und wieviel Siegfried wirklich getan hat, das weiß Gunther nicht, so ganz genau will er das heute auch nicht mehr wissen, alles lang schon her. Ortwein von Metz, immerhin Truchseß der Burgunden, der Leiter der Hofhaltung also, sagt dasselbe wie Hagen: Wenn es sein muß, übernimmt er selber die Sache mit Siegfried, dem dann auch seine große Stärke nicht helfen kann.

Doch niemand macht Ernst mit dem Gerede außer Hagen, der Gunther auf die Herrschaften hinweist, die von Siegfried zu erben wären. Gunther meint, man sollte den Zorn verrauchen lassen und außerdem, wenn Siegfried von dem Plan gegen ihn erfahre, dann wären sie alle auf verlorenem Posten.

Siegfried, so denkt Gunther laut, der ist schon mit anderen fertig geworden und den Balmung

hat er und die Drachenhaut und die Tarnkappe Alberichs, mit der alles angefangen hat. Das wäre nicht weiter gefährlich, meint Hagen und erzählt Gunther seinen Plan. Er könnte ja mit einer falschen Kriegserklärung der Dänen und Sachsen Siegfried von seinen Leuten trennen und ihm dann ans Leben gehen, wenn er allein wär! Der König „gevolget übele Hagenen, sînem man". Übel heißt hier: In verbrecherischer Weise, das Wort wog früher mehr als heute. Oder – der Kürenberger hat das „übele gevolget" anders gemeint, vielleicht so, wie die Handschrift C zur Mitte des vergangenen Jahrhunderts übersetzt wurde: „zum Unheil" – übele – folgte Gunther Hagen, seinem Mann. Beides ist möglich und genau weiß es niemand, wie der Kürenberger das „übele" gemeint hat – der Fortgang seiner Sage paßt zu beiden Auslegungen.

Aventewr wie Seifrid verraten ward

An dem vierden morgen zwen und dreissig man
sach man ze hof reiten daz ward da chund getan
Gunthor dem vil reichen im wer wider sait
von lugen erwuchsen die aller grosten lait
Urlaub sy gewunnen da sy solten fur gaun
und jahen daz sy weren des ludigeres man
den er da het bezwungen des seifrides hant
und in ze geysel prachte in guntheres lant
Die poten er da grusste und hiess sy sitzen dan
Ir ainer sprach dar under herre lat uns stan

XV AVENTIURE

Wie Siegfried verraten wurde. Oder: Von Verrat keine Rede, der Kanzler plant nur, was der König zu tun hat nach damaligem Brauch. Daß aber die Stellvertretung nichts nützt, das merken sie erst viel später.

Der Anschlag auf Siegfried am Beginn der XV Aventiure beginnt mit der List, die Hagen seinem König vorgetragen hat: 32 Mann, nach ihren eigenen Worten von Lüdeger gesendet, bringen dessen Kriegserklärung.
In der Miniatur ist König Gunther und die Königin zu sehen, die hier größer ist als Gunther und daneben steht ein Hofmann, der ein Pergament in Händen hält. Das soll wohl die gefälschte Fehdebotschaft sein, Siegel sind keine daran. Die hat der Maler weggelassen, wohl zum Zeichen dafür, daß die Nachricht nicht von einem König kam. Siegfried fällt auf alles herein. Als Gunther betrübt umhergeht und ihm von der Drohung Lüdegers erzählt, da bietet der Nibelunge gleich seine Waffenhilfe an. Nichts bemerkt er von der Niedertracht rings um ihn und auch nichts davon, daß Hagen zu Krimhild geht, um sich bei ihr abzumelden, „unt bat im geben urloup".
Verrat, Verrat, und Krimhild glaubt Hagen und bittet ihn, auf die einzige verwundbare Stelle ihres Mannes achtzuhaben, die sie auf Hagens Bitte hin mit einem seidenen Kreuzchen auf sein Gewand stickt. Auf das Jagdgewand natürlich und nicht auf den Küraß – was soll das! Unterwegs sieht Hagen das Zeichen auf Siegfrieds Schulter, und nun braucht er die Dänen und die Sachsen nicht mehr. Zwei Mann schickt er los, um in Worms unerkannt Botschaft zu bringen, daß Lüdeger nun doch um Frieden bitte.
Und Siegfried wollte schon gegen die Feinde seiner Freunde ziehen. Gunther dankt ihm für seinen Beistand. Da die Heerfahrt nun nicht mehr nötig wäre, solle man jagen gehen – Bären und Sauen im Wasgenwald. Hagen weiß schon, wie er es anstellen wird, daß der Nibelunge da zu seiner letzten Jagd ausziehen wird.

XVI AVENTIURE

Wie Siegfried erschlagen wurde. Oder: Bei der Hofjagd der Burgunden ist der Holländer selbst das Wild, um das es geht, und er wird auch zur Strecke gebracht. Ob mit einem Spieß oder mit Pfeil und Bogen, Freund Hein war jedes Werkzeug recht, seine Ernte einzufahren.

So geht nun Siegfried heim zu Krimhild, sein Pirschgewand zu holen – und dabei sagt ihm seine Frau, er soll sich hüten, sie fürchtet Verrat, und er möge daheim bleiben. Kein Wort aber vom Fadenkreuz auf der Schulter des Nibelungen, da wäre selbst der mißtrauisch geworden, so vertrauensselig er sonst auch war.

Und so zieht er mit der Jagdgesellschaft in den hohen Tann, wo er ein solches Wild jagt, mit dem er seine überlegene Stärke zeigen kann – wie sonst hättest du, guter Kürenberger, einen Löwen durch den Wasgenwald ziehen lassen!

Aber dafür hattest du einen guten Grund: Schon zu deiner Zeit wurde altes Gebein gesucht und aufbewahrt, und darunter gab es auch Schädel von Bären und Tigern. Die Bären haben die Alten gekannt, einen Tiger aber nicht. Die Löwen aber, die „leuen" mit einem ähnlichen Schädel, waren auf bald jedem Wappen und jeder konnte sie sehen. Und so konntest du getrost erzählen, es sei dort ein Löwe erlegt worden.

Da nun Siegfried Wisent, Auerochs, Elch, Bär und Leu erlegt und danach auch noch einen Bären lebend gefangen und in das Jagdlager gebracht hatte, ließ er den dort los. Ein schlechter Spaß das und ein wüstes Getümmel, wie der Bär da durch das Lager tobt, bis ihn Siegfried mit dem Balmung erlegt und zum Lagerfeuer schleppt. Zum Schüsseltreiben danach fehlt plangemäß der Wein, und Hagen benützt die lang vorbedachte Ausrede, er habe den Wein in den Spessartwald gesendet, er war der Meinung, die Jagd werde dort aufgehen. Das wäre heute nicht mehr gut zu machen; gegen den Durst wüßte er allerdings eine Quelle, nicht zu weit vom Lager am Berghang. Wenn Siegfried schon arg durstig sei und so schnell laufen könne, wie allenthalben erzählt, dann könnte man ja um die Wette laufen, wer zuerst an die Quelle käme.

Verrat, Verrat! Und nichts merkt der Nibelung, wie leicht man ihn in die Falle lockt, wo er dann abseits von seinen Leuten ist und alleine im Wald.

Siegfried kommt als erster an die Quelle, nach ihm Hagen und Gunther, die mit ihm um die Wette laufen und ihn doch nur zur Strecke bringen wollen.

Die Miniatur dazu im Kodex zeigt, wie das edelste Wild beim Trinken an der Quelle erlegt wird: Von hinten schießt Hagen einen schweren Jagdpfeil zwischen die Schulterblätter des

Hubschen mit den frawen das sey in lieb getan
¶ So sprach der starck Seifrid mit herlichen sit
wann ir jagen reittent da wil gerne mit
So sült ir mir leihen ainen schutz man
vnd ettlichen pracken so wil ich reiten in den tan
¶ Welt ir nicht nemen einen sprach der kunig ze hant
Jch leihe ew welt ir viere den vil wol ist bechant
der walt vnd auch die staine wa die tiere hine gaund
die euch nicht verweise ze den herbergen reiten laund
¶ Do rait zü seinem weibe der reck vil gemait
schier het hagen dem künig gesait
wie er gewinnen wolte den trewlichen degen
Auss grosser untrewen solte nimmer man gephlegen

Nibelungen, der Maler hat sich nicht an den Kürenberger gehalten: Einen Wurfspieß, einen Ger, schießt Hagen dort dem Siegfried durch das Kreuz.
Der Gemeuchelte ist nun wehrlos. Blut auf den Blumen, die Wiese rot, was ein Elend um den König von Xanten, den Herrn des Nibelungenhortes und Gemahl der Schönsten in Burgund – nichts ist das alles mehr. Irgendeine Waffe sucht der nun und findet keine. Hagen hat alles vorsorglich beiseite geschafft – außer einem Schild, Siegfrieds Schild, und den packt der Todwunde und drischt ihn dem Hagen drüber, daß der in die Knie geht, und hätte Siegfried ein Schwert gehabt, dann hätte er sich jetzt, todwund wie er war, noch gerächt mit letzter Kraft an dem „Tronje man".
Die Miniatur erzählt aber ganz anderes als der Dichter: Da kniet Siegfried wohl am Bach, um seinen Durst zu löschen, alles andere ist aber nicht so wie im Lied: In der Miniatur steht hinter Siegfried ein Mann mit einer Krone auf dem Haupt, und der hat dem Siegfried gerade nicht einen Spieß zwischen die Schulterblätter gerannt, sondern er hat einen Pfeil dahin geschossen, der dem Nibelung ins Leben geht, so tief steckt das Geschoß. Daß weit von Siegfried dessen Waffen an einen Baum hängen, das ist auch im Bild so.
Der Mann mit der Krone kann aber nicht Hagen sein, und ein Pfeil ist kein Spieß, nie und nimmer!
Daß der Maler das kleine Bild so geschaffen hat, wie wir es heute noch sehen, zeigt aber, daß noch er die alten Sagen gekannt hat, die dann zum Teil zum Nibelungenlied geworden sind: In der Edda-Sage ist Hagen – Högni – Gunthers Bruder, weswegen er ebenso König ist wie Gunther und darum wie der eine Krone trägt – im Nibelungenlied heißt Högni Hagen und ist als Mann von Tronje mit Gunther nur mehr entfernt verwandt und nach seinem Verhalten gegenüber dem König Gunther ihm zudem dienstbar. In der Edda ist es aber auch nicht Hagen, der Siegfried – dort Sigurd – tötet, sondern Gunthers – Gunnars – Bruder Gutthorm; gleich ob nun Högni, aus dem später Hagen geworden ist, oder Gutthorm – Könige waren sie in der Edda beide, und das hat der Maler der Miniatur wohl noch gewußt von den alten Sagen, und darum die Krone. Auch daß Sigurd – Siegfried – im Schlafe mit einem Schwert durchbohrt wurde von Gutthorm, das fügt sich mit der Darstellung der Wehrlosigkeit Siegfrieds in der Miniatur zur XVI Aventiure. Es kommen also drei verschiedene Waffen vor zum Mord an dem Nibelungen: Im Lied ein Spieß, in der Edda ein Schwert und im einzigen alten Bild, das es dazu gibt, ein Pfeil.
Es ist die Miniatur vom Inhalt des Nibelungenliedes nicht so weit entfernt: Der Mörder oder – Henker? – Siegfrieds ist da wie dort einer aus Gunthers Familie, was man an der Krone erkennen soll, die der trägt, und auch im Bild liegt Siegfried von einer Waffe durchbohrt wehrlos auf dem Boden.
Dem Sinne nach sind Bild und Lied gleich in der Darstellung und in der Schärfe der Waffe. Der Meister mit seinem Marderpinsel hat halt manchmal auch ein wenig von dem gemalt, woran er sich noch erinnern konnte und nicht nur streng das, was er gelesen hat auf dem gleichen Pergament, auf das er sein kleines Bild gesetzt hat.

Da liegt also Siegfried am Bach, wo er nur seinen Durst stillen wollte, und nun rinnt sein Blut ins Wasser.

„Boese zagen", elende Feiglinge, schlimm vergeltet ihr Gutes euren Freunden, und Gunther soll nicht klagen über das Elend, das er selber verbrochen hat, röchelt der Nibelung. An Krimhild denkt der Verblutende noch – „erblichen was sîn varwe" – und bittet Gunther, für sie zu sorgen. Welch rührendes Eingeständnis der Wehrlosigkeit und der Sorge um die große Liebe – Siegfried, der König von Niederland muß seinen Verräter und den Mitschuldigen an dem schändlichen Meuchelmord bitten, für seine Frau zu sorgen. Hagen redet dann „übele", da er sagt, nun habe das ein Ende, was für Burgund immer eine Bedrohung war; und das wird auch nicht mehr gut durch seine Zusage, er wolle die Schuld auf sich nehmen Krimhild gegenüber. Worte, Worte, dieweilen der Nibelung in seinem Blute liegt und nicht lange mit dem Tode ringt, denn „des tôdes wâfen ie ze sêre sneit, dô mochte niht reden mere der helde" und sank zurück ins Gras.

Keiner hilft dem, der da verblutet, keiner schreit auf ob Hagens Tat. Wie denn auch, da damals jeder verstand, was da vor sich ging. Hagen hat getan, was er tun mußte, um die Schande der „Kebse" von Brunhild zu nehmen, Krimhild hätte dafür ja nicht büßen können. Und also mußte Siegfried sterben, anders war die Schande nicht zu tilgen.

Und daß Hagen den Niederländer von hinten erstochen hatte? Was denn hätte er tun sollen. Keiner hätte den Siegfried von vorne „angehen" können. Viel zu stark war der dafür, das hat der Kürenberger bei der Jagd gerade noch einmal gezeigt.

Und da Siegfried für Brunhilds Schmach büßen mußte nach den Ehrbegriffen seiner Zeit, da mußte er eben fallen, gleich ob durch Speer oder Pfeil. Hagen mußte tun, was Gunthers Sache gewesen wäre, trotz allem, was Siegfried für Gunther getan hat.

Kein Wort also gegen Hagen, er hat seine Pflicht getan, er, ein ehrenhafter Diener seines Königs.

Die Verse des Kürenbergers sind uns so vertraut, daß wir nicht mehr darüber nachdenken, was er da erzählt – wir setzen uns vielmehr damit auseinander, ob seine Gestalten recht tun oder nicht. Daß das aber zu nichts führen kann, ist gerade an Hagen zu sehen – wir leben in unserer Zeit und alles Mühen um Verständnis kann uns nicht in des Dichters Zeit und in die gedachte Welt seiner Gestalten bringen.

es ward nie frawen laider an lieben manne getan
¶ Die plumen allenthalben von plute wurden nas
Range mit dem tode unlange tet er das
Wann des todes waffen ye ze sere schnaid
Da macht gereden nicht mere der held kun und gemait
¶ Do die herren sahen daz der held waz tod
Da legtens in auf ainen schilt der waz von golde rot
Und wurden des ze rate wie daz solt ergan
Daz man es verhäle daz es hagen het getan
¶ Do sprachen ir genüge uns ist mit wol geschehen
Ir sult es helen alle und sult geleiche iehen
Da er rait jagen aine der kriemhilden man
In schlugen schachere da er für am durch den dan
¶ Do sprach von trone hagen ich pring in in daz lant
Mir ist unmere und wirt es ir bechant
Dew so hat betrübet den prunhilden müt
es achtet mich vil ringe waz sy wainens gedůt

XVII AVENTIURE

Wie Siegfried beklagt und begraben wurde.
Oder: Das Ehrgefühl des Kanzlers reicht nur zum Reden und zum Erstechen, seine Niedertracht reicht aber viel weiter. So auch, einer Witwe die Leiche ihres Mannes vor die Türe zu legen.

Abend wird es wieder, über Wald und Feld kehrt aber kein Frieden ein. Über den Rhein fahren die Burgunden zurück nach Worms mit Siegfrieds Leiche, „ein Tier, daz si dâ slougen".

Man muß das richtig verstehen: Der Dichter lebte an der Donau, und daß der „Wasgenwald", die Vogesen also, westlich des Rheins liegen ebenso wie damals Worms nur linkrheinisch war, das hat der Kürenberger nicht gewußt – er war ja nie dort. Sonst hätte er die Burgunden nicht mit dem Toten bei Nacht „über Rhein" fahren gelassen.

Vielleicht aber gab es damals noch einen Nebenarm, einen Teil des Stromes westlich von Worms, dann wäre der Wasgenwald und Worms wirklich von einem „Rîn" getrennt gewesen. In den alten Karten ist davon aber nichts zu sehen und als König Friedrich Barbarossa zur Zeit des Kürenbergers im Juni 1153 über Mainz nach Worms kam, da mußte er nur zwischen Frankfurt und Mains „über rîn", dann aber nicht mehr, um nach Worms zu kommen.

Den Toten läßt Hagen dann vor die Tür von Krimhilds Kemenate legen. Als am Morgen die Königin zur Messe gehen will, kommt ein Kämmerer und sagt, sie solle innehalten, „ez lit vor disem gademe in ritter – tôt erslagen". Vor dem Gaden, vor der Türe, liegt ein Toter, und Krimhild weiß, daß ihr Traum von den wilden Ebern nicht getrogen hat: der Traum, in dem die Blumen von Blut naß gewesen sind.

Ohne den Toten gesehen zu haben, weiß sie, was geschehen ist und warum Hagen so genau nach Siegfrieds einzig verwundbarer Stelle gefragt hatte. Und daß Hagen getan, was Brunhild geraten. Dann erst läßt sie sich zum Leichnam führen und „hob sein schönes Haupt mit ihrer weißen Hand, das Haupt, vom Blut so rot, daß sie es kaum erkannt", singt der Dichter.

Stille ist nun um Krimhild, das Klagen ihrer Mägde hört sie nicht, den heraufdämmernden Tag sieht sie nicht.

Alle Gedanken auf einmal – wie der junge Siegfried nach Worms kam, seine Heldentaten, sein fröhliches Lachen, sein Gang und nun sein letzter Gang, der ihn daher geführt hat vor ihr Knie. Eine gnädige Ohnmacht läßt Krimhild über Siegfried zusammenbrechen.

Grausig anzusehen in der Miniatur im Kodex, Krimhild laut schreiend vor dem Leichnam, der

kalt und starr auf den Stufen liegt, und wie ein Missetäter „um die Ecke geht“ und mit offenem Munde zu ahnen scheint, was noch werden wird aus alledem.
Um Sigmund schickt Krimhild, der König möge kommen, um mit ihr Siegfried zu beklagen. Nicht nach ihrer Mutter ruft Krimhild, alles was von Burgund ist, gehört für sie nicht hierher, wo das Opfer der Burgunden liegt.
Und von da an ist sie auch nicht mehr die junge Krimhild, die schöne, die glückliche: In der nächsten Strophe der XVII Aventiure sagt sie schon: „Ez hât geraten Prünhild, daz ez hât Hagene getan“. Sie muß aber trotz aller Schmerzen erkennen, daß das Nennen von Anstifterin und Täter ihr nur Ungemach bringt, und sie sagt darum, wenn sie wüßte, wer es getan hat, für dessen Tod täte sie alles.
Und als König Sigmund mit 1000 Mann unter Waffen kommt, da ist die Königin noch vorsichtiger: „ Wenn ich den wüßte!“ Mehr sagt sie nicht mehr.
Auch in ihrer gemeinsamen Trauer mit dem König um ihren Nibelungen behält sie so viel Übersicht, daß sie Sigmund und seine Schar bittet, einen Streit mit den Burgunden zu vermeiden, sie würden von Gunthers Übermacht nur alle verderben: Die haben wider einen aus Xanten ihrer dreißig Mann.
Sie verspricht aber Sigmund, seinen Sohn zu rächen, wenn die Zeit gekommen wäre.
In den Sarg läßt sie den toten Siegfried legen. Die Schmiede hatte einen aus Stahlspangen mit Silber und Gold machen müssen.
Als der Leichenzug zum Münster kam, da wollten auch Gunther und Hagen kommen, was besser nicht geschehen wäre, sagt der Dichter, da er die „Bahrprobe“ kannte, nach der im Mittelalter jeder eines Mordes Verdächtige an die Bahre des Opfers treten mußte und den Leichnam berühren. Floß dabei Blut aus der Leiche, so glaubte man, den Täter ausgemacht zu haben. Als Hagen an die Bahre trat, da sah man Hagens Schuld, da aus dem Leichnam das Blut aufs neue zu fließen begann.
Da helfen nun Gunther seine Ausflüchte nicht mehr, Schächer hätten die Untat begangen, „schâchere“, wie Räuber noch zur der Zeit des Kürenbergers geheißen haben. Da nun kann Krimhild sich auf ein Gottesurteil berufen und Gunther entgegnen: „Diese Schächer sind mir wohlbekannt, Gunther und Hagen, ja, ihr habt es getan.“
Die Trauer und die Totenklage Krimhilds will nicht enden, ungeheure Mengen an Gold gibt sie für Siegfrieds Seelenheil für die Armen, und als der Sarg hinausgetragen wird aus dem Münster, da bittet sie, man möchte ihn für sie öffnen, daß sie den lieben Toten noch einmal, nur einmal noch sehen könne.
Und da mußte man „zerbrechen den hêrlichen sarc“ und die Königin hob mit ihrer weißen Hand dem Toten das schöne Haupt und küßte ihn dann auf die wachsfarbenen Lippen. Und als der Kopf wieder auf den blutigen Kissen im Sarg lag, da fielen ihre Tränen darauf und wuschen das Blut des Xanteners von seinen Augen – die glasig und starr waren in ihrer schönen Bläue noch im Vergehen. Wieder und wieder beugte sich Krimhild hinunter und küßte ihren toten Vriedel.

Alles hatte er ihr genommen, der große Schnitter, dessen schwarzen Mantel sie noch wehen spürte; nur sie selber schonte er derweilen, Hildebrand war noch weit.
Dann wurde es Nacht um sie, und als sie dann wieder zu Sinnen kam, da war sie eine andere, eine neue Krimhild, von der Agnes Miegel schreibt:

„Es schäumt und braust, atmet und steigt
Schon brandets draußen an die Tür
Es klopft und pocht, der Riegel weicht
Nun flutets heiß und rot herfür –
Weh über mich, weh über euch!"
Jäh beim letzten Bogenstrich
Sprangen die Saiten und schrien
Hagen von Tronje neigte sich
Und wiegte sein Schwert auf den Knien.
Die Könige saßen bleich und verstört
Doch die schöne Krimhild lachte
Sie sprach „Nie habe ich ein Lied gehört,
Das mich lustiger machte!"
Sie kniete nieder und schürte die Glut
Von ihren schmalen Händen
Zuckte der Schein wie Gold und Blut
Und sprang hinauf an den Wänden."

Nur eine Frau kann so die Gefühle einer Frau beschreiben.
Uns aber wird kalt über den Wirbeln, so sehr ist aus des Kürenbergers Dichtung für uns Wahrheit geworden.

XVIII AVENTIURE

Wie Sigmund heimfuhr. Oder: Die Gastfreundschaft der Burgunden schließt den Mord am Gast mit ein. Dessen Witwe hat darum ihren Schwiegervater vor ihrer eigenen Verwandtschaft gewarnt.

König Sigmund tut nun, was ihm einzig richtig erscheint: Er bittet Krimhild, mit ihm heimzureisen nach Xanten. Die Herrschaft wäre ohnehin die ihre, so wie zu Siegfrieds Lebenszeit. Dagegen reden Ute, Giselher und Gernot, die Krimhild versprechen, ihren Kummer zu lindern. In der Fremde, meinen sie, da wäre sie alleine – und Siegfrieds Ruhm? – Ja, aber „wie stark auch einer gelte, so rafft ihn doch der Tod."

So bleibt sie in Worms mit gebrochenem Herzen – ein Stück davon in Xanten bei ihrem Kind, das andere unter der Erde bei dem lieben Toten. Auch König Sigmunds liebevolles Zureden vermag sie nicht mehr umzustimmen, und so bringt sie ihn und seine Leute zum Weinen, da der König Sohn und Tochter und seine Leute ihren König und nun auch die zweite Königin verloren haben.

In der Miniatur zur XVIII Aventiure ist König Sigmunds Aufbruch aus Worms zu sehen: Mit beiden Händen hält er die Linke der weinenden Königin, er selber mit Tränen in den Augen. Seine Leute trauern zwar auch, aber ihre festen Helme zeigen, wie sie denken über die Burgunden.

Bei keinem verabschiedet sich König Sigmund und niemand geleitet ihn aus Worms, bis ihm endlich Gernot und Giselher nachkommen und beteuern, an Siegfrieds Tod keine Schuld zu haben. Giselher reitet mit dem König bis nach Xanten, wo man alle in Trauer fand.

Und als Giselher wieder nach Worms kam, da fand er Krimhild noch so elend wie vordem; er war es, der ihr „das Herz und auch den Mut tröstete", was sonst niemand tat.

Brunhild war nun am Ziel ebenso wie Hagen: Ihre verratene Liebe war gerächt und der Tronjer hatte der Königin seine Treue bewiesen.

Daß „Brunhild, die schöne, im Übermute saß" und daß ihr die Tränen der Krimhild einerlei waren, so wird noch erzählt. Sie habe auch nie bereut, was sie da angerichtet habe.

Aber auch Krimhild wird ihr noch großes Leid schaffen, erzählt der Kürenberger, um der Trauer in dieser Aventiure etwas entgegenzusetzen.

Aventeur wie Sigemund haim ze land fur

Der Schweher · kriemhilden gie da er sy vand
Er sprach kunginne wir sullen in unser land
Wir weren ummer geste hie bey dem reine sein
kriemhild vil liebe frawe nun fart ir zu dem lande mein
¶ Seit daz uns untrewe hat angetan
hie in disen landen den ewren edlen man
Des sult ir nicht engellten ich wil ew wege sein
durch meines sunes liebe und durch des lieben kindes dein
¶ Ir sult auch haben frawe allen den gewalt
Den ew e thunt dete Seifrid der degen bald
Daz land und auch die krone daz sey ew undertan
ew sullen gern dienen all S. man
¶ So sagt man den knechten sy solten reiten dan
Da ward ain michel gahen nach rossen getan

XIX AVENTIURE

Wie der Nibelungenhort nach Worms kam. Oder: Ein König bestiehlt seine Schwester. Es ist aber eigentlich gar nicht schade um die Erbstücke der Königin, die der Kanzler in den Rhein schmeißt (die Erbstücke, obwohl ihm auch anderes zuzutrauen wäre). Und am Ende hat keiner was vom Rheingold.
Die Anstrengungen des Holländers in Norwegen waren, wenn nicht schon umsonst, so doch vergebens. Das Gold taucht jedenfalls nie mehr auf.

Krimhild versöhnt sich nach drei und einem halben Jahr mit Gunther, da sie ihm Siegfrieds Tod nicht vorwirft – „in slouc diu Hagenen hant“. Was sie nicht weiß: Hagen hat eben den König dazu gebracht, versöhnlich auf Krimhild zuzugehen und seine Unschuld zu beteuern; aber nicht aus Geschwisterliebe oder wegen seines schlechten Gewissens, nein, um des großen Nibelungenschatzes willen tut er das.

Unter Tränen verzeiht Krimhild, wovon sie nichts weiß – für sie sind Brunhild und Hagen die Schuldigen. Und als man ihr anbietet, ihren Schatz nach Worms zu bringen, daß sie ihn bei sich hätte, da willigt sie ohne Umstände ein. Giselher und Gernot sollten ihn bringen, diesen beiden traut sie nach wie vor.
Auch Alberich traut diesen beiden, als sie in das Nibelungenland kommen, und gibt den unermeßlichen Schatz heraus. Auch er weiß, daß Krimhild ihn als Morgengabe geschenkt bekommen hat von dem, der nun in Worms neben dem Münster begraben liegt. Dabei sagt Alberich, was er dem Xantener schon erklärt hatte, als er in dessen Dienste trat: Daß die Tarnkappe Unglück bringt über den, der sie trägt.
Wunder über Wunder an Reichtum sehen Gernot und Giselher, und wie reich der Nibelunge war und ihre Schwester nun ist – und wie recht Hagen wieder einmal gehabt hat mit seinem Rat, all das rheinauf zu bringen nach Worms. Sie verstanden nicht, was Alberich sagte: Die Wunschrute aus Gold, die könne einen überlegen machen über jeden im Erdenrund, wenn man nur wisse, damit umzugehen.
Geblendet von Gold und Edelstein hören ihm die beiden Könige aber nicht zu. Sie bringen den Schatz auf zwölf Leiterwagen in vier Tagen zum Schiff und müssen dazu dreimal am Tage fahren; fast anderthalbhundert Fuhren, also wahrhaft ein Schatz, den Siegfried nicht hätte ausgeben können, und hätte er ewig Zeit dazu gehabt. Wie recht doch Hagen hatte!
Wie die Fahrt vor sich ging, ist auf der Miniatur zur XIX Aventiure zu sehen: Auf zwei Schiffen wird der Schatz zu Krimhild gebracht, die in einfachem Gewand dasitzt – aber nicht in

Schwarz, das war damals noch nicht Brauch. Auch die Miniatur zum Aufbruch Sigmunds aus Worms zeigt Krimhild zwar weinend, aber in goldfarbenem Gewande.
Aus den Frachtschiffen auf dem Rhein wird der Schatz da gerade entladen. Alles ist vorsorglich in Fässer und Truhen verstaut. Lang und weit war die Fahrt übers Meer und den Strom hinauf, aber gut angekommen ist Krimhilds Eigentum.
Eine alte Übersetzung rührt einen mit der nächsten Strophe:

„Und wär der Schatz noch größer tausendmal
Und wär der brave Siegfried erstanden noch einmal
Wie gern wäre da Krimhild händebloß gestanden.“

Mit bloßen Händen, betteln gehen über Land, alles nichts gegen die Tränen um den Niederländer!
Und so verhält sich die schöne Witfrau denn auch: Mit vollen Händen beschenkt sie, wen sie nur beschenken kann. Daß ihre viel bewunderte Milde auch viel fremdes Volk ins Land brachte und darunter auch manchen waffenkundigen Mann, der dann Krimhilds Schar der 1000 unter Graf Eckewart verstärkt, das sehen alle. Nur Hagen erkennt, daß daraus eine große Gefahr für die Burgunden werden kann, wenn Krimhild fortfährt, Gold mit vollen Händen unter die Leute zu bringen: Gott ist zwar allemal mit dem stärkeren Heer, aber das stärkere Heer war auch damals schon mit dem größeren Beutel.
Und wieder geht es, wie es schon mit Siegfried gegangen ist: Hagen drängt Gunther, Krimhild den Schatz wegzunehmen. Gunther spricht dagegen, und das tut er so gewandt, daß Hagen erkennen muß, daß auch diesmal er selbst den Speer führen muß bei dem, was der König und er für notwendig ansehen: Damit Gunther sein Treuegelöbnis, das er seiner Schwester gegeben hat, nicht brechen muß, sagt Hagen: Laßt mich den Schuldigen sein! Daß sie beide ihre Eide „unbehuot“, unbehütet, also nicht ehrlich nahmen, das sagt der Dichter diesmal schon vor der Tat, und kein Siegfried ist mehr da, der nachher die „vil boesen zagen“ zur Rechenschaft ziehen und Krimhild beistehen könnte.
Giselher alleine hält noch zu seiner Schwester. Gernot sagt, man sollte den Schatz im Rhein versenken, also nicht selber teilhaben am Raub an der Schwester, immerhin. Und doch ebenso schlimm wie König Gunther. Die Witwe erfährt von dem Anschlag auf ihr Eigentum und bittet Giselher um Hilfe, der seinen Beistand auch zusagt, gleich nach der Fahrt, an der Hagen nicht teilnimmt, alle anderen um Gunther aber wohl.
Der Kanzler hat daheim zu tun, in Worms; da nimmt er den ganzen Schatz an sich und versenkt ihn in einem Strudel im Strom. Die Heimkehrenden sprechen ein deutliches Urteil: Hagen „hât übele getân“ – er hat also verbrecherisch gehandelt. Als er sich aber aus Worms entfernt, da dauert es nicht lange, und er kann wieder „ze hove gan“. Man liebt den Verrat und verachtet den Verräter. Beides aber nur so lange, wie man Nutzen davon hat. Und der Schaden der anderen bricht einem wie Gunther nicht das Herz, auch wenn es die eigene Schwester

Waz ye gewanit kriemhild ymmere waz ir dag
Sy ward ir guter trewen nimmer mer berait
Seit gedot auch fraw kriemhild ir hertzenliche laid

Aventeur wie der nibelung hort ze wurms pracht ward

Do die edel kriemhild also verwittwet wart
bey ir in dem lande der graf eckewart
beleipt mit seinen mannen der dient ir zu allen tagen
Der half auch seinen herren der frawen kriemhilden klagen
¶ Ze wurms bey dem munster ain gezimer man ir schlos
Wit unde mich reich unde gros
Da sy mit irem gesinde seit an frewde sas
Sy waz ze kirchen gern und dot vil gutlichen daz
¶ Do man begrub ir fridel wie sellten sy daz lie
mit traurigem mute sy alle zeit dar gie

betrifft, der er nun neues Leid antut. Man hat ihr nun zu ihrem „Vriedel“ – ein liebes Wort für den Liebsten – auch noch ihren Besitz genommen.

In der Donaueschinger Handschrift ist wohl von späterer Hand noch die Sorge von Mutter Ute um die Gebeine Siegfrieds beschrieben; sicher, weil Mutter und Tochter befürchten, Gunther und Hagen könnten auch noch die irdischen Überreste Siegfrieds rauben. Obwohl Krimhild sich vom Mittelpunkt ihres Lebens, von Siegfrieds Grab, nicht trennen will, stimmt sie zu, daß sein Sarg ausgegraben wird und nach Lorsch ins Münster kommt. Dort hat Mutter Ute ein Gut und dorthin nimmt sie mit, was vom Xantener geblieben ist.

Ute will fort von ihren Söhnen, deren Wesen sie nicht mehr erträgt und deren schlimmes Schicksal die Mutter ahnt.

Nach Siegfrieds Tod lebt Krimhild in einem abgeschiedenen Trakt der Burg zu Worms, von wo sie jeden Tag zum Münster geht, um dort für Siegfried zu beten. Kein Tag mit Lachen oder einem fröhlichen Wort. Nur das ist ihr von ihrem stolzen Leben an der Seite des „pesten, der ie uf rossen saz“ geblieben – Einsamkeit und Trauer.

Und da hört die Siegfried-Sage auf, die der erste Teil des Nibelungenliedes ist. Was dann kommt, paßt schon wegen des Hunnenkönigs nicht zu den ersten neunzehn Aventiuren, es paßt aber umso besser der Krimhild, die den großen König aus dem Osten für ihre Rache braucht.

Und erst recht dem Kürenberger, der mit dem Etzel-Lied, der alten Sage von Atli nach dem bisher Geschehenen sein neues Lied zu einem großen Ganzen fügt.

XX AVENTIURE

Wie König Etzel zu den Burgunden sandte und um Krimhild anhielt. Oder: In Esztergom hat man viel, aber nicht genug gewußt, denn sonst hätte sich der König die Sache mit der Nibelungenwitwe nicht angetan. Und: Zum ersten Mal hört man jetzt von einem Rüdiger von Bechelaren. Der lebte an der Donau, so wie der Erzähler. Die Gegend ist genau beschrieben, und das schöne Land verdient das wohl auch.

Nun knüpft also der Kürenberger das Band zwischen dem Krimhild-Lied und der Etzel-Sage: Da die Königin der Hunnen, Helche, gestorben war, warb Etzel um eine neue Frau in seinem und für sein Reich. Seine Freunde raten ihm, um die Hand der Krimhild aus dem Burgund anzuhalten, die wäre verwitwet wie er selber.

Der Rat gefällt dem Hunnenkönig.

Er sorgt sich aber, ob sie einen Heiden wie ihn wohl ehelichen wolle, Christin, die sie wäre.

So steht es geschrieben, eine ganze Strophe lang.

Gemeint hat der Kürenberger freilich nicht die Frage der Religion, nein: Hunnen waren Fremde von anderem Aussehen, anderer Sitte und mit einer gänzlich anderen Umgebung. Und „Rasse“ sagt man halt nicht, wenn man „Rasse“ meint, auch wenn es zutrifft und wenn die Rasse verhaßt war nach allem, was sie an Krieg, Blut und Leid in die Länder des Westens gebracht hatte – Jahrhunderte lang.

Also sagt man: Religion und die, die um die Zusammenhänge wissen, die verstehen, was gemeint ist und die Tumben von damals und die Sprachphilister von heute – für die ist das Lied ohnehin nicht geschrieben.

Dann fragt Etzel, wer von seinen Leuten Bescheid weiß über Volk und Land am Rhein.

Und da erzählt Rüdiger, der Herr von Bechelaren, was er weiß von den Burgunden und daß Krimhild so schön wäre wie seine Gotelind daheim an der Donau. Der Vergleich macht nachdenklich: Soll Etzel gewußt haben von der Schönheit von Rüdigers Gotelind, vom Hörensagen oder gar, weil er sie schon gesehen hat? Wie dem auch war in der Etzelburg zu Gran: Auf Rüdigers Vergleich und auf dessen Rat hin bittet er den von Bechelaren, für ihn um Krimhild zu werben und will ihm geben, was er für die weite Reise brauche für sich und die 500 Mann, die Rüdiger mitnehmen will. Die Antwort des „ marc grâve rîch“, die Reise wolle er aus Eigenem bestreiten, er habe ja alles aus des Königs Händen, diese Antwort ist zwar nobel, aber Etzel hört gar nicht hin. Rüdiger ist ein kluger Mann, der viel von dem versteht, was in eines Menschen Herzen vor sich geht, und er sagt seinem König etwas, das der wissen muß: Daß

Aventeur wie etzl nach kriemhilden sante

Das waz in ainen zeiten daz fraw helche starb
vnd daz der kunig etzel vmb ain ander frawen warb
Do riten sein frunde in der burgonde lant
Zu ainer stoltzen witwen die waz fraw kriemhilt genant
¶ Seit daz erstorben were der schonen helchen leip
Sy sprachen welt ir ymmer gewinnen ain edel weip
Die hochsten vnd die pesten die kunig ye gewan
So nempt die edlen frawen der starcke .S. waz ir man
¶ Do sprach der kunig reiche wie mocht das ergan
Seit ich pin haiden vnd des dauffes nicht enhan
So ist die frawe kristen da von so lopt sy mit
Es mus sein ain wunder ob es also geschicht
¶ Do sprachen aber die schnellen waz ob sis leichte tůt

Krimhild mit Siegfried, Sigmunds Sohn, vermählt gewesen war, dem besten Mann, den man hier in Gran je gesehen habe.
Das ist nicht zu verstehen: Denn die Königskinder, die Etzel als Geiseln nach seinem Raubzug durch Franken heimgeschleppt hatte, die hießen Hagen, Walther und Hildegunde, und ein Siegfried kommt da nicht vor und ein Sigmund auch nicht.
An Etzels Antwort erkennt man aber seine Klugheit: Wenn die Witwe aus Burgund schon dem Herren Siegfried gefallen hatte, so dürfe er sie nicht verschmähen und wenn sie heute noch so schön wäre, um so mehr gefiele ihm das.
Rüdiger weiß nun Bescheid und bricht nach Westen auf, nach vierundzwanzig Tagen allerdings erst, und er sendet Boten nach Bechelaren, um seiner Markgräfin sagen zu lassen, er werbe für Etzel um Krimhild. Gotelind denkt da an die schöne Helche, die eine so gute Königin war, daß sie sich sorgen müsse, eine so gute wieder zu bekommen.
Rüdiger reitet von Gran nach Westen und verläßt nach sieben Tagen das Hunnenland.
Etzels Reich reichte noch weiter nach Westen, aber da war dann schon Ostarrichi. Die Grenze lag für den Dichter zwischen Hainburg und Misenburg an der Kleinen Donau.
In Wien kleidete sich Rüdiger neu ein – Wien muß damals einen ganz besonderen Ruf als Stadt der Mode gehabt haben.
Endlich kommt der Markgraf heim nach Bechelaren, wo vielleicht die Herilungoburg stand. Wenig weiß man heute in Pöchlarn an der Donau vom angeblich hochberühmten Herrn dieser Stadt. Selbst der mächtige uralte Turm wird nur den Welsern zugerechnet und nicht Rüdiger. Der Beweis sei, so hört man, daß die augsburgischen Welser erst zu viel späterer Zeit als der des Rüdiger um das Jahr 1000 nach Pöchlarn gekommen seien. Kein guter Beweis das! Als ob mit dem Kommen einer Familie alles vorher Dagewesene „besenrein" – wie die Leute aus den Bauhütten damals wie heute sagen – weggeräumt worden wäre.
Es kann schon sein, daß diese „Welserturm", wie er heute heißt, Teil der Burg von Rüdiger war: Wenn man oben steht, dann sieht man von da aus auf die Tuonouwe, auf die Donau also, wie der Kürenberger erzählt.
Seine schöne Frau, von deren Anmut und Liebreiz der Sänger noch oft erzählen wird, und seine Tochter empfangen Rüdiger voller Freude, und der Markgraf erzählt Gotelind, daß er nach Worms zu reiten hat in Etzels Auftrag. Er bittet sie, nicht zu sparen an der Ausstattung seiner Begleiter, denn: „Wenn Helden im Wohlstand reisen, dann sind sie hochgemut", sagt Rüdiger. Was man verstehen kann, er braucht gute und ausdauernde Leute; so lag Bayern noch vor ihnen und dort waren außer den Wäldern auch deren Einwohner nicht geheuer. Weil sie aber bewaffnet waren, so wurden sie auf ihrem Wege durch der „paier lant" nur selten von Räubern überfallen, und das ohne Erfolg für die Räuber: Rüdiger brachte alles, was er von daheim mitgenommen hatte, auch glücklich nach Worms.
Für seinen Weg dahin hat er nur zwölf Tage gebraucht, so geht das Lied und manche meinen, das wäre nicht zu glauben. Aber zur Zeit des Sängers konnten nur ganz wenige lesen und schreiben, und rechnen konnten von denen nur eine Hand voll: Adam Riese aus Staffelstein

in Franken war noch lange nicht geboren, seine Lehrbücher über das Rechnen schrieb er erst zu Anfang des 16. Jahrhunderts.

Und wenn noch in Betracht gezogen wird, daß der Übergang von den römischen Zahlzeichen zu den arabischen zwar schon vollzogen, aber noch nicht überall verstanden wurde, weil die neuen Zeichen stets anders geschrieben wurden, dann wird man vom Beckmessern über diese Angaben sicherlich abrücken.

So kam also der Markgraf mit seinen Janitscharen, Petschenegen oder Hunnen nach zwölf Tagen an den Rhein und nach Worms.

Dort fragte der „Wirt" den Hagen, wer da gekommen wäre. „Wirt" heißt Gunther da, obwohl er König ist, weil er jemand gastlich empfängt. Daß daraus später der Wirt mit der Wirtschaft geworden ist, zeigt den Verfall der guten Sitten: Gunther nahm noch keine Zeche, im Gegenteil: Er beschenkte seine Gäste, statt ihnen eine Rechnung zu schreiben für Speisen und Getränke, wie das die Wirte zu unserer Zeit in verwerflicher Weise tun – sumus de vagantium ordine laudando, arme Scholaren, die wir waren.

Den Gästen weist man eine Herberge an, dieweilen Hagen an den kleinwüchsigen Reitern auf den wendigen Pferden die Hunnen und in der hohen Gestalt in deren Mitte seinen alten Freund Rüdiger zu erkennen meint.

Er ist es auch, der Vogt von Bechelaren, ein lieber Gast gewiß, aber was will einer von so weit

und noch dazu in Diensten des gefürchteten Etzel da am Rhein!

Unsicher ist die Mannschaft von Worms und daher über die Maßen höflich – der König steht vor Rüdiger auf und geht ihm entgegen, führt ihn gar an der Hand zu Tische und bietet ihm seinen eignen Sitz. Hagen hat wohl geraten, den Markgrafen mit ausgesuchter Höflichkeit zu empfangen, der den Burgunden immer wohlgesonnen, zum anderen aber Etzels Lehensmann wäre. Gunther fragt Rüdiger, wie es Etzel und Helche gehe und daß Rüdiger frei reden möge, „ze wêrbênne" heißt das im Lied – das bedeutet aber noch nicht werben, sondern seine Absichten darlegen.

Rüdiger richtet Grüße von seinem König aus und berichtet, er sei nach Worms gekommen mit dem Auftrage, um Krimhild zu werben, die verwitwet sei wie sein Herr, so habe man im Hunnenland vernommen.

Siegfried wäre also gestorben, und wenn es Gunther ihr zugestehe – „des gunnen", es vergönnen, sagen wir heute noch –, dann solle sie Königin werden in Etzels Reich.

Gunther erklärt darauf, daß er Krimhild wohl raten könne, ob sie den Rat aber annehme, das stehe bei ihr. In drei Tagen spätestens wolle er Rüdiger berichten. Der Gast aus Bechelaren wird inzwischen fein untergebracht, und Hagen kümmert sich so freundlich um ihn, wie sich Rüdiger einst um Hagen angenommen hatte, als der noch als Geisel in Gran war.

Wenn auch vieles da nicht zusammenpaßt, das würde sich aber schon reimen, da Rüdiger wirklich an Etzels Hof gewesen sein kann nach der Sage von Walther von Aquitanien. Auch der war als Geisel genommen worden und lernte in Gran seine Hildegund kennen, mit der er bei Nacht und Nebel aus Etzels Gewahrsam entfloh und glücklich alle Hindernisse überwand,

bis ihn sein Freund Hagen auf Etzels Befehl angriff am Wasgenstein, im Vogesenwald also, und ihm dort die Hand abschlug.
Walther hatte Hagen aber vorher so schlimm im Gesicht getroffen, daß der ein Auge und viele Zähne verlor. Daher das Aussehen des Tronjers. Und daher auch die Freundschaft zwischen Rüdiger und Hagen – noch aus den Tagen in Gran.
In Worms geht Rüdiger fort, nachdem er seine Botschaft ausgerichtet hat. Auf Gunthers Frage, ob sie meinten, daß Krimhild Etzel zum Manne nehmen solle, da raten alle zu. Nur Hagen nicht, Hagen rät ab, die Verbindung Krimhilds mit dem Hunnenkönig zuzulassen. Giselher und Gernot sind dafür, wenn auch beide aus anderen Gründen – Giselher will an seiner Schwester das Leid gutzumachen helfen, das Hagen ihr angetan hatte. Gernot meint aber zu Hagens Einwand, Krimhild solle doch hinunterziehen zu Etzel und dort bleiben bis an das Ende ihrer oder seiner Tage, nur werde man sie nie besuchen, da habe Hagen schon recht: Vergeben sei vielleicht manches manchem, vergessen aber nichts von dem, was Krimhild widerfahren ist. Hagen versucht noch einmal, das Unheil aufzuhalten, das er heraufziehen sieht, wenn sich Krimhild der Macht Etzels bedienen kann: Sollte Krimhild die Krone der Helche trage, dann werde sie heimzahlen, „swie siu gefüeget daz", wie sie es nur fügen könne. Man soll das ja bleibenlassen, sagt Hagen und dann sagt er nichts mehr, weil Giselher nichts versteht von dem, was Hagen kommen sieht und noch einmal zurät zu der Verbindung, die nun auch Gernot und Gunther gutheißen: Wenn Krimhild es will, werden sie nicht dagegen sein.
Gere springt auf und geht hinüber in Krimhilds Trakt, Gere ohne Takt: So plump überbringt er die Nachricht von Etzels Werbung, daß Krimhild heftig widerspricht und daß auch Gunther, Gernot und Giselher sie nicht umstimmen können. Nur den Rüdiger will sie empfangen wegen seiner angenehmen Art, jeden anderen Boten verbitte sie sich.
Und Rüdiger kommt am nächsten Morgen nach der Frühmesse.
Da sieht Rüdiger erst, wie es um Krimhild steht – nach all den Jahren weint sie noch immer um ihren Vriedel, ihren Liebsten.
Die Miniatur zur XX Aventiure zeigt die weinende Königin; daß wie im Lied ihr Kleid auf der Brust ganz tränennaß war, das sieht man nicht auf dem Bild; Ute und wahrscheinlich Gere und Eckewart sind da bei Krimhild und Rüdiger mit Küraß und Schwert und vier von den elf, die er mitnehmen durfte zur Königin. Rüdiger muß eine wahre Vertrauensperson gewesen sein und hochgeachtet von den Burgunden, sonst hätte er nicht unter Waffen zu Krimhild gehen dürfen – so muß sich das der Maler gedacht haben.
Verwundern läßt den Betrachter, daß auch die nun schon zwölfte Darstellung von Stadt und Gebäuden in Worms keine Wiederholung zeigt – von Burg und Kirchen nicht und auch nicht bei Teilen der Stadtmauer; dies um so mehr, als zur frühest angesetzten Zeit der ersten deutschen Niederschrift des Nibelungenliedes etwa um 1140 schon ganz genaue Darstellungen von Gebäuden bei beschreibenden Bildern üblich waren: Im Babenberger Stammbaum im Stift Klosterneuburg ist Heinrich II „Jasomirgott" auf einer Meerfahrt abgebildet; daß dabei im Hintergrund das alte Schottenstift auf der Freyung in Wien zu sehen ist, paßt nicht gut

zum Bildinhalt, das Stift ist dessenungeachtet in jeder Einzelheit gut zu erkennen: Trakte, Turm und Türen sind ebenso gut zu sehen wie Fenster, First und ein Forst im Hintergrund, den es damals in Wien innerhalb der Stadtmauer freilich auch nicht mehr gab. Immerhin aber: Der „Jasomirgott"–Babenberger lebte zur Zeit des Kürenbergers, also der Zeit der Niederschrift des Nibelungenliedes.

Daß dann zwei Jahrhunderte später der Maler nur solch allegorische Darstellungen von Worms und den anderen Orten des Liedes gemalt hat, läßt wohl nur darauf schließen, daß er Worms, Xanten und Passau gleichwie auch Isenstein nie gesehen hat. Die Darstellung von der Eisenburg und der Nibelungenfeste blieb jedoch in jedem Falle seiner Phantasie überlassen: Es hat sie nicht gegeben außerhalb des Liedes, wie soll er sie dann auch gesehen haben.

Rüdiger steht also vor Krimhild und kann trotz ihres Weinens seine Botschaft überbringen. Daß die Tränenreiche ihm Gehör schenkt und daß sie am Ende sogar nicht abweisend antwortet, sondern Rüdiger für den nächsten Morgen wieder zu sich bittet, liegt wohl nur an seiner guten Art.

Bis dahin berät sich Krimhild mit der Mutter und ihrem jüngsten Bruder und beide sagen ihr, eine Verbindung mit Etzel wäre gut für sie und ihre Trauer würde ein Ende haben: Eine Krone wäre allemal gut gegen großen Kummer.

Daß Krimhild in der Nacht noch an das Heidentum von Etzel denkt, das hat andere Gründe als solche der Religion: Für den Dichter galt Krimhild als Gemahlin Etzels zuerst als Mutter seiner zukünftigen Kinder. Nun hatte Krimhild die Hunnen ja gesehen: Wie Siegfried sah keiner aus, keiner auch nur wie die Leute der Burgunden. „Wie soll ich meinen Leib einem Heiden geben?" heißt also: Wie werden meine Kinder von einem Manne so fremder Art sein? Wie gut zu verstehen ist das alles bald ein Jahrtausend nach der Zeit, in die die Nibelungenkönigin gedacht war! Nur zu sagen traut sich das niemand mehr, da wegen dieser Frage so großes Elend und so untilgbare Schande über uns gekommen ist.

Die Königin bleibt am nächsten Tage noch abweisend gegenüber Rüdigers Werben, obwohl ihr alle drei Brüder zugeraten hatten, Etzels Antrag anzunehmen. Da sie jedoch nur traurig den Kopf schüttelt, bittet man Rüdiger zu ihr, sie möge ihm selber sagen, wie sie sich entschieden habe.

Wie oft ist davon schon geschrieben worden, was wohl zur Umkehr der Gedanken der Witwe geführt haben mag – und dabei ist da nicht viel zu reden: Krimhild hat ihre Ansicht nicht geändert, ihre Liebe zu ihrem Vriedel ist immer die gleiche geblieben und um dieser großen Liebe treu zu bleiben, willigt sie ein, zu Etzel zu gehen. Der Markgraf hatte ihr unter vier Augen erzählt, Etzels Macht sei so groß, daß er auch Krimhild großes Leid „ergetzen", vergessen machen könne. Rüdiger hat jedoch von einem Leid gesprochen, das mit Feiern, Fest und Freuden auszugleichen ist. Krimhild hat aber darunter nur eines verstanden: Rache für ihren Nibelungen, ihren Xantener, ihren Vriedel.

Darum sagt sie ja, und darum verpflichtet sich die Witwe Siegfrieds, die Frau des Hunnen zu werden.

So ist eine tief getroffene Frau in ihrem Leid, aus dem sie keinen anderen Ausweg findet. Und Krimhild hat dreizehn Jahre lang nach Siegfrieds Tod keinen Ausweg aus ihrem Leid gefunden. Jetzt aber hat sie einen, und daß der über Etzels Schlafgemach führt, das zählt nicht für die Königin, ebenso wenig wie ihr Sohn bei König Sigmund in Xanten.
Wie gut Hagen doch die Drachensaat seines Speerstoßes verstanden hat und wie wenig Hagen selbst verstanden wurde.
Man müßte meinen, guter Kürenberger, du hast die großen Tragödien der alten Griechen gekannt und sie nur noch hinübergeführt in deine Zeit, so folgerichtig hast du den Ablauf der Geschehnisse aufgebaut, der kein Innehalten mehr zuläßt und kein Entkommen!
Nun hat die Witwe also die Werbung Etzels erhört, und für eine kurze Zeit ist sie wieder die Krimhild mit den strahlenden Augen. Keine Tränen mehr, nur eine offene Hand, den Nibelungenschatz zu verwenden, in Worms und bei den Leuten in ihrem neuen Land, wo die Männer mit den Pferden verwachsen scheinen. Auch der Rest ihres großen Reichtums, den Hagen nicht hatte wegschaffen können, auch dieser Rest war noch so groß, daß Hagen fürchten mußte, Krimhild könnte davon gegen ihn Gebrauch machen. Er läßt Krimhild daher mitteilen, der Schatz bleibe in Worms, wenn sie in Etzels Land fährt.
Krimhilds Kummer darüber vernehmen auch ihre Brüder und die versprechen Abhilfe. Nichts geschieht aber, was nur bedeutet, daß der Kanzler mit dem König geredet hat und daß der eine Lösung der Frage ohne viel Federlesen sucht: Hagen hat darauf hingewiesen, daß Krimhild ja abreisen muß und daß sie ohne die Hilfe Gunthers gar nicht in der Lage wäre, ihr Gold nach Gran zu schaffen. Das leuchtet allen ein, Gunther und auch Krimhild, vor allem aber Rüdiger, der Format zeigt wie immer: Er beendet den Streit um die Herausgabe von Krimhilds Eigentum mit dem Hinweis, Etzel habe so viel an Geld und Gut, daß es Krimhild ihr Leben lang nicht ausgeben könne. Krimhild will aber nicht auf alles verzichten, Hagen hat ihr schon genug weggenommen!
Das reicht dann aber auch dem Gernot, der von dem Schatz noch ein Gutteil herausgibt mit Gunthers Vollmacht.
Rüdiger lenkt auch dabei ein und zeigt, daß er gut Bescheid weiß um die Dinge, die in Worms vorgefallen sind: Selbst wenn Krimhild noch allen Reichtum aus dem Nibelungenland hätte, so würden das weder sie noch er anrühren, die Burgunden sollen es behalten. Krimhild redet nicht dagegen, so sehr ihr danach wäre und läßt nur zwölf Schreine, Kisten also, mit Gold gefüllt, aufladen: Vor Hagens Einfluß hat sie zu große Scheu, um alles zu verlangen, was von ihrem Schatz noch in Worms vorhanden ist. Ein gutes Wort das: vorhanden, zur Hand – da war ja viel mehr, aber das war im Rhein und sohin nicht mehr zur Hand.
Eckewart, der treue Markgraf, soll die Braut nach Gran geleiten, mit seinem Fähnlein von 500 Mann. Ein kleiner Trost für Krimhild immerhin, zusätzlich zu dem Staat von 100 „Mägden". Die aber, Mädchen und junge Frauen, sind Leibeigene und die hatte niemand gefragt, ob sie zu den Hunnen wollen – was für ein Unglück für jede, namenlos in die Fremde zu gehen und alles zurückzulassen, was ihr lieb war. Davon ist aber nicht die Rede.

XXI AVENTIURE

Wie Krimhild zu den Hunnen fuhr. Oder: Sehr viel schöne Frauen in den Donauauen. Die Witwe kommt in den Nibelungengau, und da hätte sie besser bleiben sollen. Das wäre für die Streitkräfte aus Ost wie West von großem Vorteil gewesen.

Giselher und Gernot, Gere und Ortwein und auch Rumold mit 1000 Mann geben Krimhild Geleit bis an die Donau bei Vergen, dem heutigen Pförring bei Ingolstadt. Nichts wird gesagt im Lied, wie die Reise gegangen ist von Worms bis dahin. Für mehr als 1500 Leute doch eine weite Fahrt und eine langwierige Sache, aber über das erzählt der Dichter nichts. Dort war er vermutlich nie. Von Vergen aber wußte er, daß man dort gut über die Donau kam und daß man nun in Bayern war, und ebenso, daß Passau da lag, wo der Inn in die Donau mündete, was er heute noch tut.

Der Bischof von Passau, der Onkel Krimhilds, kam ihr gastfreundlich weit entgegen ins Bayerische, wird aber enttäuscht: Nicht einmal über Nacht kann seine Nichte bleiben.

So ganz hält sich der Maler nicht an den Dichter, der erzählt, daß der Bischof mit Krimhild in die Stadt reitet. In der Miniatur zur XXI Aventiure „Wie kriemhilt zuo den Hiunen fuor" stellt er das ganz anders dar: Da steht der Bischof vor dem Stadttor von Passau, und Krimhild kommt über die Donaubrücke zu ihm geritten, im Damensitz auf einem weißen Zelter. Sie trägt da die gleiche Krone wie in der Miniatur zu ihrem Streit mit Brunhild in der XIV Aventiure. Demnach ist dort die Dame zur Linken Krimhild und die Königin in der goldfarbenen Robe ist also Gunthers Gemahlin.

Im Gefolge von Krimhild ist Rüdiger von Bechelaren zu erkennen. Die Stadt Passau muß schon recht groß gewesen sein damals und mit ihren Befestigungen gut geschützt. So zeichnet es wenigstens der Maler. Eine exakte Darstellung von Gebäuden, wie sie damals um das Jahr 1000 oder 1200 wirklich ausgesehen haben, ist aber auch diese Miniatur nicht: Viele Zinnen, Mauern, Türme und ein Münster hat damals wohl ein jeder Bischofssitz gehabt.

Von Rüdiger gingen derweilen Boten zu seiner schönen Frau Gotelind, daß er mit der neuen Königin käme. Gotelind zog daraufhin mit einer Schar von Bewaffneten über Eferding und Traun bis nach „Enns auf das Feld". Das Feld soll wohl die weite Fläche im Westen der Mündung der Enns in die Donau am Gegenufer von Mauthausen gewesen sein. Auch daß Krimhilds und Rüdigers Zug zuvor über den Traunfluß mußten, erzählt der Dichter. In dieser Gegend hat er sich halt gut ausgekannt und da kann er die Fahrt gut beschreiben auf Wegen und über Furten, die er selbst gesehen hatte und nicht nur vom Hörensagen kannte

Da ward der kunginne michel ere bechant
Die den keisern heten der kunig von hunen lant
Im burg vil reiche die waz wol bechant
gehaissen keisem maure fraw helch sas da e
vnd pflag so grosser tugent daz weltlich nimmer ergie
Es endaite damme kriemhild die also sollte geben
Sy mocht nach irem laude daz lieb wol geleben
Daz ir auch jahen ere des etzeln man
der sy sint grossen vollen bey den helden gewan
Die etzeln herschaft so weiten waz erkant
Daz man ze allen zeiten an seinem houe vand
Die kunsten von den ye ward vernomen
vnder kristen vnd vnder haiden da waren mit alle chomen
Die im waz ze allen zeiten daz weltlich nit mer ergie
kristenlicher orden vnd auch der haiden e
In wie getanem leben sich yeglicher betrug
das schuf des kunges millte die in allen gab genug

XXII AVENTIURE

Wie Krimhild von Etzel empfangen wurde. Oder: Ausgerechnet in Tulln sieht die Witwe ihren zukünftigen Ehemann zum ersten Mal – zierlich und wohlgestalt, sagt der Dichter, und das heißt außerhalb der Hofberichterstattung: klein, aber nicht verwachsen. Ein hoher Preis für einen Rachefeldzug. Die Hochzeitsnacht war aber in Wien, immerhin.

Am Anfang steht da, daß Krimhild erst am vierten Tage Traismauer wieder verlassen hat und daß die Staubfahnen auf der Straße hinter den Hunnenreitern wie Rauch nach einem Feuer nachwehten. Es ist heute noch so auf kleinen Landstraßen, nur haben wir keine Reiterfähnlein mehr und keinen Sänger, der das so trefflich sagen könnte. Schade das, selbst der Staub auf den Straßen wurde bei ihm zu einem guten Vers!

Auf ihrer weiteren Fahrt konnte Krimhild dann sehen, wie weit Etzels Arm reichte: Von den Reußen im Nordosten und denen aus Kiew im Osten und Griechenland im Südosten, von den Polen und Walachen im Norden hatte der König die Heere gerufen zu seiner Hochzeit, die Petschenegen auch, und es wundert einen, daß der Kürenberger nichts davon sagt, daß deren wahrhaft wildes Aussehen Krimhild erschreckt hätte.

Etwas anderes aber sagt er an dieser Stelle, und das fällt uns heute freilich nicht auf: daß die Bogen für die Pfeile „zuo den wenden vaste sie zuogen", daß sie also die gefährlichen dreimal gekrümmten Bogen hatten. Die wurden so gefürchtet bei denen im Westen, weil sie dem einfachen Bogen weit überlegen waren – „zuo den wenden vaste" heißt nämlich, einen solchen auf das äußerste zu spannen, bis die äußeren beiden Bogenteile „vaste", fest, gespannt sind, fast gerade sind sie dann, bevor die Sehne losschnellt. Vögel im Fluge schießen – wo hat man dergleichen schon gesehen, und das von galoppierenden kleinen struppigen Rössern aus, deren Hufe dahindonnern auf dem trockenen Sommerboden im Donautal.

Die dem Kürenberger zugehört haben, wenn er gesungen hat von solchen Reiterhaufen, die werden genickt haben und daran gedacht, wie viele gefallen sind vor diesen schnellen Reitern, die einmal da und einmal dort waren und eine immerwährende Gefahr für alle. Gut, daß sie Etzel untertan waren, da ihre Pfeile sogar den Brustpanzer eines christlichen Streiters durchschlagen konnten, treffen taten sie schrecklich gut, diese Heiden! Leicht zu verstehen ist, was der Dichter gemeint hat, wenn er sagt, Krimhild habe in Tulne gar „manche fremde Sitte gesehen, die sie noch nie gesehen zuvor" – Tulne, das heutige Tulln und das Comagenis der Römer war seit alters ein Hafen für Donauschiffe, wohin wohl viel Fremdes gekommen ist die Donau hinauf. Tulln ist eine sehr alte Gründung, und die Basilika war sicher schon fertig zu des Kürenbergers Zeit, viel davon steht heute noch. „Stadt“ nennt er Tulln, und das paßt gut in seine Zeit, 1014 wurde Tulln als „civitas“ genannt und 1159 als Stadt.

Nach dem Jahre 1000 wurde Tulln die Residenz der Babenberger, aber die erwähnt der Dichter da und sonst auch mit keinem Wort.

Dahin kam also Krimhild von der zwanzig Meilen entfernten Feste Traismauer, wo sie sich drei Tage hatte erholen können – keine Rede also davon, daß Etzel sie habe vier Tage warten lassen in Tulln, um seine Reputation zu erhöhen, wie das mancherorts beschrieben wird.

Donauaufwärts kommen Tausendschaften und dann auch Etzels Bruder Blodelin mit 3000 Mann hin zur neuen Königin.

Und endlich Etzel und König Dietrich an seiner Seite; der mit seinen Rittern aus Bern, alle in der Verbannung zwar, aber das hat Krimhild nicht gewußt – wohl aber hat ihr die neue unübersehbare Macht wieder Mut gemacht. Rüdiger hat also recht gehabt, als er ihr in Worms versprochen hatte, eine neue Regentschaft ist ein neues Leben und alles wird noch gut. Daran erinnert er sie jetzt in Tulln und ist ihr ein guter Hofmeister, der ihr sagt, wen sie und wie grüßen muß, wenige nur mit einem Kuß auf die Wange so wie den König.

Würdevoll läßt Rüdiger Krimhild vom Zelter heben und winkt zwei Mächtigen des Reiches, ihr die Schleppe zu tragen.

Etzel steigt aus dem Sattel und kommt mit seinem Gefolge zu der Dame und Krimhild küßt Etzel auf beide Wangen. Dazu hat Krimhild die Bänder ihrer Kopfbedeckung hinauf geschoben, so daß ihr ganzes Gesicht zu sehen ist, das wie Gold leuchtet und machen denken und sagen läßt, auch Königin Helche wäre nicht schöner gewesen. Außer Etzel grüßt Krimhild noch Blodelin, Etzels Bruder, und die Könige Dietrich und Gibeke und dann noch zwölf andere mit einem Kuß auf die Wange. So hatte ihr Rüdiger den ersten Empfang empfohlen, der in der Miniatur genau zu sehen ist.

Daß auch für den Maler „kein großer Unterschied war zwischen Christen und Heiden“, das zeigt er: Vor einer Landschaft mit Bergen und Schirmföhren neigt sich die Burgundin zu Etzel, und dahinter sind zur Rechten und zur Linken die Gefolgschaften zu Pferde. Daß die einen aus dem Osten kommen und von rechts, das war dem Maler noch zu wenig deutlich, und also hat er denen bei Etzel noch ein Krummschwert gegeben mit ein paar goldenen arabischen Zeichen darauf, zweimal ein Zaumzeug und einmal eine Schabracke in Schwarz und Gold noch dazugemalt, damit es ja alle verstehen.

Das dann folgende Turnier verlassen Etzel und Krimhild sehr bald und gehen in das für Krimhild hergerichtete Zelt. Dort miteinander sitzen und reden, das läßt sie Rüdiger gern; als Etzel aber mit der Dame ganz und sehr allein sein will, da läßt das Rüdiger nicht zu – später, Euer Majestät, in Wien dann!

Zu dem schönen Bild hat der Dichter uns zwei Fragen nicht beantwortet: Zum einen – wie haben Krimhild und Etzel miteinander geredet? Daß Etzel und Rüdiger einander verstanden haben und auch Krimhild und Rüdiger, das wohl – aber Etzel, der Hunne? Hunne von Hiu-

nen und diese waren über Kleinasien und auch nördlich des Schwarzen Meeres aus dem Osten gekommen, aus der Mongolei: Südlich des Ural im heutigen Turkmenistan waren sie gewesen und dann in der Türkei – Länder also, wo die Leute ganz anders redeten.
Und Krimhild? Für den Dichter war das freilich keine Frage – wo die Mächtigen miteinander reden wollen, da finden sich dienstbare Geister mit mehr als einer Zunge. Aber was dann, wenn sie miteinander schweigen wollten?
Der Grund, warum Rüdiger die beiden nicht alleine lassen wollte, wird wohl gewesen ein, daß der König aus der Natur der Sache kein Fränkisch und Krimhild freilich kein Ungarisch, noch Turkmenisch sprach; so wie wir unsere Freunde aus dem Ungarland heute noch nicht verstehen, wenn sie untereinander reden. Daher hat der Dichter wohl gemeint, Rüdiger sollte Etzel am besten aus Krimhilds Zelt bitten, bis die Burgundin wenigstens ein klein wenig von dem verstehen könnte, was der neue Gemahl redete.
Also sagt er einfach: „Was Etzel redete, das ist mir nicht bekannt."
Von Tulln ging die Fahrt nach Wien, wo dann Hochzeit sein sollte an einem Pfingsttag. Der Dichter erzählt, daß Etzel da bei Krimhild lag und daß sie so viel Gefolgschaft – „sô manigen man ze dienste" – bei ihrem ersten Mann nicht erheiratet hatte. Mit der Pracht und der Macht und der Herrlichkeit von Etzel hat er einen Vorhang hinschieben wollen vor Krimhilds Gedanken an Jugend, Kraft und Liebe, an die Tage in Worms und Xanten und vielleicht an ihren Sohn, Siegfrieds Sohn.
Es hat auch einen Sinn, wenn die Hochzeit am hochheiligen „pfinxtac" stattfindet, wo zum Gedenken an die große Spracherkenntnis der Dom zu Wien mit Weihrauch voll und der Klerus zugegen war von nah und fern; und Krimhild damit noch mehr abgelenkt von ihren Gedanken, die sie nie mehr losgelassen haben. Gut paßt dazu ein feierliches Hochamt; daß es zu St. Stephan gesungen wurde, hätte der Dichter getrost schreiben können, denn zu seiner Zeit wurde der romanische Dom zum erstenmal geweiht. Noch viel älter und über dem Donauarm gelegen, der heute noch durch Wien fließt, war St. Ruprecht, da hätte Krimhild weit ins Etzelland schauen können, aber das hat der Kürenberger nicht erzählt.
Siebzehn Tage soll die Hochzeit gedauert haben, länger als bei einem anderen König je zuvor, und manch edler Gast wollte es an Mildtätigkeit dem König und der Königin gleichtun und stand dann da, „vor Milde bloß und ohne Kleid".
Und immer wieder holen Krimhild die Gedanken ein an Worms und ihr Leben an Siegfrieds Seite und immer wieder kommen ihr die Tränen. Was alles und wen alles sie da sah zu Wien, das konnte ihr nur helfen, ihren Kummer zu verdrängen, vergehen würde er nie mehr. Aber darum war sie ja zu Etzel gekommen, um das einzige zu tun, was ihr noch blieb: Solange Hagen lebte, war ihr Weg nicht zu Ende.
Alle überbot König Dietrich an Milde und auch Rüdiger und Blodelin gaben den Armen. Wie Dietrich das konnte, das sagt der Dichter nicht – der Berner war im Exil an Etzels Hof und hatte nur einen kleinen Haufen an Getreuen bei sich, sonst nichts. Wir denken, der Kürenberger wird wohl gemeint haben, daß Dietrich von dem wenigen, das er noch hatte, viel gege-

ben hatte, und das zählte für ihn allemal mehr, als wenn einer mit vollen Händen gibt, weil er so viel hat, daß er es selber nie brauchen kann.
Und dann ging die Fahrt nach Gran. Das erstemal machte der Zug in Hainburg Rast und blieb über Nacht. Eine gute Strecke für einen Tag und den ganzen Troß – 35 Meilen!
In „Misenburg, der rîchen" gingen sie auf Donauschiffe, sagt der Dichter, und es wären so viele Boote mit Roß und Mann auf dem Strom gewesen, daß man kein Wasser mehr dazwischen sah.
Misenburg, das heutige Wieselburg, liegt an der Mündung der Kleinen Donau und der Nitra in den Donaustrom. Oberhalb Misenburg war die Donau damals nur schwer zu befahren, besonders mit so wertvoller Fracht wie Etzels Hochzeitsgesellschaft. Stromabwärts bis nach Gran war das anders, die Donau hat dort nicht mehr viel Nebengerinne, und es war auch genug Wasser nach „pfinxtac" – zur Zeit der Schneeschmelze also – die Boote kamen gut voran und waren bald in Gran.

all des kunges mage vnd alle seine man
daz die frawe helche nie so gewalltig ward
so sy nun muessen dienen frawen kriemhild alle vart
¶ Da stund mit solichen eren der hof vnd auch daz lant
daz man da ze allen zeiten die kurtzweile vand
wa nach yeglichen daz hertz trug den mut
durch des kunges lieb vnd auch der kunginne gut

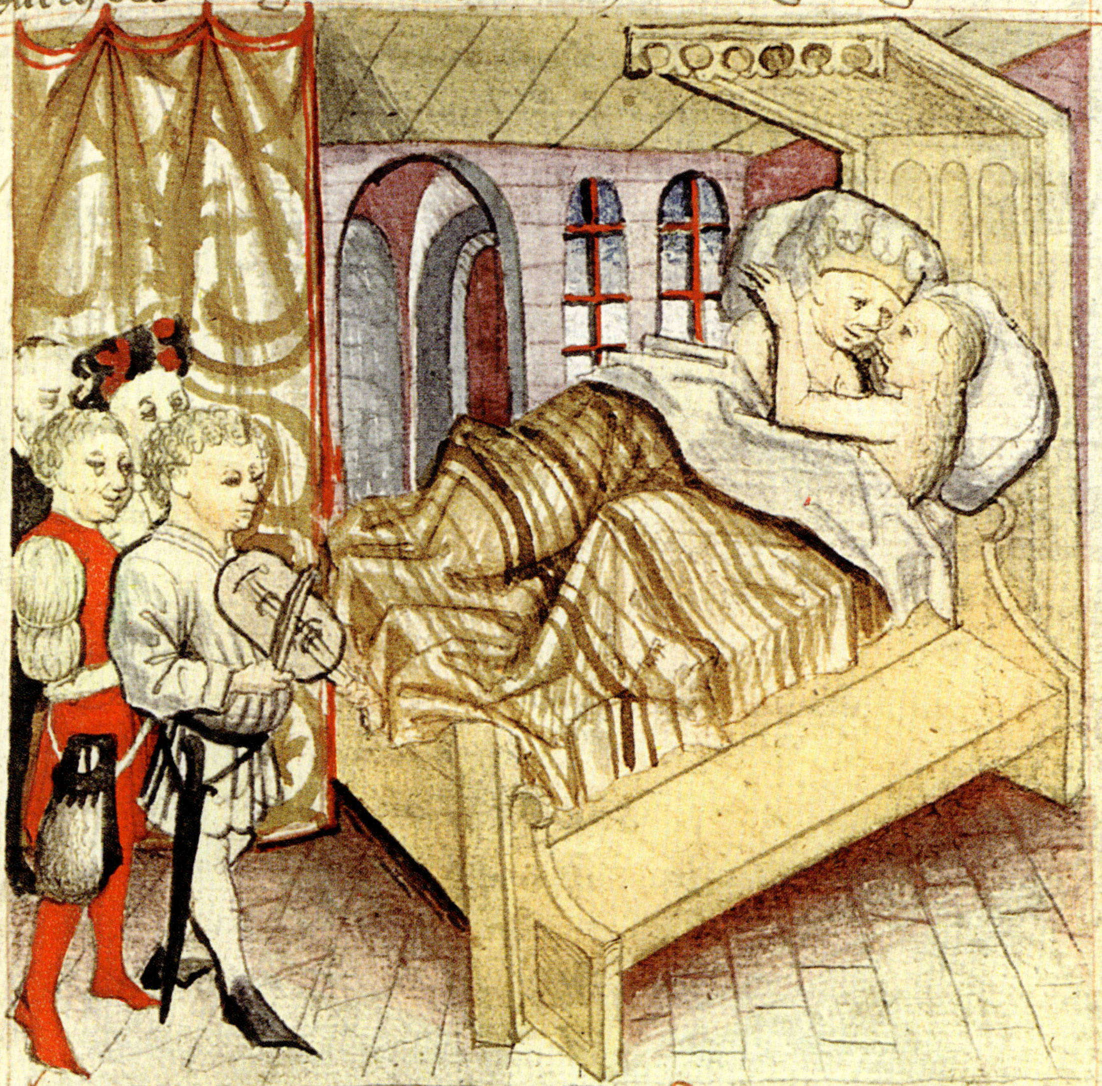

Awenteur wie kriemhilt warb daz ir prüder zu der hochzeit chämen

Mit grossen eren daz ist war
wanten sy mit ainander untz in daz sibent jar
die zeit die kunginne ains kindes waz genesen
des chund der kunig etzel nimmer frölicher wesen
¶ Sy wolten nicht erwinden sy erwurben sint

XXIII AVENTIURE

Wie Krimhild ihr Leid zu rächen gedachte. Oder: Zuerst beschert sie dem Reich einen Thronfolger und dann dem König die Bitte, ihre Verwandten einzuladen. Wer hätte solches gedacht von einer Frau, die seinerzeit ein Fadenkreuz auf eine ihr nahestehende Schulter gestickt hat!

In Gran lebten Etzel und Krimhild dann sieben Jahre. Krimhild gebar dem König einen Sohn, so beginnt die XXIII Aventiure. Daß beim Kürenberger Gran die Residenz König Etzels war, das war seine eigene Erfindung. Wohl auch darum, weil Gran seit etwa dem Jahre 1000 ein Erzbistum war und seither immer Sitz des Primas von Ungarn. Zur Zeit der Niederschrift des Nibelungenliedes um die Mitte des 12. Jahrhunderts wurde auch der Bau des Königspalastes in Gran begonnen. Nicht für Etzel, denn der residierte nur für den Dichter des Nibelungenliedes zu seiner gedachten Zeit da an der Donau.

Warum der Dichter Etzel in Gran und von Gran aus herrschen ließ, das kam wohl davon, daß diese alte Stadt ihm bekannt war – Gran ist nicht so weit von Wien, 140 Meilen die Donau hinunter, zweimal so weit von Wien wie stromaufwärts bis Bechelaren, auch für den Kürenberger damals gut zu bewältigende Entfernungen.

Wenn man dazu noch weiß, wie sehr die Babenberger eine gute Nachbarschaft mit den Ungarn gepflegt haben – dann versteht man den Kürenberger schnell: Schon Markgraf Adalbert hat in zweiter Ehe die Schwester von König Peter von Ungarn heimgeführt, die außerdem die Tochter des Dogen Orseoli von Venedig war. Sein Sohn Leopold war Markgraf der Ungarischen Mark. Leopold IV war Markgraf von Österreich zur Zeit des Kürenbergers, bis 1141 Herzog von Bayern und mit der Tochter von König Sobeslav von Böhmen verheiratet, und Leopold V war Herzog von Österreich und mit der Tochter des Ungarnkönigs Geza II verheiratet.

Insgesamt also leicht einzusehen, daß für den Dichter Gran als wichtige Stadt gegolten hat – Königssitz noch dazu und zu Lebzeiten des Kürenbergers hatte man gerade begonnen, den Palast wieder umzubauen.

Dort in Gran leben also Etzel und Krimhild, und ihr Schlafgemach hat der Maler in einer Miniatur dargestellt: Das Königspaar liegt darin zur Ruhe und Krimhild legt ihren Arm über die Schulter des Königs. Das Bett hat einen hölzernen Baldachin, um Tücher daran aufzuhängen gegen die Kälte im Winter; das mußte auch so sein – in den alten Gemäuern war es eiskalt, wenn zur Nacht das Feuer ausging. Auf dem kleinen Bild sind Spielleute zu sehen, die mit der Fiedel des Königs „Kurzweil“ begleiten – seine und der Krimhild. Hoffentlich.

Ein solches Bild störte niemand damals, obwohl das Mittelalter als „finster“ abgetan wird: Vor Ende des Mittelalters, also noch vor der Entdeckung der Neuen Welt, war die Einstellung der Menschen in Europa nicht so verklemmt wie danach, als Christobal Colon mit seinen Matrosen und Soldaten die Lustseuche mitgebracht hatte, die „Franzosenkrankheit“, wie man damals und lang noch sagte. Und damit begann die Verdammung der Fleischeslust von den Kanzeln aus. Glückliches finsteres Mittelalter, als die Kirche die Freude der Menschen noch nicht mit Strafen belegte, weil sie meinte, mit einer Seuche drohen zu können!

Etzel und Krimhilds Söhnchen hieß Ortlieb und wurde – auch der Kürenberger hatte ein Münster, wohin er sich verbeugen mußte – christlich getauft.

Krimhild wurde derweilen von Herrat, der Nichte der Königin Helche, in hunnischer Sitte unterwiesen. Herrat hat ihr alles gezeigt in ihrer neuen Heimat und sie tat das so gut, daß alle die Königin lobten ob ihrer Milde und ihres guten Wesens: Da hat sich der Kürenberger echt Gedanken gemacht um den Knigge der Steppenreiter.

Krimhild dachte jeden Tag daran, Boten nach Worms zu schicken und die Burgunden alle einzuladen – Hagen mit inbegriffen: „Sô würde wol errochen mînes vriunden lîp“, denkt die Königin.

Der Maler der Miniatur kann wohl auch die Strophe des Liedes „Als eines Nachts Frau Krimhild bei dem König lag“ im Sinn gehabt haben, da die Königin des König bat, er möge ihre Freunde aus Worms einladen.

Als Etzel meinte, die Verwandten seiner Gemahlin wären zu weit weg, sonst würde er sie gerne einladen „über Rhein“, da sagte ihm Krimhild, der König brauchte nur Boten zu senden nach Worms, eine freundliche Botschaft wolle sie ihnen selbst mitgeben, und dann würden die Burgunden sicher kommen. Dreimal kluge List, die der Dichter aus dem Donautal da die Krimhild sagen läßt: In ihren Worten ist alles, was jeder Potentat gerne hört, und sie erreicht damit was sie will. Eigentlich sagt Krimhild: Wenn du willst, kannst du jeden Tag „zwölf Könige“ kommen lassen vor deinen Thron; wenn du eine Botschaft nach Worms sendest, dann werden sich meine Verwandten hüten, deine Bitte auszuschlagen – und für die freundlichen Worte in der Botschaft will ich selber Sorge tragen: Du wirst schon sehen, großer König, auch für die starken Burgunden wird es eine Ehre sein, vor dich zu treten.

So befiehlt der König also Wärbel und Schwemmel, sich zu richten für die Fahrt nach Worms. 24 Mann haben sie mitzunehmen und das in solcher Montur, daß schon an den Boten zu erkennen ist, wer die Botschaft sendet.

Wärbel und Schwemmel sind zu Diensten und werden noch zur Königin gerufen, die ihnen reichen Lohn für ihre Reise verspricht, wenn sie nur Gernot und Giselher recht einladen wollten und ihrer Mutter sagen, wie hoch sie Etzel in Ehren hält. Von Gunther ist da nirgendwo die Rede, wohl aber von Hagen. Hagen natürlich, sagt Krimhild, Hagen müßte auch mit – wer sonst sollte den Burgunden den Weg zeigen, wenn nicht Hagen, dem seit seiner Kindheit bekannt ist, wie man nach Gran kommt.

Das war ein einsichtiger Grund: Nach der Sage war Hagen nach Etzels Feldzug gegen die Franken als Geisel beim Hunnenkönig – Hagens Vater Aldrian war vom Frankenkönig Gibich gezwungen worden, den jungen Tronjer an Etzel auszuliefern. Das grausam zu nennen und König Gibich damit eine schreckliche Tat zu unterschieben, das fällt nur denen ein, die heute die Sage von Hagen, Walther und Hildegund erzählen. Zur Zeit des Kürenbergers war das dem Frankenreich dienlich und darum eine gute Sache, dem Etzel Gold als Tribut und den Sohn eines „Eigenholden", eines Dienstmannes also, als Geisel dafür zu geben, daß man Frieden halten wolle mit den Hunnen.

Das alles wußte der Kürenberger und ließ es auch die Königin wissen: „Die Wege zu den Hunnen her sind dem Hagen wohl bekannt", sagt sie, Hagen könne ihre Brüder sicher von Worms nach Gran führen. Daß Etzel den Boten „urloub" gegeben hat, heißt in der Sprache des Kürenbergers nur, daß er Wärbel und Schwemmel ein Lebewohl gesagt hat. Keine Rede also von Ferien! Wie er das tut und den Boten dabei seine Botschaft übergibt, ist in der Miniatur zur XXIII Aventiure zu sehen: Etzel neben Krimhild hält einen Botenbrief, und Schwemmel, der „stolze Fiedler", nimmt ihn entgegen.

Daß dieses Bild die Übergabe der Botschaft an die Boten durch Etzel und nicht die Entgegennahme des Briefes durch Gunther in Worms darstellt, wie mancherorts beschrieben, zeigt die Krone des sitzenden Königs: Wenn die Form einer Krone überhaupt von Bedeutung ist, dann ist das die Krone des Hunnenkönigs, die er schon bei der Begrüßung der Krimhild in Tulln getragen hat, wie auf der Miniatur zur XXII Aventiure zu sehen.

Warum dabei Krimhild ohne Krone neben Etzel sitzt und warum der Königspalast in Gran gezeigt ist, als wäre er aus der hohen Gotik mit feinem Maßwerk aus Stein mit durchbrochenen Ranken, das ist hinwiederum nicht einzusehen: Selbst heute noch ist der Königspalast von Esztergom, also Gran, für seine normannische Romanik berühmt. Und Rundbogen über Fenstern, Tor und Traufen gehen mit solch feinem Maßwerk einfach nicht zusammen. Für den Maler wird ein solch steinernes Kunstwerk halt das kostbarste Mauerwerk gewesen sein und darum würdig des großen Hunnenkönigs.

XXIV AVENTIURE

Wie Wärbel und Schwemmel die Botschaft brachten. Oder: Wie üblich erfolgt die Einladung zur Sommersonnenwende. Mit Beheizung und Beleuchtung war es noch nicht weit her. Und: Der Kanzler ist als Reichsbedenkenträger ohne Erfolg – auch bei den Burgunden ging Neugier vor Klugheit.

Nun beginnt die Fahrt von Wärbel und Schwemmel und ihrem Fähnlein nach Worms. Zwischen Gran und Pöchlarn erzählt der Kürenberger von keiner einzigen Rast, nicht in Wien und nicht in Krems, erst bei Rüdiger und Gotelind läßt er sie einkehren, die ihnen liebe Grüße nach Worms auftragen und sie reich beschenkt weiterziehen lassen, auch Brunhild möge man grüßen.

Weiter, weiter, reiten, reiten, reiten; in Passau zukehren und dem Bischof seine Aufwartung zu machen, vergaß Wärbel nicht, und er sollte dafür mit rotem Gold belohnt werden. Der Bischof scheint schon gewußt zu haben, daß seine „Schwestersöhne", seine Neffen also, kommen würden: Sollte er sie sehen, kämen sie vorbei, das würde ihn freuen, sagt er.

Leicht zu glauben, was er da sagt: Von Passau an den Rhein, das war eine lange Reise damals und nicht ungefährlich durch das „lant der paiern", wo man wußte, was auf einen wartete und man darum am besten wie Rüdiger 1000 Mann mit Schild und Schwert mitnahm.

Wärbel und Schwemmel – Wärbelin und Swemmelin, nach der Form und Meinung des Dichters vielleicht Hofzwerge – da hätten die Bayern dann vielleicht was zu lachen gehabt, statt etwas zu rauben – behielten in Bayern aber Hab und Gut, das wird ausdrücklich erzählt weil es nicht selbstverständlich war – damals!

Wie ihr Weg sie geführt hat, das hat der Dichter nicht berichtet. Er scheint ja nie viel über Passau nach Westen gekommen zu sein. Zwei Wege waren es im wesentlichen, wie man zu seiner Zeit von Gran nach Worms fuhr: Von Gran nach Wien und über Pöchlarn, Passau und Regensburg nach Ingolstadt – „Möringen" steht im Lied – und von dort über Nürnberg und Neustadt nach Würzburg, den Main entlang nach Mainz und dann rheinauf nach Worms.

Der andere Weg war bis Ingolstadt gleich, führte dann aber über Dinkelsbühl und Heilbronn nach Heidelberg und über den Rhein bei Ludwigshafen nach Worms.

Daß es nicht möglich gewesen sein soll „iner tagen zwelfen" von Passau nach Worms zu kommen für einen Trupp Hunnenreiter mit zwei Dutzend Mann, wie immer wieder an der Erklärung des Kürenbergers herumgemäkelt wird, das versteht kein Mensch: Zwölf Tage reine Wegzeit und zwei Tage Rast dazwischen – „zwelf Tage" hieß zwei Wochen, der Sonntag dabei zählte nicht, gleich nicht für Christen wie für Heiden – das waren vierzig Meilen

Daz sy von trewn hagen nicht sollten lan
Beleiben bey dem rein es waz in seider laut
mit im ward mangem degen ze dem dode wider sait
¶ Trewe unde patschaft waz in man gegeben
Sy füren gütes reiche und mochten schone leben
Urlaub gab in etzel und auch sein schones weip
In waz von güter wate wol geziert der leip

Aventeur wie etzel nach den burgonden sant

Do etzel zü dem reine sein poten sant
Da flugen dise mere von land ze lant
mit poten hart schnelle er pat und auch gepot
Zu seiner hochzeite des holt da manger den tod
¶ Die poten danne füren uzzer hunen lant

den Tag und zwei- oder dreimal Pferde wechseln. Drei Rösser hatte jeder Mann bei sich, und wenn eines lahmte, blieb es zurück oder war gleich Zehrung für die nächsten Tage.
Nicht nur in seinem Kopf waren des Kürenbergers Reiter schneller als die Zweifler heute, die nicht wissen, warum die Hunnen – und die Türkenstürme – so schlimm waren: Sie waren so schnell, wie man sich das im Westen einfach nicht vorstellen konnte. Zwei Wochen für 400 und mehr Meilen, das war für die kleinen Reiter auf ihren struppigen Rössern gut möglich, wenn es sein mußte, weil es ein König so wollte. Im Lehnstuhl und im Damensattel auf schweren Töltern, „Zeltern", da geht das freilich nicht.
So also kamen Wärbel und Schwemmel und ihr kleines Gefolge schnell nach Worms und man sagte Gunther, daß fremde Boten angekommen wären. Erst Hagen kann wieder Auskunft geben, wer und woher die Fremden waren. Der sieht, daß die Ankömmlinge Hunnen sind. Daß sie aber von Krimhild kommen, das kann er nur daraus schließen, daß alle Hunnen dem Etzel untertan waren und daß daher auch diese Boten von ihm kamen.
Hochtrabend gebärden sich derweilen die Spielleute – ihre reichen Reisekleider legen sie ab und verschenken sie und nehmen sich ein jeder gleich einen neuen Staat aus seinem Packzeug. Hagen geht ihnen entgegen und dann mit ihnen allen zu Gunther.
Ganz höflich ist Hagen und fragt, wie es Etzel denn so geht und Wärbel sagt darauf, daß es sehr gut geht und nie war es besser für das Volk als unter Etzels Regentschaft. Daraufhin erfährt Gunther nun von Hagen, es sind Boten, die in Frieden kommen, und er heißt Wärbel und Schwemmel mit ihrer Gefolgschaft willkommen. Was sie denn hergeführt hat, fragt er, und wie es Etzel und Krimhild gehe. Wärbel überbringt freundliche Grüße und berichtet, wie gut der König und die Königin „sich gehabten" – „gehab dich wohl!", sagen wir noch heute.
Als Gernot und Giselher zu dem Empfang kommen, da überbringen die Boten gerade die Nachricht, Etzel lade nach Gran, ganz herzlich bitte er darum, und wenn sie nicht kämen, dann wolle er wissen, was er Gunther und den Seinen zuleide getan hätte.
Gunther bescheidet den Boten, sieben Tage zu warten, dann würde er mitteilen, ob er die Einladung annehmen wolle. Keine sehr kluge Art das, was da dem Burgundenkönig angedichtet wird: Zum Beraten, ob man zur Sommersonnenwende nach Gran ziehen will oder in Worms bleiben, dazu braucht man keine sieben Tage.
Des Hunnenkönigs Sänger, die er als Boten gesendet hat, da sieben Tage warten zu lassen! Das ist nicht gut, wenn an der Donau der allmächtige Etzel sitzt – nein, das wäre nicht gar klug – oder, aber, es hat der Dichter etwas anderes gemeint, was wir aber nicht verstehen können nach mehr als einem halben Jahrtausend.
Von Ute erzählt das Lied da noch einmal, da Wärbel und Schwemmel von Krimhild Auftrag haben, ihre Mutter herzlich zu grüßen und ihr zu sagen, wie gerne sie wieder einmal heimkäme – nein „heim" läßt Krimhild nicht ausrichten: Die Mutter öfter zu sehen, läßt sie bestellen, wäre ihr die allergrößte Freude „in der Welt", obwohl ihr die Zeit mit Etzel selig dahingehe.
Während also Krimhilds Mutter erfährt, wie gut es ihrer Tochter im Hunnenland ergeht, hat Gunther um sein „friunde" geschickt, sie mögen zum Rat kommen.

Keine Rede also von Gottesgnadentum und Absolutismus – Bundesgenossen, Stammesfreunde hat Gunther, und die fragt er um Rat, wie da umzugehen wäre mit der Einladung von Etzel. Da raten alle außer Hagen, „daz er wol möhte reiten in Etzelen lant". Ein besonders schöner Reim des Kürenbergers in der Art, die er selber erfunden hat – nur: Hagen sagt etwas anderes. Unter vier Augen sagt er zu Gunther, der König wisse selber, daß viel dagegen spreche, diese Einladung anzunehmen: Gunther habe doch wohl nicht vergessen, was Krimhild angetan wurde, er, Hagen, habe ja ihren Mann getötet, wie dürfe man da nur zu Etzel fahren!
Gunther widerspricht – zum einzigen Mal im ganzen Lied und da zu seinem Verderben: Krimhilds Zorn sei doch längst vergangen und mit einem schwesterlichen Kuß habe seine Schwester damals alles verziehen, was gewesen ist, auch das mit Siegfried. Wenn noch ein Stachel in Krimhilds Herzen wäre, dann gehe das nur Hagen an.
Ist das nun die zerbrechende Verbrüderung der Mörder Siegfrieds oder eine Wurzel noch aus den alten Sagen, wo die beiden Brüder waren?
König Gunther bleibt bei seiner Ansicht, Krimhild wolle wirklich nur ihre Brüder wiedersehen, alles sei längst vergeben und vergessen. Die vielen Jahre seither!
Hagens Warnung vor Krimhild, die wohl „lancraeche" sei – nachtragend und auf ihre Rache wartend, schlägt Gernot in den Wind: Daß Hagen sich seiner Schuld wohl bewußt ist und den Tod im Hunnenreich fürchtet, ist seine Sache – daß aber die Könige darum der Einladung nicht folgen sollten, das wäre nicht recht. Und Giselher meint, Hagen soll es eben bleiben lassen, wenn er sich nicht getraue mitzureiten an Etzels Hof.
Kein Mensch kann heute verstehen, warum der junge Giselher so daherreden muß: Auf Hagen ist ohnehin Verlaß, wenn es nach Gran geht, und daß sich der Tronjer nicht „getürre", sich also nicht getraue, mit den Burgunden an die Donau zu reiten, das kann man einem Manne nicht sagen, der den Siegfried erschlagen hat – von hinten zwar, aber was zählt das noch!
Hagen fährt auf: Er will nicht, daß in dem Zug der Burgunden zu Etzel einer mitreitet, der mehr Mut habe als er, Hagen von Tronje – er werde das auch noch zeigen.
Danach singt Rumold das Preislied auf die Heimat der Burgunden: Wie gut der Wein da sei und wie schön die Frauen, – „schaut rings umher!". Und als Gernot seinen Rat nicht hören will, am Rhein zu bleiben und der Krimhild eine freundliche Botschaft zu schicken und sonst nichts, da sagt Hagen nur mehr: Wenn sie am Leben bleiben wollen, sollten sie mit schwerem Gerät, „viel gewehrlichen" reisen. Und noch eines sagt Hagen: Um ein Heer soll man aussenden zu seinen Verbündeten, und er selbst will daraus 1000 Mann auswählen. Dann vermöge selbst die Rachsucht der Krimhild die Burgunden nicht in Gefahr zu bringen.
So weit immerhin folgt Gunther dem Rat seines Kanzlers und schickt Boten um einen Heerbann und läßt Hagen danach 1000 davon auswählen zusätzlich zu Dankwarts Fähnlein von 80 Geharnischten und Volkers Dreißigschaft. Der wählt sie mit Bedacht aus nach dem, was er von ihnen weiß, welche „starke Stürme sie geformt" und welche sie damit überlebt haben.
Wärbel und Schwemmel drängen, man soll ihnen nun endlich sagen, was sie Etzel und Krimhild zu überbringen hätten – Hagen aber rät, die Boten des Hunnen hinzuhalten, bis die Bur-

gunden selbst zur Abreise bereit sind. Der Tronjer weiß schon längst, was in Gran in Wahrheit auf die wartet, die meinen, als liebe Gäste geladen zu sein.
Schwemmel bittet den König noch, auch Königin Brunhild seine Aufwartung machen zu dürfen. Warum gerade Volker dagegenredet, da der König dieser Bitte zugestimmt hat, das ist nicht gut zu verstehen. So viel ist aber wohl zu verstehen, daß Brunhild von Krimhild nicht einmal die Boten sehen wollte. Denen wird noch reicher Lohn für ihren Dienst gegeben von Gunther, Gernot, Giselher, und Gere und Ortwein. Es sei ihnen verboten, Geschenke anzunehmen, sagt darauf aber Schwemmel, und sie nehmen die fürstlichen Gaben nur zögernd entgegen, bevor sie davonreiten.
Bis zum Schwabenlande läßt Gernot ihnen Geleit geben. Sie haben also den westlichen Weg über Heidelberg genommen und sind nach Heilbronn und Crailsheim und von dort über Nördlingen nach Donauwörth an die Donau gekommen.
Den Weg hätte der Kürenberger ganz richtig beschrieben, wären Wärbel und Schwemmel ihn wirklich geritten: Das alte deutsche Herzogtum des Schwabenlandes umfaßte zu seiner Zeit die deutsche Schweiz und das Elsaß, das südliche Württemberg und das bayerische Schwabenland bis zum Lech.
Von viel mehr auf der Reise der Hunnenboten erzählt er aber nicht, außer daß ihnen der Name Etzels Schutz geboten habe, so daß sie „Roß und Gewand“ behalten und in „harter Eile“ weiterreiten konnten. Bischof Pilgrim haben sie nicht besucht und Rüdiger und Gotelind nur kurz berichtet, die Burgunden hätten Etzels Einladung nach Gran angenommen.
Keine Rast mehr und kein Halten; daß die Hunnenreiter auch zum Schlafen nicht aus dem Sattel gestiegen sind und als Nahrung im Reiten einen dicken Fleischbrei aus Schläuchen aus Rindshaut verzehrt haben, das wußte der Dichter aus eigener Anschauung. „Ihre maeren gachen“ läßt der Dichter die Boten ihre Mähren zur Eile antreiben – „gach“ sagen die Leute heute noch an der Donau und meinen damit „sehr schnell“. Die „Mähre“ sagen wir heute nicht mehr, „Schindmähren“ höchstens ist noch in alten Geschichten zu lesen, die auf den Schindanger fuhren, zum Abdecker also. Die Pferde der Hunnen waren aber keine Mähren, sondern kleine, struppige und unermüdliche Rösser aus der Mongolei, mit äußerster Härte auf Dauerleistungen gezüchtet und Grund für die furchterregende Schnelle der Reiterhorden, die immer wieder nach Westen kamen.
Bald kommen also die Boten nach Gran und berichten, daß die Burgunden die Einladung Etzels angenommen hätten und „Grüße über Grüße viel“ entboten.
Krimhild fragt Wärbel und Schwemmel, was Hagen denn zu der Einladung Etzels gesagt habe. Hagen kommt mit, sagen sie. Entgegen allen anderen, die sich auf die Reise freuten, habe er aber vor der Fahrt gewarnt, „gar zenn tode“ werde die Fahrt ins Hunnenland die Burgunden führen, hätte er gemeint.
Und so endet die XXIV Aventiure mit dem Wissen von Hagen und Krimhild und dem Unwissen Etzels über das, was kommen wird und kommen muß am Hof zu Gran. Dort wird Burg und Hof, Palast und Saal festlich geschmückt für die Ankunft der Burgunden.

XXV AVENTIURE

Wie die Herren alle zu den Hunnen fuhren. Oder: Auf Nixen sollte einer hören, auch wenn er Kanzler ist. Und: Warum auf einmal die Sippschaft der Mörder dem Namen des Ermordeten annimmt, das verstehe, wer will: Die einzige Nibelunge – durch Heirat! – die sitzt in Gran bei den Hunnen.

Diese Aventiure beginnt mit einer unverständlichen Zählung des Heeres von Gunther: In der vorigen Aventiure steuern Dankwart 80 und Volker 30 Gepanzerte bei zu Gunthers Hauptmacht von 1000 Degen, eintausend und einhundertundzehn Mann sohin zusammen. Nun erzählt aber der Dichter von 1060 Reisigen, zu denen noch 9000 Knechte gekommen seien. Ganz geht das nicht zusammen, guter Kürenberger, aber wen kümmert das schon! Hauptsache, die Mannschaft war stark und gut bewaffnet.

Der Bischof von Speyer und Königinmutter Ute warnen noch vor der Fahrt, Ute mit einem Angsttraum, den sie gehabt hat: Alles, was Gefieder trägt, sei tot im Lande Gunthers. Hagen gibt aber nichts auf Träume, nun, da der Entschluß gefaßt ist, an die Donau zu ziehen – gerne freilich hätte er dem „widerraten". Gernot meint zu Hagen, wegen Siegfried möge der besser am Rheine bleiben. Die große Reise sei nichts für ihn. Hagen antwortet so wie sein Vater Aldrian geantwortet hätte: Nicht aus Furcht rät er ab von der Fahrt nach Gran. Wenn es die Könige aber gebieten, dann wird er den Befehl befolgen.

Das ist ein schreckliches Beispiel dafür, wie Gehorsam vor besserem Wissen geht, wenn nur der Befehl von weit oben kommt.

Gerne wüßten wir, ob der Dichter diese Strophe so gemeint hat – oder doch nicht: Kriege werden von General Vorwärts geführt, ein überlegen denkender Heerführer aber würde ein Blutvergießen in jedem Falle zu vermeiden trachten, sagten die Alten im Osten schon mehr als 1000 Jahre zuvor. Aber deren Weisheit war damals noch nicht nach Worms und anderswohin gekommen. So wird also trotz aller Warnung zur Fahrt gerüstet und auf die Rheinschiffe gebracht, was mitgenommen werden soll an Reiter, Roß und Rüstung.

Brunhild bittet Gunther, noch eine Nacht bei ihr zu bleiben – die Schöne aus dem Norden nahm schwer Abschied – viel düstere Ahnung geht um in Worms. Auch bei Rumold, der noch warnt, was man von Krimhild höre –, „das deuchte ihn gar nicht gut". Ihm überträgt der König vor der Abfahrt die Herrschaft für die kurze Zeit, die er meint, von Worms fern zu sein, weil er auf seinen Kanzler nicht gehört hat zu seinem Unglück.

Der Maler der Miniaturen im Kodex hat den Abschied Gunthers von Brunhild ganz fein gemalt: Noch einmal hält der König die Hände seiner Frau, die mit besorgter Miene auf den

mit gesidel richten palas unde sal
gegen den lieben gesten die in da sollten chomen
sit ward von in dem kunige michel freud benomen

Aventeur wie die nibelung zu den hunen furen

Nun lazz wir das beleiben wie sy geparn hie
hochgemuter recken die gefuren nie
So recht herlichen in chaines kunges lant
was sy wollten baide waffen und gewant
Der vogt von dem reine claidet seine man
Sechtzig und dausent als ich vernomen han
und neun dausent knecht gegen der hochzeit
die sy da haime liessen die bewainten es auch seit

König einredet, während hinter ihm wohl Giselher steht, der zur Eile mahnt. Die letzten Ballen werden derweilen auf die Schiffe gebracht, die voll beladen sind für die lange Fahrt.

„Das Schifflein schwingt sich dane vom Land, ade,
Mein Schatzerl, reich mir deine Hand, ade, lebe wohl.“

Das wehmütige Abschiedslied von der Donau hat der Maler vielleicht schon gekannt, an den Rhein verlegt aber hat er die Stimmung vom Auseinandergehen, da er den König von der Königin scheidend zeigt.

Den Rhein hinunter geht die Reise derer, die der Kürenberger ab nun Nibelungen nennt, und dann den Main entlang durch Ostfranken und über Schwalefeld im Fränkischen, das nördlich der Donau liegt. Viel langsamer ist ihr Zug als der Ritt der Hunnenboten. Und als sie an der Donau sind, da sehen sie, daß das Wasser hoch geht und keine Fähre ist, wo Hagen von früherer Fahrt weiß, daß man da über den Strom kommt. Keiner weiß Rat, wie überzusetzen wäre über das viele Wasser. Darum geht Hagen den Fährmann suchen, der sie in Gelpfrats Land am anderen Ufer bringen könnte.

Hagen hat dann ein seltsames Erlebnis, da der einen Fährmann sucht und statt dessen badende Frauen findet. Er nimmt ihre Kleider, die am Ufer liegen und eine von den Badenden, Hadburg, bietet an, vorauszusagen, was ihn auf der Reise erwarte. Ihre Kleider wollten sie dafür zurück haben. Da Hagen seltsam vorkommt, wie die Frauen wie Vögel auf dem Wasser schwimmen, und ihn eine der Frauen zudem mit Namen anredet, so denkt er, der Handel sei gut, und verspricht, die Kleider zurückzugeben.

Hadburg zeigt daraufhin die Gabe des Hellsehens und der Prophezeiung, wie sie seit der Pythia berühmt ist: Auf die Frage eines Feldherrn, ob sein bevorstehender Heerzug glücklich verlaufen werde, sagte die weise Frau der Griechen, allerdings in Latein und klugerweise ohne Interpunktation: Ibis redibis, numquam peribis in armis: Gehen wirst du und wiederkehren, niemals verderben wirst du in Waffen.

Man weiß, wieviel dabei ein Beistrich ausmacht: den Unterschied zwischen Sieg und Niederlage, je nachdem, ob er vor oder hinter dem Wort „niemals“ steht: Gehen wirst du und wiederkehren, niemals verderben wirst du in Waffen – ist etwas ganz anderes als: Gehen wirst du und wiederkehren niemals, verderben wirst du in Waffen.

Hagen geht es ähnlich: Die Nixe oder was die Dame im Wasser eben gewesen ist, prophezeit ihm eine Heerfahrt zu großem Ruhme.

Und erst, als er sein Versprechen eingelöst hat, erfährt Hagen von der zweiten Nixe, was ihm ihre Tante gesagt hat, wäre nur die halbe Wahrheit: Großer Ruhm sei ihm gewiß, erworben aber auf dem Weg in den Untergang – wer da weiterreite zu den Hunnen, der sei schon tot – „der hat den Tod an der Hand“.

Hagen will aber nicht mehr hören, was gegen die Fahrt spricht, er hat längst entschieden für sich und für die anderen. Nur die Prophezeiung der Hadburg, einzig der Kaplan im Gefolge der Burgunden werde wieder in König Gunthers Land zurückkehren, läßt ihn kurz innehalten. Und da die Nixen sehen, daß der Mann wild entschlossen ist, in sein Unglück zu rennen, da zeigen sie ihm, wo die Fähre ist, wenn die Donau wieder nieder geht. Dazu erfährt Hagen auch noch, wie der Herr der Fähre heißt – Else, und der ist Landmann diesseits des Stromes. Er und sein Bruder Gelpfrat wären beide recht wilde Leute, versichern die Meerfrauen, es sei nicht zu spaßen mit ihnen.

Recht bescheiden soll man sein mit dem Fergen, dem Fährmann in Elses Diensten also.

Was da erzählt wird, das haben die Leute damals gut verstanden: Es gab noch keine Brücken über die Donau außer in den großen Orten, und am flachen Lande war man darum auf Fährschiffe angewiesen. Um die zu betreiben, hatten die Leute eine Fährgerechtsame – was bedeutet, daß das Übersetzen über den Strom recht einträglich war. Das wußte jede Herrschaft und ließ sich das Fährrecht – die Gerechtsame – teuer bezahlen. Der Ferge war der Mann am Ruder und am Fährseil, wenn er denn schon eines hatte, oder wie Else im Lied der Besitzer von Schiff und Zeug am Strom.

Bezahlen wollte Hagen auch und gab sich nach dem Rate der Hadburg als Amelrich aus, den der Fährmann kannte und der früher da gewohnt hatte.

Da sich der Schiffer von Hagen, der eben nicht Amelrich ist, betrogen sieht, verweigert er ihm die Überfuhr: Wenn ihm sein Leben lieb wäre, dann soll er wieder aus dem Schiff steigen und

„so trit vil balde ûz an den sant", rät er, seine Herrschaft hätte ohne ihn schon Feinde genug. Hagen bittet und bietet eine goldene Spange als Fährlohn, aber der Fährmann sagt nein und prügelt Hagen mit einem schweren Ruder, einem Riemen also – damit die Seeleute das auch verstehen –, daß der Bayer nicht mit dem Steuerruder ausgeholt hat, um auf Hagen einzuschlagen. Der zieht darauf sein Schwert und legt dem Fährmann den Kopf vor die Füße: „Er sluoc im ab daz houbet und warf ez an den grunt".

Wie Hagen das danach abtreibende Fährschiff im hochgehenden Strom doch noch an das Ufer bringt, das beschreibt der Dichter sogar mit dem Gebrauch des Schildes, den Hagen am Schildriemen hält und zum Rudern verwendet. Den Zurückkommenden fragt Gunther, warum soviel Blut da im Schiff wäre, aber das zählt für den Tronjer nicht mehr, und er belügt den König, er habe nur das Schiff gefunden, wie es da schwimme, aber keinen Fährmann dazu. Fährmann wolle er selber sein, man soll das Schiff nur tüchtig beladen.

Er setzt auch alle über „in daz unkunde lant". Einmal, zweimal, wieder und wieder wendet der Tronjer das Boot am Strand. Die Alten haben das Übersetzen über einen Strom meist mit einer kräftigen Abdrift verbunden, um leichter ans andere Ufer zu kommen und dann die Boote mit Treppelpferden wieder stromauf gezogen.

So lange und feste Taue, daß sie ein Fährschiff hätten betreiben können wie wir heute – mit einem Steuerruder nur und mit der Kraft der Strömung, so lange Taue hatten sie wohl aus Hanf. Die hielten aber nicht lange und nicht fest genug, und die Breite des Wassers war immer anders, wie es bei wilden Gerinnen eben ist, und darum waren auch Fährschiffe an „Seilen" nur selten in Gebrauch.

Alle hatte Hagen nun übergesetzt – die Pferde nicht, die trieb man ins Wasser und ließ sie schwimmen, so weit sie die Strömung brachte, dann ging man ihnen nach und führte sie zurück. Nicht ein einziges Roß war da verloren, man soll es nicht glauben!
Da nun der Heerzug wohlbehalten über den Strom gekommen ist, will Hagen wissen, wie es um die Wahrsagung der Nixe Hadburg steht, der Kaplan werde als einziger aus dem ganzen Zug wieder an den Rhein zurückkehren. Hagen wirft den Mann darum in den Strom, um zu sehen, ob der sich retten kann: ertrinkt er, so ist die Rede der Nixe nicht wahr gewesen. Er stößt den Armen auch noch unter Wasser, und als der dennoch an das andere Ufer, das heimatseitige, kommt, da weiß Hagen, „diese degene müegen vliesen den lîp" – diese Degen müssen ihr Leben lassen.
Das entladene Fährschiff zerschlägt er dann. Auf die entrüstete Frage der anderen sagt er, das sei notwendig, um den Rückweg auch für einen „zagen", einen zaghaften, einen Feigling also, unmöglich zu machen. Der müßte dann ertrinken, wenn er davonlaufen will vor dem, was Hagen weiß und was die anderen noch nicht wissen. Dieweilen macht sich der Kaplan am anderen Ufer auf den Heimweg.
Zu Fuß, wie der Dichter anmerkt und wie es dem Klerus zusteht.

XXVI AVENTIURE

Wie Dankwart Gelpfrat erschlug. Oder: In „Paier lant“ sollte man höflich sein und keinesfalls einen Fährmann erschlagen. Und: Wie den Burgunden die Fourage ausging und wie sie froh waren, an der Donau verpflegt zu werden.

Hagen sagt nun seinem König Gunther, daß sie alle miteinander die Heimat nie mehr sehen werden und daß er das von den Meerfrauen Hadburg und Siglind habe, die geweissagt hätten, nur der Kaplan werde wieder an den Rhein kommen. Darum habe er, Hagen, auch das Pfäfflein in die Donau gestoßen und untergetaucht, und der sei dennoch – wie alle gesehen hätten – wieder an das andere Ufer gekommen.

Da wurden die Ritter und die Knechte alle bleich – „missevar“ reimt der Dichter auf die „schar“ der Burgunden –, man hat seinen Reim wohl verstanden damals. Heute aber liest ja niemand mehr das Lied so wie er es geschrieben hat – in Übersetzungen vielleicht und da ist oft nur grob den Sinn der Strophen zu erkennen, nicht aber wie fein beschrieben ist, daß die „Helden vor Leid mißfarben“ geworden sind und mißfarben hieß nur „bleich, ohne Farbe“, blaß und rot wohl auch. Wie eben jemand, der fühlt, daß „er den Tod an der Hand hat“ auf dieser Reise zu Etzels Hof und durch fremdes Land.

Als sie nun bei Möringen übergesetzt hatten, da wußte Hagen von seiner Flucht vom Hofe Etzels noch, daß dort Gelpfrat und Else saßen, die die Herrschaft hatten südlich der Donau. Nun berichtet er endlich was vorgegangen war, damit er an das Fährschiff kommen konnte: „Ich erschlug den Fährmann.“ Und wenn Gelpfrat und Else davon erfahren, dann wehe den Burgunden. Man soll also langsam weiterreiten, daß die Bayerischen nicht glauben, „wir vliehen ûf den wegen“: Klar – davonreiten zeigt Schwäche.

Den Weg soll ihnen Volker zeigen, der da Straßen und Steige kennt – Volker, Volker von Alzey? Alzey liegt gut zwanzig Meilen im Nordwesten von Worms, daher kam der „snelle degen“ an Gunthers Hof, aber warum war er dann mit Weg und Steg an der Donau vertraut? Der Dichter erzählt nicht, warum. Für ihn war es eben so, daß Volker sich an der Donau ausgekannt hat. Und daß man ihn gut sehen und ihm recht folgen konnte, ließ er an seinem Speer ein rotes Tuch flattern.

Gelpfrat und Else hatten inzwischen erfahren, daß ihrem Fährmann der Kopf abgeschlagen worden war, und sie suchten nun den Schuldigen. Dazu hatten sie sogleich 700 Mann zusammengerufen – mit dem Rufhorn, dem Hifthorn, mit dem sich die Alten verständigten über Berg und Tal und von Burg zu Burg. Die Hifen, Rufzeichen also, waren eine Folge von kurzen und langen immer gleich hohen Tönen. Ein Kuhhorn gibt nun einmal nicht mehr Töne her. Und mit den Hüften hat das Hifthorn nichts zu tun.

Zwe dut ir daz pruder Also sprach danckwart
wie sull wir chumen uber so wir die wider vart
Reiten von den hunen wider an den rein
Smit da sagt im hagen daz es nicht kunde sein
Do sprach von trom der held ich tun es auf den wan
Ob wir an diser rayse dehainen zagen han
Der uns entrinnen welle durch zaglich not
Der mus an disem wage doch leiden schamlichen tot
Sy furten mit in ainen aus burgonde lant
Ain held zu seinen handen was volcker genant
Der rett spechlichen allen seinen müt
was ye begie hagen daz daucht den videlere güt
Ir ros beraittet waren ir saum wol geladen
Sy heten an der varte noch dehainen schaden
Genumen der sy müt wann an dem Caplan
Der müst auf seinen fussen hin wider zu dem reine gan

So reiten die Bayern den Burgunden nach. Den „herren was ein teil ze gâch“, beim Gejage der Jungen hinter den Fremden wollten sie nicht mit.
Hagen und sein Bruder Dankwart waren zurückgeblieben mit ihren Leuten, um die Nachhut zu bilden und die Bayern aufzuhalten, wenn sie kämen und um damit Gunther und seinen Leuten Zeit zu geben, sich zu richten. So wurde es Abend und sie „riten under schilden“, als sie angerannt wurden, angegriffen also. Und das von beiden Seiten des Weges und auch noch von hinten. „Nun bindet auf die Helme“, sagt der kühne Dankwart und meint das auch so: Die Helme zur Zeit des Kürenbergers, also zu Ende des 12. Jahrhunderts, waren nicht die Helme der großen Rüstungen wie des „Welschen Gestechs“, das auf Schloß Ambras zu sehen ist. Zu seiner Zeit waren die Helme noch so, wie sie auf dem silbernen Karlsschrein im Dom zu Aachen zu sehen sind – Lederhelme zumeist, manchmal mit einer Eisenspange oben.
Gesicht und Nacken waren mit festen Lederplatten geschützt, die auch die Riemen zum Festbinden der Helme trugen.
Die Miniatur zu dieser Aventiure zeigt Rüstungen aus viel späterer Zeit, um die Mitte des 15. Jahrhunderts. Schwere Rennzeuge sind da zu sehen wie für das Deutsche Turnier. Daß der Maler auch da keine Roßharnische gemalt hat, wird wohl davon kommen, daß er gewußt hat, daß die Burgunden weit von daheim waren und so schweres Zeug wie Roßharnische nicht mitführen konnten. Was der Dichter geschrieben hat, daran hat sich der Maler auch da nicht recht gehalten: Der Sänger erzählt, Hagen und Gelpfrat seien mit Speeren gegeneinander geritten und Hagen sei von einem starken Stoß des Bayern „hinder `z ors gesaz“, vom Roß also, herunter gestoßen worden. Das Wort verwenden die Bayern heute noch oft für ihre Freunde und das nicht nur im Gedenken an ihren tapferen Gelpfrat.
Der hat also dann den Hagen vor sich im Gras liegen, und der Tronjer springt auf und führt sein Schwert, so gut er noch kann. Nicht gut genug für Elses Bruder, und Hagen muß Dankwart zu Hilfe rufen, sonst wäre es um ihn geschehen. Dankwart eilt Hagen zu Hilfe und tötet Gelpfrat.
Die Miniatur zeigt anderes: Dort erschlägt Hagen den Gelpfrat, und Dankwart und Else sind noch im Sattel, wo Gelpfrat mit abgehauener linker Hand schon wehrlos auf dem Boden liegt. Die Bayern und die vom Rhein sind auf dem Bild gut auseinander zu kennen: Die von der Donau haben ihr blau-weißes Rautenmuster überall – auf Schild, Zaumzeug und Schabracke. Und noch etwas anderes ist auf diesem Bild zur XXVI Aventiure zu sehen: Daß gerne ein Tuch über dem Eisenkleid getragen wurde. Bei den Burgunden und bei den Bayern ist einer im Harnisch zu sehen, der darüber entweder wie der Bayer einen geschlitzten wollenen Koller oder wie der vom Rhein einen Teil von seinem Bruststück und seiner Armkachel unter einem Tuch trägt. Klar ist: Glänzendes Eisen ist nicht weithin zu sehen, wenn eine Decke darüber getragen wird, damit nicht jeder gleich weiß, wer da kommt.
Die Bayern haben sich tapfer geschlagen gegen die Burgunden, aber am Ende liegt Gelpfrat tot und Else hat 80 Mann verloren. Er selber ist verwundet und sucht mit seinen Leuten darum sein Heil in der Flucht. Aber auch da jagen ihnen „die von Tronege“ nach, bis Dank-

wart zur Umkehr rät und Hagen hernach zählt, wie viele von den Leuten Gelpfrats auf der Walstatt geblieben sind: 100 waren es – und nur vier von denen aus Burgund. Der Mond kommt hinter den Wolken hervor und beleuchtet ein gar grausiges Bild, da 104 zu Tode liegen. Den Königen will Hagen nichts sagen von dem blutigen Treffen, sie sollen noch eine ruhige Nacht haben – morgen ist auch ein Tag.

Der ganze Troß reitet weiter, bis es wieder hell wird – die Furcht vor den Bayern sitzt tief, da selbst Hagen von einem von denen schon geschlagen war und nur durch Dankwarts Hilfe nun zurückkommt. Was, wenn die Bayern wiederkämen, mit mehr Leuten und besser vorbereitet als Gelpfrat!

Gunther erfährt nur, daß er nicht gebraucht worden war, wenn auch den Leuten von Hagen die Panzerringe „vom Blute naß waren". Else ist geflohen, vier von uns, aber 100 von den Bayern und Gelpfrat liegen tot, sagt Hagen.

Der Rest des Weges durch „paier lant" brachte keinen Angriff mehr, es hatte sich herumgesprochen, welcher Art die Leute waren, die zu Etzels Fest zogen. So kamen die denn nach Passau – ob die Donau entlang über Regensburg und Deggendorf oder von Landshut nach Schärding und dann nach Passau, das erzählt der Dichter nicht, wozu auch: Die Burgunden, die keine Nibelungen waren, sind nur in seinen Gedanken nach Passau gezogen und weiter zum Fest des Hunnenkönigs die Donau hinunter.

In Passau treffen sie den Oheim der drei Könige, den Bischof Pilgrim. Der konnte das große Heer von mehr als 1000 Reisigen und fast zehnmal so viel Knechten gar nicht in seiner Bischofsstadt verpflegen, am anderen Donauufer habe man ihnen noch Hütten und Zelte aufgeschlagen, sagt er den Gästen. Passau hatte demnach damals zumindest eine Brücke über die Donau. Viel mehr wird nicht erzählt von Passau, bei drei Fahrten kommt der Bischof vor und wird als sehr gastfreundlich beschrieben: Bei Krimhilds Fahrt zu Etzel, da sie Rüdiger begleitete, und bei Wärbels und Schwemmels Reise, um die Burgunden nach Gran einzuladen, und nun bei der Fahrt „derer vom Rheine" durch das Donautal. Nur Rüdiger läßt der Kürenberger nicht einkehren beim guten Bischof, die beiden sahen einander wohl öfter – nach seiner Vorstellung: Von Passau nach Pöchlarn sind es nur fünfzig Meilen, zwei Tage mit einem guten Pferd, wenn einer den Weg kennt.

Auf ihrer weiteren Fahrt die Donau entlang treffen die Burgunden an der Grenze einen Mann in Eisen, und der ist allein und in tiefem Schlafe: Hagen kann ihm darum seine Waffen leicht wegnehmen, zur Sicherheit – das ist zu verstehen.

Eckewart, dem getreuen Eckewart ist da an der Grenze der Zug begegnet. Warum er alleine ist, das erfahren wir nicht. Er war nicht mehr bei Krimhild in Gran, man hatte ihn zu Rüdiger in Dienst gestellt, und da war er nun im Westen auf Wache. Die Burgunden hatten ihn dort schlafend gefunden.

Was daran seltsam sein soll und nicht in die Erzählung des Kürenbergers passen, wie mancherorts geschrieben wird, das versteht Eckewart nicht und wir auch nicht. Er will die Burgunden treffen, bevor sie Etzels Land – Rüdigers Lehen – betreten.

Aus Gran, von wo Eckewart noch nicht lange weg war und von Krimhild, in deren Dienst er dort gestanden, von da weiß er, was die Einladung an die Burgunden in Wahrheit bedeutet: Den Zug in das Verderben für Hagen und Gunther. Für Gernot auch und Giselher. Alles zu Ende gedacht von Krimhild, die ihren Liebsten nie vergessen hat und auch nicht den, der ihn ihr genommen.

So ist Eckewarts Rede zu verstehen, wenn er klagt, er habe Rüdiger nicht gut gedient, er, ein schlafender Wächter an der stets gefährdeten Grenze zu Bayern.

Und recht ist es nur, wenn sich der Alte an der Grenze in Gefahr begibt für seinen früheren Herrn, da er Gunther erzählt, was ihm von Krimhild zugedacht ist und ihn warnt. Wenn der Hunnenkönig erfahren hätte, daß Eckewart seine Schwager Gunther, Gernot und Giselher davor warnt, nach Gran zu reiten, dann wäre es um den Eckewart geschehen gewesen und nichts hätte es ihm geholfen, daß er Markgraf gewesen war am Rhein, bis er sich Krimhild in Treuen anschloß, als die zu Etzel zog.

Eckewart reitet voraus zu Rüdiger und der sagt, Eckewart, der treue, ist noch immer „Krimhildens Mann“, auch wenn er nun in Bechelaren Dienst tut.

Der Markgraf geht dem Alten entgegen, der sein Schwert aushängt und an der Pforte ablegt. Ganz genau steht das im Lied. Danach sagt Eckewart dem „Wirt“, dem Burgherrn also, daß Gunther ihn gebeten habe, voraus zu reiten und zu berichten, daß die Burgunden kämen.

Rüdiger weiß das schon von Wärbel, der auf seiner Fahrt nach Worms in Bechelaren zugekehrt war – nicht nur auf dem Hinweg, auch auf dem Rückweg waren Etzels Boten in Bechelaren und haben dort erzählt, daß Gunther die Einladung des Hunnenkönigs angenommen habe. Etliche Tage aber hätten die Boten warten müssen auf Gunthers Zusage. Rüdiger weiß gut Bescheid über Kommen und Gehen im Donautal. Er ist hoch erfreut über den Besuch der Burgunden und reitet den Gästen entgegen.

XXVII AVENTIURE

Wie sie nach Bechelaren kamen. Oder: Der Kanzler bekommt von der Hausfrau einen Schild, den ihr Mann zu seinem Leidwesen später wieder einmal zu sehen bekommen wird.

Der Markgraf sagt seiner Gemahlin und seinem Töchterlein, daß da liebe Gäste kommen vom Rein herunter und daß sie sich auf „den Glanz herrichten“ sollen, wie das an der Donau so schön heißt.

Was der Kürenberger aber da mit „ihrer Frauen Brüder“ meint, das versteht kein Mensch, man weiß da von keiner Verwandtschaft.

Die Ankunft und den Empfang der Burgunden zeigt der Maler auf seinem kleinen Bild: Rüdiger im Hausgewand, aber mit einer Krone auf dem Haupt.

Gotelind ist zu sehen, die Schöne, die eine Krone trägt wie ihr Gemahl und ihr zu Füßen einer der Burgunden, gerüstet bis zur Halsberge und mit güldenen Sporen an den Panzerschuhen. Dahinter ist die liebreiche Tochter Rüdigers und noch weiter dahinter sind die Reiter Gunthers und die von Rüdiger auf dem Bild.

Hagen ist nicht dabei – selten genug das im Lied, daß der nicht bei Gunther steht.

„Gevelschet frouwen varwe – vil lützel man dâ vant“, so geht das Lied, die Damen im Donautal waren damals so schön, daß sie keine „falsche Farbe“, kein Rouge also, brauchten. Nur eine wurde blaß – Rüdigers Tochter, als sie Hagen zum Gruß auf die Wange küssen sollte: Hatte der doch am Wasgenstein im Wasgenwald, in den Vogesen also, im Kampf gegen Walther das rechte Auge und ein Stück vom rechten Kiefer verloren; was Wunder, daß sich die junge Schönheit erst überwinden mußte, Hagen auf die verunstaltete Wange zu küssen, sie hätte es viel lieber gelassen, was ihr Vater da von ihr erbat – erzählt der Kürenberger.

Zu Tisch in Bechelaren – und Volker spielt süße Melodei für die Schönheit Gotelind. Ihre Tochter zieht alle Augen auf sich und auch nach den anderen Mägdelein und Frauen spähten die Rheinländer – „spechteln“ sagen sie heute noch an der Donau dazu, wenn die Mannsbilder sich die Augen ausschauen nach Weiberleuts Schönheit.

Das hilft den Degen in Gunthers Gefolge aber nicht viel – Gotelind bleibt den Gästen zu Ehren bei ihnen am Tisch, die Jungschar der Mägdelein muß in ihre Kammern – „nach Gewohnheit“, wie es Sitte war auf Rüdigers Burg. Erst nach dem langen Essen führt man die Schönen wieder in den Rittersaal.

Vom Wein und von der Wärme des Willkommen gleichwie vom Duft der Frauen ist Volkers Zunge gelöst und er redet Rüdiger an, wie gut der es habe in Bechelaren an der Seite der schönen Gotelind, und wenn er ein König wäre, dann möchte er gleich anhalten um seine Tochter, so „minniglich zu schauen und edel und auch gut“ wäre die. Und Rüdiger sagt darauf

Aventeur wie sy ze pechlaren chomen

Do gie der marggraue da er die frawen vand
Sein weib mit seiner dochter vnd sagten ze hant
Die vil lieben mere die er het vernomen
Daz in ir frawen pruder da ze hause sollten chomen
Vil liebe trautinne sprach da rüdiger
Jr sult vil wol enpfahen die edlen kunig her
So sy mit irem gesinde her ze hause gan
Jr sult auch schon grüssen hagen gunthores man
Mit in chumpt auch ainer haisset danchwart
Der ander haisset volgger an züchten wol bewart
Die sechs sult ir küssen vnd die dochter mein
Vnd sult bey den recken mit züchten gütlichen sein

etwas, das wir heute nicht verstehen und was uns der Dichter auch nicht weiter erzählt: Rüdiger meint, ein König werde wohl nicht um die Hand seiner Tochter anhalten, da doch er und Gotelind „hie ellende" seien. Damals hat jeder verstanden, was „hie ellende" hieß, für uns bedeutet das Wort etwas ganz anderes – hie ellende hieß für Rüdiger „besitzlos"; nur zu Lehen hatte er das Land von Etzels Gnaden. Und wenn ihm sein König das Lehen entzog, dann wäre er wirklich heimatlos und „elend" damit, was das Wort für uns auch heute bedeutet. „Von Stand" war der von Bechelaren demnach nicht, er „stand" nicht auf seinem eigenen Land – und was helfe dann seiner Tochter ihre große Schönheit, für einen König war sie nicht gut genug nach alledem.

Ein gutes Wort sagt dazu der Kürenberger, der schon ein Kind einer etwas anders denkenden Zeit war: Er läßt den „wol gezogen man" König Gernot sagen, wenn er nach seinem Willen eine Gemahlin haben könnte, dann wäre er glücklich, die Tochter Gotelinds heimführen zu können. Aber: Die Jahre, die Jahre – das sagt der Dichter da zwar nicht, aber wer zu hören versteht, versteht auch, was gemeint ist – selbst dort, wo die Worte fehlen.

Und nun redet Hagen. Hagen, dem es gar nicht zusteht, zu sagen, was Gunthers und Gernots Bruder Giselher tun oder lassen soll. Hagen wird vom Dichter dazu bestimmt, Rüdigers Leben zu verändern und ihn ins Unglück zu stürzen:

Er sagt, Giselher möge um Rüdigers Tochter anhalten, die junge Markgräfin sei so hohen Stammes, daß er und alle in der Burgunden Gefolge ihr gerne dienen wollten, käme sie als
Königin nach Worms. Das scheint Rüdiger gut und das freut Frau Gotelind, und so geschieht es: Gunther und Gernot sichern „mit Eiden" der Jungfrau Burgen und Land zu. Dann werden Giselher und seine Braut von den Ersten in Gunthers und Rüdigers Gefolge umringt und gefragt, ob sie einander wollen. Dem Mädchen ist es „ein teil leit", so schön und so heimlich hat sie es bei ihren Eltern und doch will sie den „waetlîchen man nemen", obgleich sie sich schämt, das vor so viel Leuten gefragt zu werden.

Die schöne Beschreibung braucht der Dichter, um die Verbindung der Burgunden mit Rüdiger, dem starken Vasallen Etzels, deutlich zu machen. Diese Verbindung soll den Weg der Rheinländer sichern, wenn es denn entgegen der Unkenrufe der Hadburg doch eine Rückkehr an den Rhein geben sollte. Und Rüdiger als Bundesgenossen und Fürsprecher an Etzels Hof zu haben, das kann auch nur gut sein.

Das ist leicht zu verstehen, auch wenn der Dichter nichteinmal den Namen von Gotelinds liebreizender Tochter nennt – nicht in der XXVII Aventiure, wo von ihrer Verlobung mit Giselher die Rede ist und auch nicht später in der XXXVII Aventiure, wo Giselher sagt, daß er Rüdiger mehr als allen je vertraut habe, damals, als er sich mit seiner Tochter verlobte.

Daß die Tochter von Rüdiger und Gotelind Dietlind heißt, steht erst in der „Klage", die sich an der „Nibelungen Not" anschließt und von der viele meinen, sie sei nicht vom gleichen Dichter geschrieben wie das Nibelungenlied selber. Das leuchtet ein, wenn sie wirklich aus dem 13. Jahrhundert ist, wie oft zu lesen.

Da nun Dietlind die Braut von König Giselher geworden ist, meinen Rüdiger und Hagen, alles zu einem guten Ende gebracht zu haben: Rüdiger für seine Tochter und Hagen für seine Könige. Der Dichter zeigt aber, was kommen wird: „Giselher – swie lützel siu sîn doch genôz" – wie wenig Rüdigers Tochter doch Freude haben durfte am jungen Giselher. Lützel ist heute noch im Wort „letz", für „gering" oder „wenig" im Tirolischen zu hören, wozu die Engländer „little" sagen.
Rüdiger freut sich so sehr über das Glück seiner Tochter, daß er zur Verlobung an Gold und Silber beisteuert, was er nur kann, und er sagt, er will den Burgunden immer in Treue ergeben sein. Seine Gäste bittet er, noch ein paar Tage in Bechelaren zu bleiben, Dankwart soll ohne Sorge sein um Brot und Wein für den ganzen Heerzug.
Lange genug hat er Speis und Trank für seine vielen Gäste, da König Etzel ihm kaum Zins abverlangt. „Zins" schreibt der Dichter, weil er das römische Wort census für „Abgaben" wohl noch aus seiner Klosterschule gewußt hat.
Ob die Burgunden auch fort wollten, bis zum vierten Tag hielt Rüdiger sie zurück auf der Bechelarenburg. Zuvor hatte er gesagt, er will sein Kind den Königen erst dann mitgeben, wenn sie wieder heimkehrten in ihr Reich. Da hat er mehr geahnt als er gewußt hat, wie kurz Giselhers und seiner Tochter Glück dauern werde.
Nun mußte aber doch geschieden sein und es wurden Gastgeschenke ausgetauscht wie immer.

Bei uns geschieht das heute nicht mehr, außer bei den Potentaten, aber da läßt der Gebende seine Untergebenen für die Gastgeschenke aufkommen. Eine elende Art des Schenkens ist das, wo der „Zins" der kleinen Leute verpraßt wird, um sich selber hervorzutun und Ehre zu bezeugen für Leute, an denen einem nur wenig liegt.
Rüdiger und Gotelind aber geben von dem, was ihnen selber gehört und da bekommt Gunther ein gutes Streitgewand. Eine Rüstung zu verschenken, das war eine besonders vornehme Geste und recht beliebt bei denen, die die Plattner bezahlen konnten – die großen Zeughäuser in Europa sind heute noch Zeuge davon, wie kunstvoll die Harnische „gefegt" worden waren. Gernot erhielt ein „wafen"; daß es ein Schwert war, das erzählt der Dichter erst später.
Als die schöne Gotelind zu Hagen kommt, um auch ihm auch ein Gastgeschenk zu geben, da nimmt ihr der Tronjer die Frage ab, was die „minneclîche gâbe" sein sollte: Hagen sagt gleich, in der ganzen Burg gebe es nur eines, was er mit sich tragen wolle: den Schild, der am Tram dort an der Wand hängt. Tränen steigen der Markgräfin in die hellen Augen, als sie dem Wunsche Hagens entspricht. Sie hebt selbst den Schild vom Haken und trägt ihn zu Hagen hin, der einen so wertvollen Schild noch nie gehabt hatte. Wohl 1000 Mark löthigen Goldes wäre der wert, wenn man ihn kaufen könnte, fügt der Dichter hinzu. Die Tränen der Markgräfin wiegen aber viel mehr: Der Schild, der jetzt Hagen gehört, der war von Gotelinds gefallenem Sohn, dem Nudung – von dem noch zu hören sein wird.
Auch Volker von Alzey bekommt noch eine Gastgabe. 12 Goldspangen schiebt ihm die Markgräfin in die Hand, daß er ihr gut dienen soll bei dem Feste Etzels, sagt sie und meint, auch er möge achthaben auf ihren Rüdiger.

Der war inzwischen „wol bereitet mit fünf hundert man" und ritt mit den Burgunden, als er und Giselher sich mit „ kusse minneclich" von den „vil scoenen vrouwen" verabschiedet hatten.
Auch da sagt der Dichter wieder, daß keiner von den Reisigen je lebend nach Bechelaren zurückkommen wird.
Vanitas! Vanitatum vanitas! Und dabei waren die Tödlein des Barock noch lange nicht erfunden.
Als nun der um 500 Mann größer gewordene Zug „durch Osterrîche" die Donau entlang reitet, da sendet Rüdiger Boten voraus an Etzels Hof, „daz die Nibelunge zen Hiunen waeren" und da er das befiehlt, geschieht nach dem Hundeshagenschen Kodex etwas anders, als in der St. Gallener Handschrift geschrieben steht.
Noch einmal werden die Burgunden, die der Dichter nun immer öfter „Nibelungen" nennt, von einer vertrauten Gestalt angehalten ebenso wie vordem ober Passau an der Grenze vom getreuen Eckewart.
Diesmal ist es Hildebrand, der gehört hat, daß die Burgunden kommen und der das seinem König Dietrich erzählt. Dietrich und sein Waffenmeister haben gesehen, wieviel Krimhild weint und sie fragen die Königin nach dem Grund für ihre Tränen. Als Krimhild dann sagt, sie weine noch immer um Siegfried, da erschrecken die beiden, und noch mehr erschrecken sie, als sie von der Königin aufgefordert werden, an Hagen Rache zu nehmen für sie und ihren Vriedel, ihren Nibelungen.
Dietrich schickt Hildebrand darum den Burgunden entgegen, sie zu warnen und ihnen zu raten, sie mögen auf dem freien Feld unter der Etzelburg die Nacht verbringen. Als Dank für seine Botschaft bekommt Hildebrand dann von Giselher einen kostbaren Mantel geschenkt.
Danach erst geht das Lied im Hundeshagenschen Kodex weiter mit Dietrich, der selber den Burgunden entgegenreitet.
Die Warnung von Hildebrand ist im Kodex als eigene Miniatur enthalten. Da ist genau zu sehen, wie Dietrichs Mann vor die drei Burgundenkönige hintritt, sein Pferd am Zügel führend und mit unbrauchbar langen Sporen am Schuh.
Einer von denen, die er gewarnt hat, gibt ihm auf dem Bild einen kostbaren Mantel. Weit hinter Hildebrands Roß ist die Etzelsburg zu sehen, und dort auf einem Söller eine Dame mit zwei Männern. Obwohl alle drei ohne Krone sind, können sie nur Etzel, Krimhild und König Dietrich sein, oder Blodelin vielleicht auch, Etzels Bruder.
Die Zelte sind auch zu sehen, in denen die Burgunden mit ihrem „Heergeleit" zur Nacht bleiben sollten nach Dietrichs Rat. Die Zelte hat wohl Etzel für die Gäste bereitstellen lassen, den roten Streifen auf weißem Grund der Fahnen hat der Maler schon in der Miniatur zu der XXII Aventiure auf das Gewand von Etzels Gefolgsleuten gemalt.
Am Ende der XXVII Aventiure sehen dann Etzel und Krimhild die Burgunden kommen und Etzel lacht vor Freude über den willkommenen Besuch. Krimhild freut sich auch, aber aus anderem Grund als ihr Gemahl: Wer mit ihr daran denken will, was ihr die Gäste angetan, den will sie reich belohnen und ihn in Ehren halten. So denkt die Königin, und das sagt sie auch. Das Denken hat sie sich aber mit Schwertern vorgestellt.

XXVIII AVENTIURE

Wie Krimhild Hagen empfing. Oder: Jetzt ist alles klar.
Alle wissen Bescheid, nur der König hat keine Ahnung:
Wie üblich erfährt der Oberste zuletzt, worum es geht.
Und auch das dauert noch.

Gleich zu Beginn warnt König Dietrich die Gäste: Ob sie nicht wüßten, wie sehr Krimhild noch um den Nibelungen trauert, fragt er. Das versteht Hagen nicht, sonst würde er nicht sagen, Krimhild kann noch lange weinen – Siegfried ist schon viele Jahre in der Erde, der kommt nicht wieder, nun hat sie ja den Etzel. Das ist dem Dietrich eine zu oberflächliche Antwort auf seine Warnung und er sagt, solange Krimhild lebt, wird sie den Burgunden immer Feind sein, und davor soll sich Gunther hüten.
Der meint aber, Etzel hat eingeladen und Krimhild dazu liebe Grüße geschickt nach Worms. Und dann bedrängen sie den Berner, er möge sagen, was von Krimhilds Absichten zu halten sei, was ihm bekannt wäre, „gewizzen umb der küneginne muot".

Dietrich sagt darauf, daß Krimhild jeden Tag jammervoll mit Klagen und Tränen beginne um den Tod von Siegfried.
Es ist, wie es ist, meint Volker, der nichts versteht und auch nicht, was diese Tränen bedeuten. So reiten die Burgunden also ein in Gran und den Burgberg hinauf, bis sie vor dem Königspalast und dem Bischofssitz stehen, ein Bau größer als der andere.
Der Kürenberger hat die Etzelsburg nicht weiter beschrieben, aber es ist heute noch viel davon zu sehen, was damals Residenz war und was nachher 1180 und 1190 vom Feuer zum Teil zerstört und hernach wieder aufgebaut wurde. Die Burgunden reiten nun durch die Stadt, aber niemand kommt ihnen entgegen, niemand heißt sie willkommen, nur angestarrt werden sie.
Hagen vor allen anderen. „Hagen", flüstern die Leute, der Siegfried schlug, den Stärksten von allen, den Mann von Königin Krimhild, bevor sie Etzels Gemahlin wurde.
Und was sie von Hagen zu sehen bekommen, die Heunen, das läßt ihnen das Blut in den Adern frieren. Riesengroß und eisgrau und nur ein halbes Gesicht. Der Mann in Eisen geht gelassen durch Gran, ob er auch seit seiner Jugend nicht mehr in der Etzelsburg gewesen ist. Dann zeigt man den Burgunden, wo sie unterziehen können, die Ritter getrennt vom Gesinde, wie es Krimhild geraten hat.
Aber die Krimhild in Gran ist nicht mehr die liebe und stille Tochter von Ute, die sie in Worms gewesen war; die eine Brunhild ausstechen wollte und Hagen gezeigt hat, wo das Drachenblut zwischen den Schultern Siegfrieds nicht hingekommen war, und die Hagen vertraut hatte in ihrer Einfalt.
Die Krimhild in Gran ist die erste vom Hof, die den Burgunden entgegengeht – mit ihrem

Doch riten sy mit frewden nider über sant
So sprach ze den burgonden ain ritter vil gemait
Rüdiger der edel ew sol mit sein verdait
unser mere daz wir ze den hunen chomen
Im hat der kunig etzel so liebes nie vernomen
Ze dalpurch österreiche der pot palde rait
Den lewten allenthalben ward daz wol gesait
Daz die hold chamen van wurms über rein
Des kunges ingesinde chund es nit laider gesein
Die poten fürstraichen mit den meren
Daz die nibelunge zü den hunen weren
Du solt sy wal enpfahen kriemhild frawe mein
Dir nach grossen eren die vil lieben prüder dein
Kriemhild die frawe in ain venster stünd
Sy wart nach den freunden als freund noch freunde tünd
Von ires vaters lande sach sy mangen mag
Da der kunig gefriescht der mere lachen er began
Nun wol mich meiner freund sprach kriemhilt
Hie pringent mein mage mangen newen schilt
Und weisse halssperge wer nemen welle golt
Der gedenck meiner laide ich wil im immer wesen hold

Hofstaat freilich, und die ihren Bruder Giselher an der Hand nimmt und auf beide Wangen küßt. Aber: „Man grüezet sunderligen", ungleich also – die Könige und ihren Mann, sieht Hagen und weiß nun, wie recht Dietrich, Eckewart und auch Hildebrand hatten, als sie davor warnten, zu meinen, Krimhild habe vergeben und vergessen. Das zeigt Krimhild auch mit ihrem harten Willkommen für Hagen: „Durch iuwer selbes friuntschaft grüeze ich iuch niht" und seid dem willkommen, der euch gerne sieht in Gran. Warum sollte ich mich freuen, habt ihr mir etwas gebracht vom Rhein?

Hagen weicht der erkennbaren Frage nach dem Nibelungenschatz aus und redet statt dessen von einer „Gabe", einem Geschenk also für die Königin, das er ja gerne mitgebracht hätte, wäre er nur reich genug. Das ist schlimme Rede, und noch ungehöriger ist Hagens Antwort auf Krimhilds Frage, wo ihr Eigentum nun wäre: Er habe den Schatz im Rhein versenkt, und dort bleibe er bis an das Ende aller Tage. Dazu sagt er auch noch, Krimhilds habe ja sicher nicht erwartet, daß er ihr Eigentum nach Gran bringe: „Den Teufel bring ich, meine Rüstung ist so schwer, daß ich sonst nichts tragen kann."

Nun macht auch Dietrich Front gegen die Königin, als sie wissen will, wer Hagen gewarnt hat, ja nicht die Waffen abzugeben: „Nur zu, du Teufelin, auch wenn ich es war, der die Könige und Hagen gewarnt hat, du kannst mir aber darum kein Leid antun." Da ist dem guten Kürenberger das Lied wohl zu lang geworden oder die Tinte zu wenig und der Kiel zu kurz: Er treibt nun das Geschehen schnell voran, da er Krimhild und Hagen da schon aneinander geraten läßt. Er baut auch schon vor auf das schreckliche Ende, da er Dietrich die Königin da eine „valadinne" heißen läßt, was wirklich „Teufelsweib" heißt.

Hagen hätte nicht so reden dürfen und Dietrich auch nicht, aber Krimhild wäre den Burgunden ohnedies nicht entgegengegangen, das tat eine Königin nicht. Damals zumindest.

Doch der Kürenberger hat das Lied eben so geschrieben, wenn die drei ersten Abschriften sein Lied richtig wiedergegeben haben; daran ist aber nichts sicher – niemand weiß, ob diese drei Fassungen wirklich auf das zurückgehen, was der Alte aus dem Donautal geschrieben hat, oder ob noch andere Texte zwischendurch entstanden sind in den Schreibstuben zwischen Augsburg und Wien – man weiß von keiner Schrift von seiner Hand.

Krimhild war voll Empörung und Scham darüber, daß diese da – alle ein Nichts gegen ihren ersten Gemahl und auch ihren zweiten, daß die so reden durften mit ihr und daß sie sie nicht zur Rechenschaft ziehen konnte. Sie wußte, daß Etzel wenig Verständnis haben würde dafür, warum sie in Wahrheit die Burgunden und besonders Hagen in Gran haben wollte.

An ihrem Blick erkennen Hagen und Dietrich, was es geschlagen hat, aber „des wirt wol alles rât", also „auch das wird sich lösen lassen", sagt Hagen zu Dietrich.

Einer aus Krimhilds Gefolgschaft, einer aus Worms noch, erkennt Hagen und sagt dem König, das wäre Aldrians Sohn aus Tronje und ein großer Krieger, so friedlich er sich auch verhalte im Burghof da unten.

Da gedenkt Etzel alter Zeiten. An Hagen erinnert sich der König, an den Hagen, der ihm treu gedient und den er danach zum Lohn als freien Mann wieder heim geschickt hatte. Auch an

Walther denkt der König. Der aber war mit Hildegund geflohen. Da hat die Zeit dem König einen Streich gespielt und seine Erinnerung hat ihn getäuscht. Es war ja auch ein Menschenalter her, Hagen war ein Jüngling damals, und heute steht er eisgrau neben Dietrich. Hagen war vor vielen Jahren aus Gran geflohen, als König Guntar dem Etzel Gefolgschaft und Tribut verweigerte. Voller Wut über Hagens Untreue hatte ihm der Hunnenkönig damals eine Schar Petschenegen nachgejagt, die ihn tot oder lebendig bringen sollten, da der Tronjer des Königs Freundschaft so arglistig mißbraucht hatte. Drei Geiseln waren ihm damals entkommen, Hildegund, Hagen und Walther, so geht die Walthersage, aber das hat der Hunnenkönig schon lange vergessen und vieles durcheinandergebracht.
Der Dichter aber nicht: Das Gefecht am Wasgenstein, wo Hagen über König Guntars Bitte seinen Freund Walther angreifen mußte und dabei das halbe Gesicht zerhauen bekam, das läßt er dem Hagen von Hildebrand im Thronsaal noch vorwerfen, daß er damals einen Freund verraten hatte wegen eines Befehls.
Seinen Hagen sieht Etzel also wieder nach langer Zeit, und alles ist gut bis zum Beginn der nächsten Aventiure, wo die Königin schlimm gekränkt wird.

wie pleig er hie gebauet er ist ain gemmer man
Ich lass euch daz wol schauen daz ich nicht gelogen han
Wie sol ich daz erchennen daz er so gemme ist
Dannoch er nicht enweste vil mangen argen list
Den seit die kunigine an wen magen begie
Daz sy ir nie dehainen von dem haus kumen lie
Wol erchant ich alldrianen der waz mein man
lob vnd michel ere er bey mir hie gewan
Ich macht in ze ritter vnd gab im mein gold
Vmb daz er getrewe waz · waz ich im von hertzen hold
Dauon ich wol erkenne alles hagene sint
es waren wol zway weltlichew chint
er vnd von spane walther die wuchsen hie ze man
hagen sant ich wider walther mit kungund entran
Er gedacht lieber mere die waren e geschehen
seinen freunt von troni het er recht ersehen
Der im in seiner jugent starcken dienst enpot
Seit frumpt er im in alter vil mangen lieben freunde dot

XXIX AVENTIURE

Wie Hagen vor ihr nicht aufstand. Oder: Schlechtes Benehmen ist eines, aber eine echte Gemeinheit ist es, einer Witwe die Waffe ihres Mannes zu zeigen, mit der er ermordet worden ist – besonders, wenn man selber der Mörder ist. Und: Der König weiß noch immer nichts oder er denkt eben weiter – schließlich ging auch in seinem Reich die Sonne nicht unter.

Der Streit beginnt damit, daß sich Hagen nicht einmal an ein Mindestmaß an Anstand hält und einfach sitzen bleibt, als die Königin vor ihn hintritt. Schlimmer noch: Auch zu seinem Freund Volker sagt er, er soll vor Krimhild nicht aufstehen. Mit Vorbedacht geht Hagen zuvor im Burghof herum und setzt sich mit Volker auf eine Bank, von der aus er sehen kann, wie die noch immer schöne Königin alles beobachtet. Hagens und Volkers „gewand het geglänzt", denn es waren Harnische, die die beiden trugen. Und wenn man die alten Rüstungen sieht, dann ist zu erkennen, was da geglänzt hat: das mit feinem Sand und Kreide abgeriebene Eisen der Panzer hat das Licht gespiegelt und darum geglänzt. Die Rüstungen mußten andauernd so gepflegt werden, um nicht zu verrosten; man sieht heute noch auf Schloß Ambras hoch über dem Inn, wieviel Arbeit es braucht, daß solch altes Gewand auch wirklich glänzt.

Kein Wunder also, daß Hagen und Volker von den Hunnen wie wilde Tiere angegafft – „angekapfet" wurden: Die Leute Etzels kamen aus Reitervölkern, ihre Kampfweise bestand in schnellem Reiten und Bogenschießen, und dazu hatten sie dicke Lederkoller an, die nicht viel wogen und sie beim Bogenspannen nicht behinderten. Die schweren Panzer der Eisenmänner da wären ihnen nur hinderlich gewesen, und nun hatten sie zwei solche vor sich. Das sahen sie sich gut an für das nächste Mal, für das nächste Treffen, wohin man solche treffen müßte, die nahezu unverwundbar waren.

Das sah aber auch Krimhild, wie protzig die zwei da saßen, und die Miniatur zeigt, wie die Königin vor ihren Leuten zu Hagen und Volker hinuntergeht, nachdem aus ihrer kleinen Eskorte ein Haufen von 400 Mann geworden war. Alle wild entschlossen, der Königin beizustehen.

Auf dem Bild ist Krimhild „unter Krone" zu sehen: Sie will mit dem Zeichen ihrer Würde als Königin den Hagen zur Rede stellen – welch eine Schwäche zeigt da ihr wundes Herz gegen den Panzer von Hagen, den der nicht nur außen trägt, so wie er da sitzt und sitzen bleibt vor der Königin. Er mit dem Balmung aufreizend in der Hand, Siegfrieds Schwert, das er dem toten Nibelungen gestohlen hat. Als Volker sieht, daß Krimhild an der Spitze einer kampflu-

stigen Schar aus dem Palast tritt, da sagt er noch, Krimhild habe sie alle ohne Treue – arglistig also – nach Gran eingeladen.
Was läßt du, guter Kürenberger, den Mann da eigentlich denken, was in Krimhild vorgeht und was er und Hagen zu erwarten haben – Minne für Mord, Güte für Gemeinheit? Es ist nicht Arglist, wenn eine Frau nach Jahr und Tag noch ihrer ersten Liebe treu ist – trotz neuem Gemahl und Kind von dem. Wenn einmal in den Miniaturen, dann hat der Maler auf diesem Bild ein Gesicht so dargestellt, wie Volker sein und denken muß nach den Worten des Dichters: tumb – überheblich und blöde, ein Schlägertyp, der nichts versteht und der blind tut, was sein böser Führer ihm sagt.
Da haben die Alten – der Dichter und der Maler – einmal genau das gleiche gedacht von einer Gestalt, die der eine ersonnen und der andere so dargestellt hat, daß sich ein altes Bild zu alten Strophen fügt.
Was sich nicht fügt, ist das Schwert, das der Maler dem von Alzey in die Hand gibt: Lang ist es wohl, wie im Lied beschrieben, aber nicht krumm wie ein Fiedelbogen – ein Schwert war für den Maler eben ein Schwert und das war für ihn richtig eine Hieb- und Stichwaffe mit gerader Klinge. Krumm scheint nur Volkers Bein wegen des zu langen Panzers.
Darum ist er auf das Wortspiel des Dichters gar nicht eingegangen, Volker sei ein Fiedler gewesen, bei dem auch die Waffe wie ein Fiedelbogen ausgesehen habe. Tumb war der Fiedler für beide – auch die Heurigengeiger sind ja nicht alles kluge Leute.

Hagen steht also nicht auf vor der Königin, und Volker tut es ihm nach. Krimhild beginnt ob der Ungeheuerlichkeit zu weinen, daß Hagen den Balmung, Siegfrieds Schwert, so aufreizend auf seine Knie legt. Die gezeigte Gleichgültigkeit der beiden, sie „sâzen unervorhten“ – ohne Furcht also – ist alles, was ihnen dazu einfällt. Was die Königin sagt, die ganz knapp vor die beiden hingetreten ist „an den Fuß“ vor Hagen, das zeigt nur ihre Hilflosigkeit: Wer hat euch hergerufen, Herr Hagen, ihr hättet nicht kommen dürfen nach dem, was ihr mir angetan habt. Das fordert Hagens kecke, wenn auch richtige Antwort heraus: Niemand hat mich gerufen, ich habe als Lehensmann meine Könige begleitet, wie ich das bei jeder Fahrt zu einem anderen Fürstenhof zu tun pflege.
Nun hat also der Dichter die beiden zusammengeführt, um in ein paar Strophen alles zu erzählen, was bisher geschah. Gewiß hat er sein Lied mehr als einmal unterbrechen müssen an den Höfen, wo er es sang; mag sein, die Nacht war spät geworden und die Kienscheite herabgebrannt, die Köpfe schwer vom Wein und müde schon alle, die ihm zugehört bis dahin.
Krimhild fragt dann Hagen, warum er Siegfried erschlagen hat und wie sie sich diesen Haß verdient, daß sie nun um Siegfried weinen muß bis an das Ende ihrer Tage. Hagen lehnt sich zurück: Was diese Rede noch soll – er sei nun eben Hagen, der Siegfried erschlagen hat als harte Rache dafür, daß Krimhild seine Königin Brunhild eine Kebse genannt hat. Und – seltsam für einen Mann wie Hagen, daß der sagt: „Reiche Königin, es ist nicht abzustreiten, daß ich an dem allen schuld bin, was euch Schlimmes widerfahren ist, ich habe euch viel Leid

angetan". Es wäre aber auch nicht Hagen, würde er nicht gleich dazusagen, jeder könnte an ihm rächen, was er getan habe – alle ran, Mann für Mann.

Das will Krimhild auch, aber ihr Gefolge hat mitgehört, was Hagen gesagt hat und wie. Einer nach dem anderen hält Vorsicht für den besseren Teil der Tapferkeit und auf einmal sagt einer, das wäre ja Hagen, der mit dem Walther von Aquitania für Etzel gefochten habe auf manchem Heerzug, und das so wild, daß keiner wider ihn habe stehen können. Der Kürenberger läßt also einen Hunnen wissen, daß der Walther von Aquitanien aus Spanien war, und das war zur Zeit des Liedes nicht ganz richtig und nicht ganz falsch, da Aquitanien bis an die Pyrenäen reichte und damit an das spätere Spanien grenzte.

Daß der Dichter aber von Spanien redet, ist verwunderlich: Zu seiner Zeit waren südlich der Pyrenäen die Königreiche Navarra und Aragon und die Grafschaft Barcelona. Barcelona war allerdings zur Zeit Karls des Großen die Spanische Mark des Frankenreiches, aber das war bald vier Jahrhunderte, bevor das Lied geschrieben wurde: So sehr hielt sich der Kürenberger an die alte Walthersage, daß es ihm gleich war, daß Walther und Hagen nicht in die gleiche Zeit gehörten – oder aber er nannte Walther darum einen Spanier, weil für ihn die Walthersage zu einer noch älteren Zeit gehörte: Das Reich der Westgoten auf der Iberischen Halbinsel reichte bis zum Anfang des 8. Jahrhunderts tatsächlich über die Pyrenäen nach Norden und grenzte dort mit seiner Provinz Septimanien an das Reich der Franken. Damit hatte er dann einen Zusammenhang von Walther und der Burgunden Land.

Mit solchen Reden machen sich die Hunnen hinter Krimhild Mut zum Rückzug und lassen die Königin allein, die dann auch wieder in den Palast geht. Dort empfängt Etzel seine Gäste. Die werden von Dietrich hereingeführt, Gunther an seiner Hand voran und die anderen dahinter, weit mehr als tausend. 1000 Mann, sagst du, guter Alter? Das war dann ein anderer Thronsaal als das, was heute noch in Gran – Esztergom zu sehen ist, da gingen 1000 Mann wohl nicht hinein. Aber du wirst sicher auch da recht haben: Damals waren die Leute kleiner und die Thronsäle sicher größer.

Etzel sieht Gunther kommen und geht ihm entgegen. Er grüßt den Burgundenkönig so freundlich, „wie es von Königen nie mehr geschah" und er heißt auch die Gefolgschaft herzlich willkommen. Hagen und Volker begrüßt er mit Namen. Hagen ist klug genug, zu erkennen, daß es der Hunnenkönig ehrlich meint mit seinen herzlichen Worten und sagt, er wäre auch ohne seine Könige gerne zu Etzels Ehre gekommen. Rüdiger erzählt Etzel, wie liebe Gäste die Burgunden seiner Frau und seiner Tochter gewesen wären, und daß sie den freundlichen Empfang nun redlich verdienten.

Das sagt der Dichter, damit ja alle wissen, daß Rüdiger auch wirklich mit den Burgunden von Bechelaren nach Gran geritten ist. Er erwähnt den Herrn von Bechelaren nirgends vorher auf der Reise und auch nicht dort, wo Dietrich den Burgunden entgegenreitet, um sie noch vor Krimhild zu warnen. So sind sie alle nun zusammen zur Sonnenwende im Sommer in Gran, wie es Krimhild erdacht und Etzel erbeten hatte, und es war ein großes Gelage am Hofe des Königs der Hunnen an der Donau.

XXX AVENTIURE

Wie Hagen und Volker Schildwache standen. Oder: Mangels guten Gewissens kann der Kanzler ohnehin nicht schlafen, und so macht er aus der Not eine Tugend und paßt auf seine Herrschaft auf.

Das Fest geht zu Ende und die Gäste sind so müde, daß Gunther König Etzel bittet, er möge ihn entschuldigen – „urloup geben", er möchte sich zur Ruhe legen. Man sieht, mit unserem Urlaub hat Gunthers Bitte nichts zu tun, er meint „mit Verlaub, guter Etzel, es ist spät geworden und wir möchten schlafen gehen". Der König nickt in Güten und die Gäste stehen auf und sind gleich von einer Schar von Leuten umgeben, die ihnen zu Diensten sein wollen. Ungezogen schreit Volker diese Leute an, sie sollten ihm und den anderen nicht zu nahe kommen, er würde sonst gleich losschlagen. Hagen schickt alle fort, von denen niemand weiß, was sie wollen – es versteht einer den anderen nicht. Daß aber keiner von denen auf sie losgehen würde, das weiß Hagen. Die Gäste werden in einen großen Saal geleitet, wo alles für sie hergerichtet war.

In der Miniatur im Kodex ist zu sehen, „wie sie der sciltwaht pflâgen", wie also Hagen und Volker Nachtwache halten. Einen Saal zeigt der Maler und darin Betten mit Baldachinen für die müden Männer, die da zur Ruhe liegen und die Lampe gar nicht mehr angezündet haben, die zwischen zwei Betten an der Wand hängt, mit metallenen Spiegeln für die Kerze und mit einem Blendschirm davor. Die Tuchenten sind aus Seide und die Kopfkissen haben ein Muster wie in „Paier lant", das hat der Maler wieder in blau und weiß gezeigt.

Ein gewissenhafter Meister war der aber nicht: In der ersten Hälfte des 15. Jahrhunderts, als diese Handschrift entstand, da gab es an der Donau schon weit genauere Darstellungen von Gebäuden als in den Miniaturen des Kodex. Der Flügelaltar im Schottenstift in Wien ist aus der gleichen Zeit und da ist zu sehen, wie gut man sich damals schon auf Fluchtpunkte und Linien verstand, die größer sein lassen, was dem Betrachter näher ist. Dem Maler der Miniaturen war es jedoch scheints wichtiger, Hagen und Volker auf Wache zu zeigen, in voller Rüstung, aber ohne Helme – Helme haben die Hunnen auf, die draußen vor dem Saal stehen und woran zu erkennen ist, zu welch einer Art von Dienst sie bereit sind.

Das denkt auch Volker, der sich angeboten hat, Hagen nicht allein zu lassen. Er nimmt wie Hagen seinen Schild mit auf die Nachtwache. Die Schilde zeigt der Maler nicht und auch nicht die Fiedel, die Volker dann zur Hand nimmt, wo die beiden auf den Stufen vor dem Saal sitzen.

Süß und sanft, erzählt der Kürenberger, spielt Volker von Alzey die Männer in den Schlaf. Die Männer, die sich sorgen, wie der nächste Tag werden wird, wenn schon mitten in der Nacht so viele von den Hunnen draußen in Eisen gehen.

Des ist der kunginne vil michel trauren benomen
Mich nimpt des immer wunder waz ich ew hab getan
So mangen gast vil edel den ich gewunnen han
Daz ir me geruchet ze kumen in mein lant
Daz ich ew nun gesehen han daz ist ze frewden mir gewant
Des antwurt im rudiger ain ritter hochgemut
Ir mugt sy sehen gerne ir trewe ist so gůt
Der meiner frawen mage so schon chunnen pflegen
Sy pringent euch ze hause mangen herlichen degen
Ze sunnwenden die herren waren chomen
In etzeln hof des reichen vil sellten ist vernomen
Von so hohem grůsse als er die held enpfie
Nun was es essens zeit der kunig mit den gesten gie
Ein kunig bey seinen gesten schoner nie gesaz
Man gab in volleclichen drincken unde mas
Alles des sy gerten des waz man in berait
Man het von den helden vil michel wunder gesait

Wegen der vielen Bewaffneten legt Volker die Fiedel weg, und er sagt zu Hagen, daß die wohl angreifen wollten – „ich waene si wellent uns bestên“. Nur ruhig, meint Hagen, wenn sie das wirklich tun, dann werden wir sie der Krimhild gleich zurückschicken, und das mit zerschlagenen Helmen.

Die Hunnen draußen bemerken „vil schiere“, ganz schnell also, daß Hagen und der Fiedler da auf Wache sind und drehen um. Vor Volker müßten sie nicht zurückgehen. Der will sie alleine zur Rede stellen, aber Hagen läßt ihn nicht: Volker wäre da gleich verloren, wo die so zahlreich stehen und er, Hagen, müßte ihm dann beistehen. Dann könnten aber „ihrer zweie oder viere“ von den Hunnen in den Saal und unter den Schlafenden ein Blutbad anrichten. Volker darf aber den Hunnen zurufen, warum sie unter Waffen wären und ob sie zum Morden kämen, Bösewichter wären sie und feige.

Von Hagens Speer in Siegfrieds Rücken hat er wohl nichts gehört und auch nicht verstanden, daß der gleiche Speer der betrogenen Liebe und Treue jetzt auf ihn gerichtet ist, auf Hagen und auf alle in Gunthers Heergeleit.

Die Hunnen gehen davon und Krimhild ist darum verzagt.

Verzagt muß auch der Herr Hundeshagen gewesen sein: Darüber, daß auch auf dieser Miniatur wieder dem Hagen ein unförmiger Helmbusch aufgesetzt wurde in späterer Zeit und ein Bart, wie ihn der Meister mit dem Marderpinsel wohl nie gemalt hätte.

XXXI AVENTIURE

Wie sie zur Kirche gingen. Oder: Das Sonntagsturnier ist diesmal anders als sonst, weil dabei ein Hunne erstochen wird. Und: Der Kanzler redet bös, und keiner seiner drei Könige schreit ihn an, er soll das Maul halten.

Bald ist es Morgen und die Wache vorüber für Hagen und Volker. Sie wecken nun alle, die sie im Schlafe bewacht haben und gehen mit ihnen in das Münster zum Hochamt. Daß sich dazu alle festlich kleiden, mißfällt Hagen: Sie sollten in Eisen gehen und statt Blumen Waffen mit sich nehmen. „Nu traget für die rôsen diu wâfen an der hant". Das Verständnis für diese Worte ist heute nicht mehr so schlecht wie vor 150 Jahren, als eine Übersetzung des Liedes geschrieben wurde, in der die rôsen als „Rosenkränze" angesehen werden.

Laß sie, liebwerter Alter, du und ich haben keinen Rosenkranz und keine Gebetsmühlen!

Daß das Lied so geht, wie es dann kommt, dazu müssen die Burgunden ihre Rüstungen auch zum Kirchgang tragen, um Etzel Anlaß zu der Frage zu geben, wer seinen Gästen etwas zuleide getan habe, daß sie so in Waffen kämen. Dazu also müssen die Burgunden in Waffen gehen und auch, damit zu sehen ist, daß der König der Hunnen wirklich nicht weiß, was jetzt vor seinen Augen geschieht.

Hagens Antwort ist nun anders als damals in Island vor langer Zeit, da Gunther um Brunhild geworben hatte: Damals war noch der starke Nibelunge bei ihnen und der riet, die Waffen alle herzugeben, um Frieden zu halten. Hagen aber erklärt Etzel arglistig, das sei ein alter Brauch in Worms, die ersten drei Tage die Harnische nicht abzulegen, auch nicht als Gast an einem fremden Hof. Dazu kann Krimhild nichts sagen, die daneben steht: Etzel darf nicht erfahren, was sie plant, und so geht sie schweigend zum Dom.

„Wie si ze kirchen giengen", zeigt der Dichter wieder die schlimme Art des Tronjers, nachdem der schon vor der Königin nicht aufgestanden war: Er geht mit Volker zwei Handbreit hinter Krimhild und drängt ihren Hofstaat davon. Das ist eine arge Ungehörigkeit, sich vor das Gefolge Krimhilds zu stellen und der Königin gerade nicht auf den Saum ihrer Robe zu treten. Die Kämmerer Etzels wollen die Bewaffneten der Hunnen schon eingreifen lassen, aber sie wagen nicht, anderes zu tun als ihr König, und der zeigt Verständnis für die eckigen Bewegungen der beiden Gepanzerten vom Rhein, die da in das Gefolge schwenken. Dem großen Heerführer erscheint das nicht weiter schlimm, der ist anderes gewohnt, weil er schon viel ärgeres gesehen hat.

Nach dem Hochamt will Volker bei einem Turnier zeigen, daß er außer dem Fiedelbogen auch das Stechzeug führen kann, und er rät zu einem Buhurt. Sechs mal hundert Reiter kommen

Aventeür wie sy des morgens ze dem münst(er) giengen

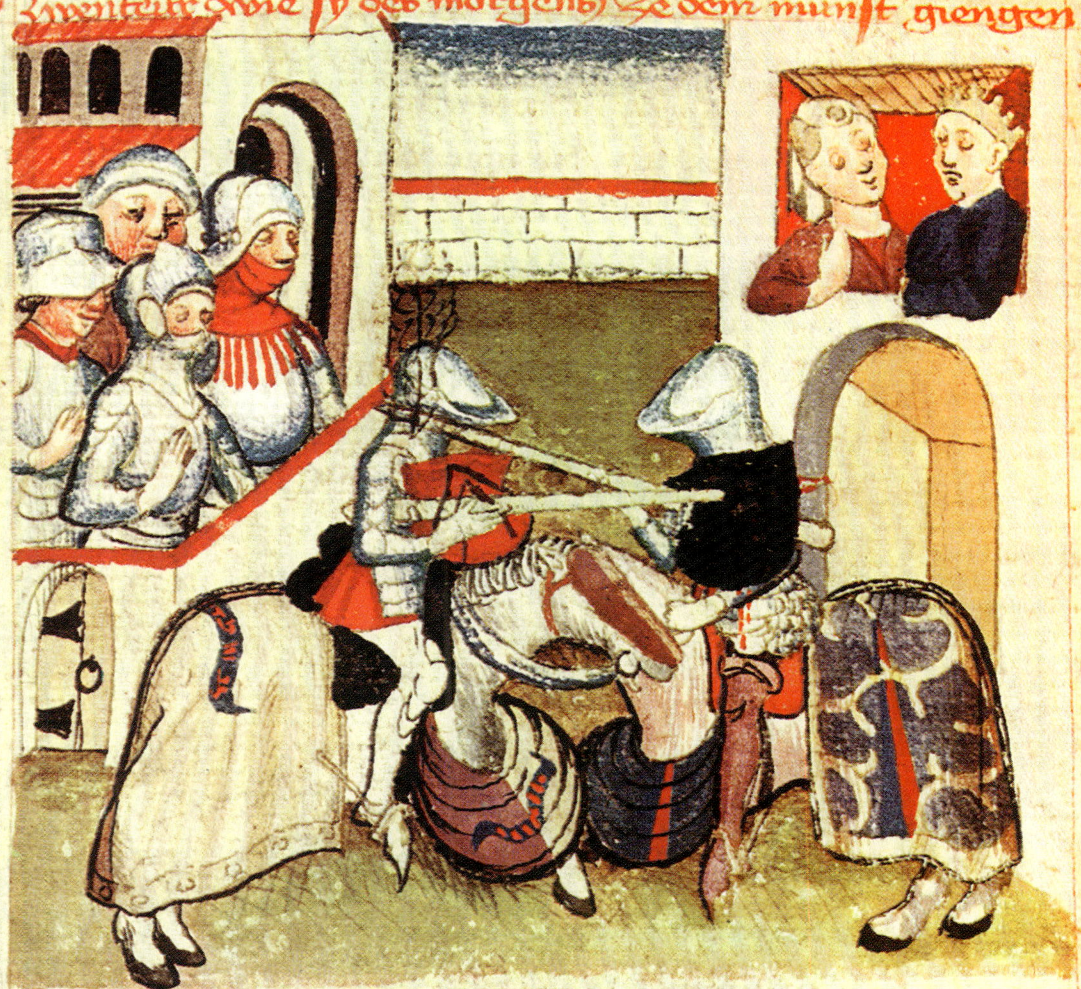

Mir kulent die enige so sprach volker
Ich wen uns nicht welle die nacht weren m(er)
Ich keüs es an dem lufte es ist schier tag
Da wackten sy vil mangen der noch schlaffende lag
Do erscham der liechte morgen den gesten in den sal
Hagen begunde wecken die ritter überal
Ob sy zu dem munster ze messe wollten gan
Nach siten kristenleichen man lewten began
Sy sungen ungeleiche daz da vil wol scham
Kristen unde haiden die waren nit enain
Da wollten zu den kirchen die gunthores man
Sy waren von dem pete all geleich gestan
Da näten sich die recken in also gut gewant

zu dem Waffenspiel. Als Dietrich davon erfährt, da läßt er seine Leute nicht mitreiten. Rüdiger hört zu spät vom Verbot Dietrichs, auch er will nicht teilnehmen am Stechen, aber seine Reiter sind nicht mehr aufzuhalten, und so muß der Markgraf denen nachreiten, um ihnen zu sagen, die Burgunden hätten Streit im Sinn und es wäre ihm lieber, daß seine Leute umkehrten und nicht mitritten.Für die Abziehenden aus Osterrîchi kommen Dänen und Thüringer und messen sich mit den Reitern der Burgunden. Auch Blodelin kommt zu Ehren von Krimhild und Etzel und mit ihm hohe Herren aus dem Gefolge des Königs: Schrutan und Gibich und Hornboge mit Ramung, dem Herzog der Walachei. Alle reiten harte Gänge, es war aber nur Lärm, „niwan schal", von Stoß und Schlag auf den Schild wurde keiner verletzt.

Das Rennzeug schützte Roß und Reiter, wie in der Miniatur im Kodex zur XXXI Aventiure zu sehen. Volker aber reitet auf einen reichen Hunnenritter los und sticht ihm seinen Speer durch Schild und Panzer. Die beiden Kämpfer haben da Rüstungen und Helme, wie sie der Kürenberger selber aber noch nicht gekannt haben kann: Klappvisiere kamen erst viel später auf, und auch die Roßharnische wie auf dem Bild waren zu Ende des 12. Jahrhunderts noch nicht in Gebrauch. Der Maler der Miniatur hat eben das gezeichnet, was er selber gesehen hat.

Daß Volker den Hunnen ersticht, das macht den König Etzel traurig, wie ihm auf seinem Söller anzusehen ist – Krimhild aber zeigt ein zufriedenes Gesicht. Der erste Streit hat begonnen, voll Blut ist der Hunne und zu Tode gestochen von Volker in seinem Übermut. Etzel schlichtet den Streit, der sich daraus ergibt, da ein Vetter des getroffenen Hunnen nun auch mit einem scharfen Speer anreiten will auf Volker, wie der vordem auf den Hunnen.

In der Miniatur ist zu sehen, daß Volkers Speer scharf ist und schon rot vom Blut, die Lanze des Hunnen ist aber nur eine von einem stumpfen Rennzeug. Erst später, als der Kodex vielleicht in Augsburg oder Geislingen den Kindern eines vermögenden Mannes, der Sigmund oder Degenfeld geheißen haben soll, als Bilderbuch in die Hand kam, da wurde wohl dem Volker ein Helmbusch und dem Hunnen eine Lanzenspitze dazu gemalt. Vorher war seine Lanze stumpf und nur zum Spiel: Nur Volker hatte so wenig Anstand, gegen den Wehrlosen einen scharfen Speer zu verwenden.

Noch etwas hat der Maler der Miniatur nicht beachtet: daß zum Stechzeug kein Eisenhut getragen wurde. Das wäre selbst bei stumpfen Lanzen ein tödlicher Leichtsinn gewesen, wenn der Mann hinter Gunther in seinem scharlachroten Koller wirklich im Buhurt mitreiten will.

König Etzel hat den Streit um den erstochenen Hunnen schnell geschlichtet und das Turnier zu Ende gebracht. Er geleitet die Burgunden zurück zum Palast und bittet Gunther und seine Leute dort zu Tisch.

Bevor die Gäste ihre Sitze zugewiesen bekommen, geht Krimhild auf Dietrich zu und bittet in ihrer Sache um Hilfe. Der weiß, daß es der Königin noch immer um die Rache für Siegfrieds Tod geht, das muß sie ihm nicht erst sagen.

Das weiß sogar Hildebrand und redet drein zwischen Königin und König. Und Dietrich weist ihn nicht zurecht, wenn der sagt, daß er um kein Geld der Welt gegen die vom Rheine vom

Leder ziehen wird. Seltsam, daß er so reden darf, bevor sein König zu Krimhild sagt, daß die Burgunden da in Gran Gastrecht haben und daß er Siegfrieds Tod nicht rächen will.

Es mußte so sein, daß Dietrich an Etzels Hof jeden Streit vermied: War er der Sage nach doch der König der Ostgoten, jener Theoderich also, der einst über Italien herrschte.

Dieser König der Lamparten soll von Kaiser Ermanarich gezwungen worden sein, auf Krone und Reich zu verzichten und außer Landes zu gehen. So sei Dietrich als König ohne Land an Etzels Hof gekommen, wo er als Heerführer des Hunnenkönigs sich große Verdienste erwarb. Dietrich erwidert der Königin, daß er die Hand nicht erheben will gegen Leute, die „auf Gnade", im Vertrauen auf das Gastrecht also, nach Gran gekommen sind.

Das ist zu verstehen bei einem Manne, der selbst auf das Gastrecht am Hofe des Hunnenkönigs vertraut hatte seit vielen Jahren und darin nie getäuscht wurde: So geht die Sage von Dietrich von Bern.

Krimhild findet also in dem Berner keinen Verbündeten gegen ihre Feinde und bittet darum den Bruder von Etzel, Blodelin, ihren Siegfried zu rächen.

Sie verspricht ihm dafür Nudungs Mark im Westen von Etzels Reich und die Hand von dessen schöner Witwe, der Schwiegertochter von Rüdiger. Die Mark von Nudung, dessen Schild die schöne Gemahlin von Rüdiger erst ein paar Tage zuvor Hagen als Gastgeschenk gegeben hatte.

Als Blodelin von so reicher Belohnung hört angesichts der Überlegenheit der Hunnen und der geringen Aussicht der Burgunden auf Verstärkung, da verbindet er das Angenehme mit dem Nützlichen: Er meint, „König Etzels Weib" zu gehorchen und seinem Bruder das Reich der Burgunden zu erobern, die er gleich „Feinde" nennt und deren Land und Krone herrenlos sind, wenn einfach nur das getan wird, was Krimhild von ihm will.

Das ist nicht ehrlos, würde der Dichter uns heute sagen, so ist das Leben allemal und schon gar, wenn es um viel geht.

Blodelin weiß, was er will und was er zu tun hat. Krimhild weiß das auch und geht danach zu Tische. Den kleinen Ortlieb läßt sie in den Königssaal bringen. Sie denkt, daß Blodelin nicht nur zugesagt hat, sondern auch tun wird, was abgeredet ist, und daß dann der sicherste Platz im ganzen Palast für ihr Söhnchen an Etzels Seite sein wird.

Da Etzel nun seinen Augenstern sieht, da freut er sich und sagt seinen Gästen, welch glänzendes Leben vor dem Kleinen liegt. Es wäre ihm auch lieb, meint er, wenn die Burgunden ihn mitnähmen nach Worms und ihn dort liebevoll behüten und erziehen würden.

Hagen aber sagt dem König, der junge Ortlieb sei so schwächlich, er möchte in Worms lieber nicht nach ihm sehen.

Für alles, was Hagen bisher getan hat, hat der Dichter eine Begründung, für seinen Speer in Siegfrieds Rücken wegen der Beleidigung von Brunhild und auch für Hagens Raub des Nibelungenschatzes wegen der Gefahr für die Burgunden, wenn Krimhild so viel Gold hätte, daß sie sich eine übermächtige Gefolgschaft kaufen könne.

Selbst die Beleidigung Krimhilds durch Hagen, da er vor ihr sitzen bleibt und ihr Siegfrieds Schwert hinhält: Auch das noch sollten alle gutheißen. Und sie haben es auch verstanden.
Aber jetzt wendet sich der Dichter ab von Hagen von Tronje, und man versteht das: Der Hagen, der seinen Gastgeber in das Herz trifft – „er betroubte îm das herze und beswârte im den muot", das ist nicht ein treuer Hagen, nun zeigt er seine Fratze nicht mehr nur im Gesicht. Mit nichts hat Etzel solche Niedertracht verdient, die „den Fürsten allen und dem künege wê" tat.
Unfaßbar eigentlich und nicht zu verstehen, was der Herr von Kürenberg da schreibt – daß ein Lehensmann vor seinem König den Gastgeber beleidigen darf, indem er über dessen kleinen Sohn so niederträchtig redet. Und keiner der reichlich vorhandenen Könige, Gunther, Gernot und Giselher von den Burgunden und auch nicht der so ehrbewußte Dietrich von Bern und auch nicht König Gibich – springt auf und schreit, man soll den Hagen von Tronje hinausführen und in Eisen legen, in den Block mit dem Tronjer!
Niemand an der Tafel hat Verständnis für Hagens böses Gerede über den kleinen Prinzen, das ihm vor den Königen nicht zusteht und das jedes Gastrecht verletzt.
Auch wir verstehen nicht den Sinn von Hagens Rede, wohl aber, daß diese Kränkung von Etzel und Krimhild die Vorstufe für das nächste ist, was Hagen tun wird.

XXXII AVENTIURE

Wie Blodelin erschlagen wurde. Oder: Einen Angriff ohne Befehl darf man nur machen, wenn man ganz sicher ist, daß die Sache gut ausgeht. Im Falle des Blodelin ist das aber ganz anders.

Als Blodelin mit 1000 Gepanzerten in den Saal mit dem Gefolge der Burgunden stürmt, die von Dankwart geführt werden, will er tun, was er der Königin versprochen hat: Zuerst die große Zahl der unbewaffneten Knechte niedermachen und dann die wenigen Herren von denen, die ihnen nicht mehr dienen können.

Den Streit, den Blodelin mit Dankwart beginnt, beendet der mit einem Schwertstreich, der Etzels Bruder das Haupt zu Füßen legt – Hagens jüngerer Bruder führt eine scharfe Klinge und sagt dabei, daß das seine Morgengabe für Blodelins Hochzeit mit Nudungs Witwe wäre. Woher er deren Namen weiß? Von einem Hunnen, der Etzel treu ergeben und darum gegen Krimhilds Pläne war? – Er weiß es halt, halten zu Gnaden.

Als die Hunnen sehen, daß Blodelin tot vor Dankwart liegt, da fallen sie über die Knappen der Burgunden her, die sich nicht wehren können: Die hatten ihre Waffen nicht bei sich. Hagens Erklärung des Waffentragens während der ersten drei Gasttage galt wohl nur für die, die in Eisen gingen, nicht aber für die Knechte, die nur Lederkoller hatten.

Die wehren sich aber so gut es geht und das geht so gut, daß es ihnen gelingt, die Hunnen aus dem Saal zu drängen. Von denen nun hören Etzels Geharnischte, daß Blodelin von Dankwart erschlagen ist, und ohne daß Etzel auch nur ein Wort zu hören bekommt, was sein Bruder angerichtet und mit Leib und Leben bezahlt hat, da rotten sich 2000 Mann von den Hunnen zusammen und stürmen in den Knappensaal. Von denen, die noch darin waren, entkommt ihnen keiner außer Hagens Bruder – auch die 12 Gepanzerten in des jüngeren Tronjers Dienst liegen bei den toten Knechten.

Wie das zuging, ist im Kodex des Helfrich Bernhard Hundeshagen in der Miniatur zur XXXII Aventiure zu sehen: Die wahrhaft bis an die Zähne bewaffneten Hunnen schlagen mit Schwertern „zu anderthalb Hand" auf die wehrlosen Rheinländer ein, die sich mit Bänken und Stöcken zu schützen suchen. Wer da eine Krone trägt auf der Seite der Burgunden, ist nicht zu verstehen, „Marschall" war dort Dankwart, und der war von Tronje, einer kleinen Herrschaft im Frankenland; entfernt verwandt wohl über seinen Vater Aldrian mit den Burgunden, aber eine Krone hat Dankwart nicht und auch kein anderer, der bei den Knappen saß.

Der Maler hat wohl andere Geschehnisse im Kopf gehabt, als er die Miniatur schuf: Das Gemetzel, als Dankwart den Leuten des Blodelin und deren Verstärkung „mit harter Not" entkommen war, und wie später die Burgunden über die Gäste des Hunnenkönigs herfielen.

Aventeür wie danckwart plodlin schlüg

Plödelines recken die waren alle gar
mit dausent halssperge hüben sy sich dar
Da danckwart mit den knechten ab dem dische sas
Da hüb sich under frunden der aller groste has
Also der herre plodel für die disthe gie
Danckwart der schnelle in fleissiklich enpfie
willechomen ze hause mein herr plodlein
Da wundert mich der mere waz sol die rede sein
Ja durft ir mich nit grüssen so sprach plodlein
wann ditz chumen daz meine daz müs dein ende sein
Durch hagen deinen prüder der Seifriden schlüg
Des engiltest du zü den hunen vnd ander degen genüg
Naina her plodel sprach da danckwart
Da mage vns wal palde rewen dise vart

Im Königssaal, im Thronsaal also, da hätte sich mehr als nur einer mit einer Krone gefunden, und auch wie im Bild Gepanzerte. Aber nicht mit Rüstungen, wie sie im Westen, in Augsburg oder Innsbruck später gemacht, „geschlagen“, wurden: Die Reisigen mit Langschwertern, die bei den Hunnen nicht in Verwendung waren und die schweren Panzer, die da zu sehen sind, die hätten die Pferde der Hunnen nicht soweit tragen, und die Schwerter hätten die Burgunden im Saal nicht führen können.

Wohin es auch gehört, das kleine Bild, auf dem die einen in schwerer Rüstung auf Unbewaffnete einschlagen: Ob der betreten die Augen senkende König nun Etzel sein soll – eine Krone trägt er ja – und neben ihm Krimhild Platz genommen hat, oder ob da wirklich Blodelin über die Knechte der Burgunden herfällt, ist nicht zu erkennen.

Dem Schreiber des Kodex aber war es recht, daß sein Maler das Bild, so wie es ist, an dieser Stelle eingefügt hat. Er selbst schrieb mit roter Tinte „Awenteur wie danckwart plodlin schlug“ und malte dazu schwungvolle Verzierungen, bevor er weiterschrieb, daß „Blodelins Recken mit tausend Halsbergen zum Angriff fertig waren“.

Dankwart ist am Ende alleine gegen alle Hunnen, die seine Knappen erschlagen haben und wehrt sich seiner Haut, bis er endlich das Tor erreicht. Und über den Hof zum Palast rennt mit einer Blutspur hinter sich.

XXXIII AVENTIURE

Wie die Burgunden mit den Hunnen kämpften. Oder: Endlich weiß auch der König um den Ernst der Lage, da ein Gast seinen kleinen Sohn geköpft hat. Daß nicht diese Burgundenschande anstelle der angeblichen Nibelungentreue berühmt geworden ist – wer soll das verstehen!

Alleine steht Dankwart dann auch vor den Saalwachen, die ihm den Eintritt zu Etzels Festmahl verwehren wollen; nicht lange aber, denn er hat gerade ganz anderes hinter sich als eine hochmütige Schweizergarde, die er zur Seite schlägt, und endlich in den Saal tritt, wo alle festlich tafeln.

Da schreit er seinen Bruder an, Hagen sitze ruhig da und im Knappensaal lägen alle Ritter und Knechte, „alle“ keucht er, „tot erschlagen“.

Als Hagen nun versteht, daß von den Burgunden nur mehr die leben, die da in Etzels großem Saale sind, weist er Dankwart an, keinen hinauszulassen von den Hunnen. Mit denen will er reden, wie es die Not verlangt.

Nicht Gunther, nicht Gernot und Giselher, und auch Etzel nicht, keinen redet Dankwart an, nur seinen Bruder. Und auf die Meldung von Dankwart hin sagt auch keiner etwas, keiner auch nur ein Wort. Etzel nicht, dem es einzig zustünde, Befehle zu geben in seiner Burg und auch Gunther nicht, der Dankwart fragen müßte, was denn nun wirklich vorgegangen war und warum sein Panzer naß ist vor lauter Blut.

Nur Hagen: er sagt Dankwart, was der zu tun hat, und er allein entscheidet wild und ohne Besinnen über das Schicksal der Burgunden und über sein eigenes.

Hagen rennt hin und reißt den kleinen Ortlieb an den Haaren in die Höhe, zieht den Balmung und schlägt dem Kind den Kopf ab, daß der der Krimhild in den Schoß fällt.

Mord an einem Kind, am Sohn des Gastgebers noch dazu, und Gunther läßt den Mörder wieder nicht sofort in Eisen legen und in irgendein Verlies werfen!

Erst später stehen die drei Burgunden-Könige von den Tischen auf und versuchen den Streit zu schlichten, aber da hat Hagen schon den Hofmeister erschlagen, der dem kleinen Ortlieb noch zu Hilfe eilen wollte und Wärbel verstümmelt und eine große Zahl von Hunnen erstochen. Das kann Volker nicht mit ansehen, ohne nicht auch wild dreinzuhauen.

Nichts richten Gunther und Gernot aus in dem Getümmel und dem Geschrei der Wehrlosen bei den Hunnen und den Gästen aus Etzels Kronländern.

Da nun keiner auf Gunther hört, beginnt der selber „durch die lichten ringe den vianden sîn“ einzuschlagen. Es fragt sich nur, welche „Feinde“: es gibt keine, die anderen Gäste im Saal sind alle nicht bewaffnet wie die Burgunden, von denen Hagen den Hunnenkönig

belogen hat, es sei ihr Brauch, an fremden Höfen die ersten drei Tage unter Waffen zu gehen. Von den anderen Gästen erfährt man nicht, daß auch sie Waffen bei sich gehabt hätten beim Festmahl. Das wäre ihnen sicher nicht erlaubt worden.
So streng waren die Bräuche allemal in Gran und überall bei Hofe.
Da haben Hagen und Volker leicht wüten gegen Wehrlose, die nur Prunkharnische tragen, als Zeichen von Macht und Pracht, aber weder Helm noch Waffe dazu.
So schlimm geht es zu im Saal, daß selbst der schlachterprobte Etzel „vil angestliche saz". Krimhild faßt sich da ein Herz und ruft Dietrich zu Hilfe und der brüllt mit einer Stimme „wie aus einem Wisenthorn" so laut, daß ihn Gunther hören muß und auch alle anderen.
Da endlich hält Gunther inne und fragt den Berner, ob ihn einer der Burgunden angegriffen hätte, das täte ihm leid.
Nein, sagt Dietrich, aber er möchte aus dem Saal mit seinen Leuten und er wäre Gunther dankbar, gehen zu können.
Diese Bitte scheint Wolfhart seines Königs unwürdig und der Neffe von Meister Hildebrand sagt laut zu seinem König, er brauche nicht zu bitten, Volker da an der Türe könnte die Amelungen ohnedies nicht aufhalten, wenn sie hinaus wollten.
Dietrich hat schon zu viel gesehen an Blut und Eisen da und anderen Ortes, um nicht Streit vermeiden zu wollen und er herrscht Wolfhart an, der soll still sein.
Ein Unsinn ist das, das muß Wolfhart doch einsehen: Hagens Arglist hat bewirkt, daß die Burgunden genug Waffen haben und Dietrichs Leute nichts bei sich, womit sie sich gegen die Rheinländer halten könnten.
Gunther erlaubt Dietrich, den Saal zu verlassen mit denen, die er mitnehmen will, nur keinen von den Hunnen. Da redet keiner vom Mord an Ortlieb und den vielen Erschlagenen im Saal, nur das Entkommen zählt bei den einen und das Warten auf das weitere Schlachten bei den anderen. Dietrich geht mit seinen Amelungen und mit Krimhild und Etzel, die er beide an der Hand führt, um Gunther keine Gelegenheit zur Widerrede zu geben, daß er von den Hunnen den König und die Königin in Sicherheit bringt.
Rüdiger sieht Dietrich den Saal verlassen und bittet die Burgunden, ihm folgen zu dürfen. Bevor noch jemand dem von Bechelaren antworten kann, bittet ihn Giselher, er soll mit seinen Freunden ohne Sorge sein und gehen. Wie niedrig Volkers Art ist, beschreibt der Dichter mit dem Gang Etzels aus dem Saal. Ein Hunnenritter will dem König Geleit geben, zum eigenen Nutzen wohl auch in Etzels Nähe sein – gleich springt der von Alzey herbei und schlägt dem Wehrlosen den Kopf ab, der dem Etzel vor die Füße fällt.
Es hätte dessen aber nicht bedurft, um Volker als üblen Mann zu beschreiben. Der ist ein eiserner Mann, wenn es gilt, die Wehrlosen im Saal zu erschlagen. Das tut er denn auch gemeinsam mit Hagen und den anderen aus Worms.
Am Ende der XXXIII Aventiure ist also alles getan, was Krimhild Schreckliches widerfahren kann von Hagen, nun ist auch ihr kleiner Ortlieb erschlagen, dessen blutiges Haupt sie wohl mit sich aus dem Saal getragen hat.

XXXIV AVENTIURE

Wie sie die Toten hinunterwarfen. Oder: Der Etzel entkommt zwar dem Gemetzel, aber nur, um auf den Tod beleidigt zu werden. Daß er eine Witwe geheiratet hat, das übersieht er dabei.

Zu Beginn dieser Aventiure erzählt der Kürenberger, daß die Burgunden die Toten und die Verwundeten aus den Fenstern des Saales und auf die Stiege vor dem großen Tor werfen. Wer nicht schon erschlagen war, der kam davon zu Tode, daß er hinunterfiel. Das sehen die Verwandten derer, die da als Leichen liegen und beklagen sie alle. Volkers ungute Art zeigt der Dichter auch da wieder, da der von Alzey die Hunnen feige nennt, die sich doch um die Schwerverwundeten sorgen sollten.

Wir verstehen wohl, was Volker mit seinem grausigen Geschwätz in Wahrheit will: Die Hunnen sollten die Todwunden pflegen, die allesamt aus dem Saal weit hinunter geworfen waren, und denen jetzt nicht mehr zu helfen war. Volker ersticht einen hunnischen Markgrafen, der einen Verwandten gesehen hatte unter den blutenden Leichen, der sich noch bewegte und ihn darum auf den Armen wegtrug. Und diesen Wehrlosen ersticht der Mann ohne Anstand und Verstand.

Der Maler hat das Geschehen etwas anders dargestellt. Aus den Fenstern und aus dem Tor werfen die Burgunden zwar wie im Lied die Erschlagenen hinunter, die unten in ihrem Blut liegen. Auch der hunnische Markgraf ist zu sehen, der seinen Verwandten auf den Armen wegzutragen versucht, bis ihn Volker trifft. Das tut der auf dem Bild mit einer Armbrust und die hat Volker sicher nicht bei sich im Saale gehabt. Bei aller Nachsicht Etzels für die von Hagen erlogenen Burgundenbräuche: Schwerter und vielleicht einen Speer, der als Hellebarde und als Ehrenwaffe getragen wurde, aber – halten zu Gnaden, guter Kürenberger – wir lesen, Volker „schoß“ den mutigen und barmherzigen Hunnen zu Tode über dem schwer Verwundeten, den er in Sicherheit bringen wollte.

Ob der Maler nun irrtümlich zum zweiten Mal einen Pfeil statt eines „Gers“, eines Speeres also, malt entgegen dem, was der Dichter geschrieben hat? Wohl nicht – dem Hagen hat er sicher mit Absicht einen Bogen in die Hand gegeben und damit zeigen wollen, daß der aus Tronje damals zu feige war, näher als für einen Pfeilschuß an den Nibelungen heranzugehen. Für den Spieß hat sein Mut nicht gereicht, meint der Maler.

Und so gibt er auch dem Volker, der da den wehrlosen Hunnensamariter ersticht, statt des Speers eine Armbrust in die Hand, und das hat eine besondere Bedeutung: Wie beim Meuchelmord des Hagen ist da beim Volker die Schußwaffe ein Zeichen der Geringschätzung, der Verachtung gar. Darum gibt der Maler dem Volker also eine Armbrust in die Hand, eine

Videlt mit den hunen der zu den diren gat
es ist am roter anstrich den er ze videlbogen hat
Mich rewet ane masse so sprach hagene
Daz ich mich han gescheiden von disem degene
Ich was sein geselle vnd auch er der mein
cham wir haim jmmer daz solt wir noch vil gerne sein
Nun schaua chunig here volker ist dir holt
er dienet willeclichen dein silb' vnd dein gold
Dem videlbog im schneidet durch die stachel zan
er prichet auf die helme die yeschmien schan
Ich gesach videlere so herlich nie gestan
Als der degen volker hewt hat getan
Die seinen streich hellent durch helm schilt vn rant
Ja sol er reyten gute ros vnd tragen herlich gewant
Waz der hunen mag in dem sal waz gewesen
Der waz nun kainer der inne genesen
Des waz der schal erschwigen daz niemat enstunt
Die schwert von den handen legten die recken gemait

Waffe, die es zu der Zeit, als das Lied geschrieben wurde, in Gran und in Worms ja wirklich schon gab – die unglückseligen Kreuzritter hatten sie mitgebracht von dem ersten Kreuzzug. Es galt aber diese Waffe wegen ihrer Reichweite und ihrer schrecklichen Wirkung als unmännlich und feige, wie oft zu lesen: Jeder Wicht konnte sie ohne viel Kraft mit einer Winde spannen und den Bolzen dem stärksten Mann von weither durch den Harnisch schießen, wenn der nicht gerade ein „dreyfach Rennzeug" anhatte.

Eine Armbrust hat der Maler dem Volker also in die Hand gegeben, der damit feige auf den Markgrafen aus dem Osten „schoz".

Da Hagen und Volker König Etzel mit Krimhild bei den vielen Hunnen stehen sehen, beginnen sie ihn zu höhnen, daß der nicht wie die Burgundenkönige mittäte bei dem Kampf mit dem Schwert. Etzel fürchtet zwar, daß das Blutvergießen weitergeht, er tut aber nichts, um die Burgunden in die Schranken zu weisen. Er hofft aber auch nicht mehr auf Frieden. Um Hagen dann zur Rechenschaft zu ziehen für den Mord an seinem kleinen Prinzen, reißt Etzel seinem Leibwächter plötzlich seinen Schild aus der Hand.

Der aufs Blut gereizte König wäre auch wirklich auf Hagen losgegangen, hätte nicht Krimhild die Hofschranzen dazu gebracht, Etzel zu umringen und ihn davon abzuhalten, in das sichere Verderben zu rennen: „Erreicht euch Hagen, habt ihr den Tod an der Hand."

Wohl wahr, aber Hagen überbietet sich an Schmähreden und verfällt dann auf das Schlimmste, was er Etzel antun kann: Er schreit hinüber, Etzel sei ja nur der zweite Mann in Krimhilds Bett. Was denn der feige König gegen ihn wolle!

Unfaßbar niedrig und dumm ist der kleine Lehensmann da, so groß und furchteinflößend er auch sein mag in seiner Rüstung.

Und keiner von den Burgundenkönigen schreit ihn an, er soll das Maul halten, Mann aus Tronje! Genug Blut ist schon vergossen und es wird noch mehr, viel viel mehr, und nicht nur Hunnenblut allein.

Der Dichter läßt die drei Könige aber schweigen und betreten hinter Hagen stehen.

Der Hunnenkönig redet auch nichts mehr; Etzel weiß nun, daß es kein Halten und kein Zurück mehr gibt – das Vorwärts aber ist schwer für seine pfeilschießenden Reiterscharen, die da zu Fuß sind und den Gepanzerten gegenüber im Nachteil.

Daß das auch durch Mut nicht wettzumachen ist, das weiß der König. Krimhild verspricht, wer ihr Hagens Kopf brächte, dem wolle sie den Schild mit Gold füllen und ihn zudem mit Land und Burgen belohnen. Das hört auch Volker und wundert sich, daß die Königin trotz so reicher Belohnung im Stich gelassen wird von denen, die ihr ohnehin zu dienen hätten.

XXXV AVENTIURE

Wie Iring erschlagen wurde. Oder: Wohl den Dänen und denen, denen die Dänen wohl sind! Ein Däne ist der erste aus dem Hofstaat, der den Burgunden nicht nur die Zähne zeigt.

Auch „die von Tenemark" hören nun das Gegeifere von Hagen und Volker. Markgraf Iring, mit seinem Fürsten Hawart aus der dänischen Mark verbannt und schon lange als Gast an Etzels Hof, ruft um seine Waffen:

Der Däne hat so viel Anstand, zu sagen, er habe nun lang genug weggeschaut, wie sein Gastgeber und dessen Gemahlin beleidigt wurden, das verträgt sein Ehrgefühl nicht länger. In viel Gefechten hat er seinen Mann gestanden und nun geht er gegen Hagen an. Hagen sieht, daß Iring kommen wird und weiß, daß nun nicht mehr nur Hunnenreiter zu bestehen sind, sondern Eisenmänner wie er selber. Und Iring ist zudem ein Mann, von dem er weiß, was der kann mit Spieß und Schwert. Hagen will Iring warnen, auch und vor allem um seine eigene Haut zu schonen: Iring solle die Hunnen doch wegschicken und wenn der Däne auch zu zweit oder zu dritt käme, dann will er ihn schon aus dem Saal und die Stiege hinunterjagen, alleine täte er das und Iring hätte dann viel zu tun, seine Wunden zu heilen.

Das sagt man einem Dänen nicht, der sich sein Brot so wie sein Lehensherr Hawart als treuer Gefolgsmann in Etzels Heer verdient. Iring entgegnet dem Hagen gelassen, um dessen Gerede gehe es ihm nicht, solche Gefechte wie mit einem aus Tronje hat er schon mehr als einmal erlebt und überlebt.

Mit dem Schwert und alleine, Herr Hagen, wird das ausgetragen! Iring bekommt sein Streitgewand, und der Landgraf von Thüringen, Fürst Hawarts Freund Irnfried will da auch nicht mehr zurückstehen. Da sagt dann Hawart selber, die Sache mit Hagen und Volker müsse ein Ende haben. – Rüsten, alle Mann!

Und „alle Mann" sind dann 1000 Dänen und Thüringer, die von den Brüdern Lüdeger und Lüdegast außer Landes gejagt worden waren und nun bei Etzel Waffendienst tun.

Volker sieht sie anrücken, und jetzt wird ihm klar, wer da kommt und was da für ihn selber kommen wird. Er geifert darum los, Iring hätte doch versprochen, Hagen alleine anzugreifen, und nun käme da drüben eine Tausendschaft unter Waffen. So laut sagt er das, daß Iring das hören muß. Der läßt sich aber nicht einen Lügner nennen, gegen Hagen will er alleine stehen. Von einem Volker redet er gar nicht und mit dem auch nicht – höflich redet er hinüber zu den Burgunden und bittet dann kniend seinen Lehensherrn Hawart, ihn alleine gegen Hagen gehen zu lassen.

Das kann ihm der Dänenfürst nicht abschlagen, so sehr er auch um Iring bangt. Hagens Balmung ist überall bekannt – das Schwert, von dem alle wissen, daß er das er dem verröcheln-

Daz er sy dorst schellten vor etzelen man
darumb sy aber riten an die gest began
¶ Sy sprach der van troni hagen schlug
vnd mir sein haubet fur mich trug
dem fult ich rotes goldes den etzeln rant
darzu gib ich im ze miete baide burg vnde lant
¶ Nun ewais ich wes ich beyte sprach der spilman
Ich gesach nie helde so gezogenlichen stan
Da man horte pieten alsz grossen solt
Ja ensolt in etzele darumb nim̄ werden holt
¶ Die hie so lasterlichen ezzent des fursten prot
vnd im nun geschweigent in so grosser not
der sech ich hie vil mangen ze geleichen stan
vnd wellent doch sein chume sy muessent sein im̄ schaden han

den Siegfried gestohlen hat. So geht Iring langsam bis zur Stiege, die in den Königsaal führt, wo die Burgunden sind. Als er dann an die Stiege kommt, da hebt er Schild und Speer über den Helm und stürmt auf Hagen los, der oben steht. Ein paar Schritt, bevor sie aufeinanderprallen, werfen beide ihre Speere, die sie beide nicht mit den Schilden aufhalten können. Zu leicht sind die Schilde aus Holz und Leder, nur mit einem Schildbuckel aus Eisen in der Mitte, und zu schwer und zu scharf die Spieße. An den Panzern, am Brustzeug erst splittern die Schäfte und beide greifen zu den Schwertern, hauen die Reste der Spieße aus ihrem Schild und gehen aufeinander los.

Der Tronjer ist nicht zu treffen; so schnell und hart Iring auch haut und sticht, überall ist Hagen gedeckt mit der breiten Klinge des Balmung. Zu lachen hat auch Hagen da nichts, ob das auch später einmal geschrieben wird auf Papier, das sich nicht wehren kann gegen das, was ihm angetan wird mit Kiel und Tinte von blutleeren Schreibern.

Laß sie, guter Kürenberger, mehr als ihr Schreibzeug verstehen sie eben nicht zu führen!

Iring sieht bald, daß Hagen nicht zu zwingen ist und wird an die Wand gedrängt. Auf der anderen Seite steht Volker, den Iring nun angreift. Auch bei Volker bringt der Däne keinen wirksamen Schlag an und springt nun gegen Gunther, da er merkt, daß ihm seine Waffen immer schwerer werden und seine Schwertschläge langsamer.

Gunther! – Wenn der fällt, dann ist Irings selbst gestellte Aufgabe ebenso erfüllt. Gunther, das ginge noch – alle Gedanken auf einmal, alle wie Blitze zwischen den Augen und doch ganz langsam. Aber auch Gunther kann er keine grobe Wunde zufügen, zu gut ist die Rüstung des Königs, wenn der auch nicht ficht wie Hagen. Nach Gunther schlägt der Däne noch auf Gernot ein, hinter dem sieht Iring das Tageslicht durch das offene Tor – ein paar schwere Schläge noch, aber Iring wird langsam und Gernot wird gefährlich schnell. Der Däne will nun durchatmen, geht drei Schritt zurück, dreht sich um und hat da vier Burgunden vor sich, die die Schilde abgestellt haben und die Schwerter eingehängt. Ihren Königen haben diese Braven zugeschaut, wie die den Iring Schlag für Schlag und Mann für Mann abwehren und wie der sich festgebissen hat an Hagen und dann nicht mehr frisch und kampfstark genug ist für Gunther und Gernot.

Die vier sieht Iring und erschlägt sie. Giselher leidet das nicht und stellt den Dänen. Der kann nicht mehr ausweichen – hinter ihm sind Hagen und Volker, Gunther und Gernot, und vor ihm Giselher. Der sieht, daß der Däne zur Türe will, da seine Rüstung schon zerschlagen ist, und daß ihm schon Teile des Kettenhemdes heraushängen. Giselher haut da so wild auf den Dänen ein, daß der betäubt zu Boden fällt und alle meinen, er sei schon ohne Leben. Der liegt aber fast unversehrt auf dem Boden und die Sinne kommen ihm langsam wieder. Er merkt, was um ihn herum vorgeht, die anderen sehen aber nicht, daß noch Leben in ihm ist.

Iring springt auf, so schnell er irgend kann, und ist durch die Tür davon. Dort steht Hagen und ist überrascht, den Dänen noch am Leben zu sehen, der nun hart auf Hagen einschlägt. Es kommt aber, wie es sein muß, wenn Siegfrieds Balmung in Hagens Hand ist: Der Däne muß weichen und froh sein, schnell aus Hagens Schlaghagel und ins Freie zu kommen.

Iring ist müde, aber fast unverletzt zurück, er war „wol gesunt", und Krimhild hört, daß der Däne die drei Könige und Hagen bestanden hat und der Tronjer habe alle Hände voll zu tun gehabt gegen ihn. Lob und Dank sagt die Königin dem Iring, da sie sieht, daß Hagen blutet. Sogar den Schild nimmt sie Iring ab, welch eine Ehre für den keuchenden Kämpfer!

Krimhild sieht endlich, daß die Burgunden nicht wie bisher von den Hunnen jeden Mann gleich in Stücke hauen können. Iring ist ein wohl berühmter Schwertkämpfer, aber von denen gibt es genug in Etzels Heer: Die um Hagen sind also nicht unschlagbar, „es wird ales rat", geht es durch den Kopf der Königin. Wenn auch Hagen herüberschreit, die Königin brauche Iring nicht groß zu danken, die Wunde, die der Däne ihm geschlagen, habe ihm nicht viel geschadet, ihn vielmehr erst recht in Wut gebracht.

Iring stand daneben, „er kuolte sich in ringen", im Harnisch noch. Das ist leicht zu glauben, wenn einer aus so hartem Gefecht kommt.

Bewundert wird er von allen und die Königin hält ihn noch einmal an der Hand, als er den Helm wieder nimmt und den Sturmriemen bindet.

Einen schweren Speer nimmt er zur Hand, während er „vil schiere", sehr schnell, einen anderen Harnisch bekommt, und dann geht Iring zurück gegen Hagen – getragen vom Lob Krimhilds und von der Bewunderung der Dänen und der Sachsen. Und schlecht beraten und viel zu schnell geht der Däne wieder auf Hagen los, der gar nicht wartet, bis Iring die Treppe herauf ist, sondern mit Speer und Schwert hinunterstürmt. Bergab ist eben leichter anzugreifen und bergauf schwerer zu verteidigen: Iring spürt, wie jetzt seine Kraft schneller nachläßt, aber er hält sich und schlägt so hart zurück, daß aus Hagens Helm und Halsberge Funken stieben „wie ein feuerroter Wind".

Hart, scharf, weh, spürt Iring mit einem Mal, wie etwas durch seine Halsberge schlägt, die er gerade neu umgelegt bekommen hat von Hawarts Leuten. Das Kettenhemd ist jetzt kein Schutz mehr. Iring ist unter dem Kinn arg wund, und als er merkt, wie es um ihn steht, da nimmt er noch einmal alle Kraft zusammen, hält den Schild vor die Brust und das Schwert zum Stoß und rennt gegen Hagen an. Der aber sieht Iring kommen, und merkt, daß der Däne das Visier schon offen hat, das Gesicht nicht gedeckt unter dem Helm, und sticht seinen Speer dahin mit aller Kraft; so trifft er den „helt von Tenelant" zu Tode, der noch zurücktaumelt zu seinen Leuten. Krimhild neigt sich über den am Boden Liegenden, der voller Blut ist von der tiefen Wunde, aus der ihm die Dänen noch Hagens Speer herausziehen wollen.

Da weint die Königin über Irings Los, da sie nun einen Mann aus Etzels Garde verliert, der aus Treue zu seiner Herrschaft nicht gezögert hat, auch ein zweites Mal gegen Hagen zu gehen. Ein Wort noch an die Königin sagt der Däne. „Laßt die Klage, edle Frau, es geht mit mir zu Ende, der Tod nimmt mich aus eurem Dienst". Und zu den Dänen sagt er: „Laßt der Königin ihr Gold, an Hagen könnt ihr es nicht verdienen."

Bleich wird er und sinkt nach hinten. Die zwei, die ihn halten, legen ihn nieder, und seine Freunde stehen mit hängendem Kopf vor dem Gefallenen.

Ihre Tränen unter den Helmen spüren sie nicht, um Iring trauern sie nicht und die Burgunden fürchten sie nicht – Hawart und Irnfried nehmen schweigend ihre Waffen und gehen zur Stiege und in den Saal hinauf. Dort steht Volker, und auf der Miniatur zur XXXV Aventiure ist zu sehen, wie er und Irnfried aneinander geraten. Irnfried trifft Volker mit Wut und Wucht, Funken sprühen und der Harnisch des Mannes aus Alzey ist durch, so grimmig sind Irnfrieds Hiebe. Aber Volker ist ohne Wunde und hält dagegen. So kommt der Däne schnell zu Tode. Das sehen die anderen und stürmen in den Saal. 1000 und vier Mann, sagt der Dichter, kommen in den Saal und keiner von ihnen kommt lebend wieder heraus, alle liegen am Ende erschlagen auf dem Boden.

Blut überall und Leichen, Harnische, Helme und Waffen, wohin einer treten will. Viele von den Burgunden liegen tot unter einer Unzahl von Dänen und Sachsen. Die noch am Leben sind, können vor Müdigkeit kaum stehen. Keiner denkt daran, etwas anderes zu tun, als nur die Waffen griffbereit hinzulegen und sich zur Ruhe zu setzen, den Kopf auf den Knien. Als letzter setzt sich Volker, der bis zum Ende an der Türe gestanden ist, um keinen hinauszulassen.

Krimhild und Etzel stehen fassungslos auf dem Söller auf der anderen Seite des Hofes. Voll Trauer sind sie über die Gefallenen, die die Burgunden nicht bezwingen konnten, so groß auch ihr Mut gewesen.

XXXVI AVENTIURE

Wie Krimhild den Saal anzünden ließ. Oder: Die Königin legt Feuer und nimmt damit in Kauf, daß sie ihre Brüder verliert. So hat das der Dichter aber nicht gemeint: Denn der ist ja ein Niederösterreicher, und die streiten auch manchmal in der Verwandtschaft, aber sie zünden sie deswegen nicht an.

Die Miniatur zur XXXVI Aventiure zeigt, wie es herging, als Krimhild den Saal in Brand stecken ließ, „wie diu Künigin den sal vereiten hiez".

Nun sagt Hagen, daß er und Volker auf Wache gehen, die anderen sollten sich ausruhen, so gut es eben möglich wäre und essen, was noch da ist vom überreichen Gastmahl. Nicht mehr viel war übrig, irgendwo lagen noch Reste unter den zerhauenen Tischen in den Erkern und in den Ecken im Saal.

„Da entwâfente daz houbet vil manic ritter guot", Helm und Küraß wurden abgelegt und die Halsringe geöffnet, darunter war Blut und Schweiß, Tränen keine. Alles recht, alles gleich, nur sich irgendwo hinlegen will jeder und legt sich auf den Boden zwischen die Blutlachen und lehnt den Kopf an irgendwas, was da ist, und das sind nur mehr Leichen.

Durch die Fenster sehen die Hunnen, wie sich die Burgunden behelfen und nicht viel Federlesens machen um ihr Beschwer, wie sie sich an die Toten lehnen. Keine Klage aus dem Saal, es sind ruhige Leute, in Rüstung alle, die tun, was getan werden muß. Und das ist viel, da nun Etzel zwanzig Tausendschaften in den Kampf schickt gegen die Männer im Saal. Dankwart will es Hagen und Volker gleichtun, die vorher an der Türe standen und er geht nun hinaus, um zu nützen, daß die einzige Treppe hinauf zum Saal steil ist und die Türe so eng, so daß immer nur ein oder zwei Mann auf einmal herauf können und keiner herein, solange einer von den Burgunden da steht. Und Dankwart ficht um sein Leben, da immer neue Hunnen kommen. Die drinnen sehen ihn mit einemmal nicht mehr und meinen, Dankwart wäre gefallen; der aber steht noch – „ja Herr, ich halts –". Endlos ist der Tag, Sommersonnenwende ist, und die Nacht will nicht kommen, immer mehr von Gunthers Leuten liegen neben denen von Etzel, da doch genug Hunnen neben Dankwart durchgekommen sind.

Der Hunnenkönig steht unverwandt auf dem Söller und nimmt die Meldungen entgegen, wie viele von den Hunnen gefallen wären und daß auf mehr als 100 tote Hunnen gerade einmal ein toter Burgunde käme.

Der König nickt nur und läßt weiter stürmen im Wissen um die Rechnung, die für Gunther nie aufgehen kann, selbst wenn der auch nur einen einzigen Mann für 1000 von den Hunnen verliert. Unerschöpflich waren die Zahlen schon immer im Osten, und daß hinter den Zahlen

Aventeur wie der sal ob in pran

Nun pindent ab die helme sprach hagen der degen
Ich und mein geselle wir sullen ewr pflegen
Und wellent es noch versůchen die etzeln man
So warn ich mein herren so ich schnerste chan
So entwappnot daz haubt manig ritter gůt
Sy sassen auf die winden die vor in in dem plůt
waren ze dem dode von iren handen chumen
Des wird der edlen geste vil ubel war genomen
Noch hůb ein sturn herte zů den gesten san
Danckwart hagens pruder der vil schnelle man
Sprang von seinen herren zů den veinten fur die dur
man want er wer ersturben er cham gesunder dar fůr
Der hart streit werte bis in die nacht benam

Menschen aus Fleisch und Blut standen mit Gesichtern unter den Lederhelmen, das focht den König ebenso wenig an wie alle Führer großer Heere vor ihm und seither.

Endlich geht der Tag zur Neige, die Sonne ist nicht mehr so heiß und die Dämmerung kommt, aber noch immer und immer wieder rennen Hundertschaften heran.

Die Burgunden sind am Ende.

Ein schneller Tod, ja, soll sein – aber nicht dieses elende, langsame Schwächerwerden, und der erschlagene Freund daneben, ihn hat es weggerissen, und nun liegt er da, der gestern noch Mut zugesprochen hatte den anderen, die jetzt todmüde an der Wand lehnen.

Der Tod ist nichts, nur sterben ist schlimm, und auch das kommt nicht gnädig, sondern elend wie es bei den Gefallenen gekommen ist, die zuvor noch um Wasser gebeten hatten mit glasigen Augen; Wasser gibt es aber schon längst nicht mehr. So denkt erst einer und dann sagt es ein anderer und dann alle: Man soll Etzel um Frieden bitten. Wenn der König käme und dann aus der Nähe die große Zahl seiner Gefallenen und die der erschlagenen Burgunden zu sehen bekäme, dann könnte sein, daß mit ihm zu reden wäre. Gleich was, nur reden und so lange geredet werde, behielte jeder im Saal den Kopf auf den Schultern.

So wird ein Mann hinüber geschickt zu dem König der Hunnen.

Der Bote hat zuvor alle Rüstung abgelegt, ohne Helm und Waffen geht er über den Hof und drüben hinauf, Etzel zu bitten, daß er kommt: seine Könige bitten, mit dem König reden zu dürfen.

Etzel kommt, aber er kommt nicht alleine, Krimhild geht neben ihm, und da wissen Hagen und Gunther, daß das Reden zu nichts führen wird, nicht zum Frieden und nicht einmal dazu, daß die Waffen – eine Zeit wenigstens – liegenbleiben können.

Hinter dem Königspaar steht eine Wand von Helmen und Speerspitzen, als Etzel fragt, was die Burgunden wollen. Frieden hätte keiner zu erwarten nach allem was gewesen ist, sagt der König und man sieht ihm an, daß er meint, was er sagt.

Nach dem Mord an seinem Kind wird nicht Frieden sein und nicht Versöhnung, so lange er, Etzel, am Leben ist.

Gunther versucht, dem König zu erklären, daß er gezwungen gewesen ist zu dem, was war: Alle seine Leute wären ohne Grund erschlagen worden, als er mit dem König und Krimhild zu Tische saß. Auf Treu und Glauben wäre er nach Gran gekommen, im Vertrauen auf die Freundschaft des Königs. Giselher fragt in die Runde, was er den Rittern Etzels denn getan hätte, er sei als Freund in das Land gekommen.

Einer von Etzels Scharführern sagt ihm darauf, das wüßten sie alle und es täte ihnen leid. Sie wünschten gerade ihm, er wäre noch daheim am Rhein. Gunther versteht die Front der Gedanken, die gegen ihn steht und versucht zu sagen, das Morden solle ein Ende haben. Schuld der Burgunden sei es nicht und ein großes Unrecht darum, wie Etzel nun mit ihnen tut.

Etzel entgegnet, sein Leid und das der Burgunden sei nicht zu vergleichen – Spott und Tränen haben ihm die Gäste gebracht, einen Hahnrei hat Hagen ihn genannt. Danach und nach Ortliebs Tod lasse er keinen von den Burgunden lebend davon. Was Gernot dann sagt, ist das Ein-

zige, worauf der Hunnenkönig noch hört: Man möge den Burgunden die Gnade erweisen, sie hinauszuführen aus dem Saal vor die Burg und sie dort schnell zu erschlagen.
„Niedermachen“ sagen die Leute heute dazu, die das Wort „erschlagen“ und das Wort „Tod“ nicht vertragen.
Nichts wollen sie heute hören und nichts wissen von Dingen, die sie in ihrer ängstlichen Beschaulichkeit stören könnten!
Etzel und seine Anführer verstehen das aber wohl und sie hätten die Burgunden auch hinausgeführt: Auf der weiten Au unten vor der Etzelsburg an der Donau, das schien ihnen gut für ihre Reiter, die dann auf Hagen, Gunther und die anderen losreiten könnten und sie aus sicherer Entfernung mit einem Hagel von Pfeilen zusammentreiben. Die Pferde dann wenden, ausscheren die erste Schar und dann die nächste mit aufgelegten Pfeilen das gleiche tun, immer wieder. Ihre Reiter könnten das, sie würden dabei nicht müde, kaum ein Mann ginge verloren. Wenn dann den Burgunden ihre Schilde nicht mehr Schutz boten, weil sie zerschossen waren oder der Mann dahinter so müde, daß er den Schild nicht mehr halten konnte, der voll war mit Pfeilen, dann wären die Fremden sturmreif. Ob man dann wartete, bis sie sich wehrlos ergaben oder ob gleich eine Tausendschaft alles niederritt, das wäre dann zu entscheiden.
Der König und seine Anführer finden das gut, und Etzel will schon zustimmen. Als Krimhild das hört, versteht sie aber gleich, daß der Rat der Hunnen nicht gut ist, ein solcher Plan würde

nur den Burgunden nützen. Wenn die einmal hinaus kämen an die frische Luft, dann hätten sie unten an der Donau Wasser zum Trinken.
Halb verdurstet sind die doch da drinnen im Saal, und wenn sie wieder zu trinken bekommen, dann sind die drei Könige mit Hagen an ihrer Seite alleine schon nicht zu schlagen; von Dankwart, Volker und den anderen gar nicht zu reden – harte Leute alles, die nichts und niemand mehr fürchten nach allem, was sie schon erlebt hatten drinnen im Saal und draußen auch zuvor.
Nein, mein König, hört auf meinen Rat, sagt Krimhild, und laßt sie nicht aus dem Saal. Solange sie da gefangen sind, weiß Krimhild besseren Rat.
Giselher versucht – einmal noch – seine „viel schöne Schwester“ umzustimmen und bittet um Gnade, das äußerste, was er zu sagen vermag. Dabei versteht er nicht, daß Krimhild den Stab längst schon gebrochen hat über alle, die bei Hagen stehen. Sie und ihr jüngster Bruder sehen sich an und die Königin denkt einen Herzschlag lang an ihren lieben kleinen Bruder, ihren Liebling, damals bei Ute noch am Fenster, das zum Rhein schaute.
Wenn sie ihr Hagen ausliefern, sagt sie, dann könnten sie gehen, heim nach Worms. Hagen müßte da bleiben.
Und von da an reden alle von der Nibelungentreue? Weil Gernot sagt, das werde niemals geschehen, daß man Hagen „ze Geisel“ ausliefere?
Nein, nein, guter Kürenberger, wir verstehen dich schon, nicht alle zwar! Sie reden halt so, weil sie es nicht besser wissen, daheim und mit vollem Bauch in der warmen Stube.
Und so sitzen sie im Lehnstuhl, und kaum erzählt ihnen einer von Ehre und Treue von Leu-

Hie beleibt yemant dann der da sterben sol
Du sach man ir schilte sterken gere schüsse vol
¶ Waz mag ich sagen mere wol zwelf hundert man
Die versuchten es vil sere wider unde dan
Da külten mit den winden die gest wol reuwen mut
es mocht nie geschaden des sach man fliessen daz plut
¶ Von verch diesser wunden ward da vil geschlagen
yeglichen nach den freunden hort man da clagen
Die piderben sturben alle in des kunges her
Des heten holde mage nach in groslichen ser

XXXVII AVENTIURE

Wie Rüdiger erschlagen wurde. Oder: Wie der Herr aus Bechelaren zum Verbindungsglied zwischen den Hunnen und den Burgunden wird, woran er selber zugrunde geht. So wichtig und nobel der Herr Rüdiger auch ist – für den Herrn Richard W. gibt er nicht viel her, weil bei ihm halt keine Lohe emporloht. – Und über Ehre und Treue singt es sich eben so schwer.

Eine eigene Aventiure ist für den Dichter der schwere Gang Rüdigers, wo er doch zuvor von Tausendschaften geredet hat, die schon gefallen sind. So kommt denn Gotelinds „wine", ihr Gemahl also, und geht in die Burg. Unzählbar viele Tote und Verwundete sieht er an Burgunden und Etzels Leuten.

Da steht dann Rüdiger zwischen beiden Seiten: Etzels Lehensmann ist er, seit er von weit her zu den Hunnen fliehen mußte, und obgleich er immer fremd geblieben ist in deren Land, haben sie ihn gut aufgenommen. In Etzels Dienst hat er sich bewährt, bis der König von seiner Verläßlichkeit erfahren und ihm die Mark Ostarrichi zu Lehen gegeben hat. Da herrscht der Markgraf nun gütig und umsichtig, Etzels Land verteidigt er im Norden an der Thaya und sichert ein gutes Auskommen mit denen im Süden und Westen, wo ihm die Bayern viel Beschwer machten und ihn oft zwangen, selber nach Westen zu ziehen mit einem gut gerüsteten Fähnlein über Eferding hinauf.

All das hatte Etzel dem Markgrafen fürstlich vergütet, sein Tribut war nur dazu, um allen zu zeigen, daß er in Diensten des Hunnenkönigs stand. Etzel hatte Rüdiger oft bei sich in Gran, darum kennt der Weg und Steg von Bechelaren stromab bis zur Etzelburg.

Durch die guten Jahre in Diensten des Königs ist Rüdiger mit seiner feinen Art bald zum Ratgeber des Hunnen geworden und am Ende Etzels Freund. Nun hat sein Lehensherr so viele verloren aus allen Teilen seines Reiches – Hunnen liegen zuhauf und in den Gängen der Burg, auch viele Gepanzerte dabei in zerschlagenem Eisen. Alles Rüdigers Waffengefährten in den Treffen in Nord und Ost, als die Sachsen, die Dänen und die Thüringer noch nicht unter Etzels Herrschaft waren.

Und oben im Saal sieht der Herr von Bechelaren Gunther und Hagen, die mit ihren Leuten die Toten hinaustragen und den anderen die Wunden verbinden und Mut zusprechen, wo kein Mut mehr zu machen ist.

Vor dem Saal haben die Burgunden ihre Gefallenen hingelegt, geschlichtet wie Holz, aus dem es rot herausrinnt. Blut, Blut, wohin Rüdiger auch schaut, dem die Augen naß sind von all dem Leid bei seinen Freunden und Gefährten auf beiden Seiten, oben im Saal und unten im

Burghof und in den Gängen. Alles Freunde, die einen wie die anderen, alle waren gut mit ihm und er mit ihnen. Mit denen, die tot da liegen und mit den anderen, die keinen Anfang und kein Ende mehr wissen.
Voller Trauer schickt der von Bechelaren einen Boten zu Dietrich. Der ist nicht in der Burg, aber der Bote bringt Dietrichs Antwort auf Rüdigers Frage: Rüdiger wollte von Dietrich wissen, ob die Niederlage der Burgundenkönige noch abzuwenden wäre. Dietrich aber läßt sagen, wer sich wohl unterstehen wollte, mit Etzel darüber zu reden, die Könige zu schonen! Der König habe sich längst entschieden, keinen – und nicht einen einzigen – Mann von den Burgunden lebend aus der Burg zu lassen: Seine Schmach, die man ihm ungesühnt vor Krimhild angetan, und die Trauer um seinen Sohn, dem Hagen das Haupt abgeschlagen hatte, beides kann für Etzel und von ihm nur mit Blut fortgewaschen werden.
So läßt der Berner ausrichten und daß er nicht mehr in die Etzelburg gehen will. Was Etzel beschlossen habe, würde er seinen Leuten befehlen, und die waren gewohnt zu gehorchen. Es muß kommen, was kommen wird, läßt Dietrich dann noch sagen.
Rüdiger hört die Nachricht und schaut hinauf zu den Burgunden, wo Giselher steht. Der ist seiner Tochter so lieb wie er selber seiner schönen Gotelind. Den Jungen muß ich heimbringen, denkt Rüdiger, das Glück des jungen Paares darf nicht in Gran vergehen, nicht so schnell und so blutig.

Da steht der marcgrâve mit gebeugtem Haupt und weint, lange steht er so da, bei dem man nie Tränen gesehen hatte.
Wie gut zu verstehen ist, daß ein Mann weint – wenn den Dichter einer gefragt hätte, wie ein Mann sein soll, dann hätte er verlangt, daß der im Zorn streitet und vielleicht seine Wut nicht halten kann, wo er Unrecht sieht. Daß er aber weinen mag, wo er fühlt und gerührt ist von Großem und von Weh wohl auch.
Laß dir aber sagen, guter Kürenberger, das verstehen heute viele nicht mehr. Sie haben gelernt, es wäre gut, zu allem das gleiche Gesicht zu machen und am besten gar nichts zu empfinden. Dann wäre es ein leichtes, nie Freude und nie Trauer zu zeigen, sondern immer nur das gleiche Gesicht, zu dem du aber gesagt hättest, es wäre „von valscher varve“. Nicht nur die Farbe ist heute falsch, das Falsche ist auch in und hinter den Augen, wenn da gar noch etwas anderes ist als Gier, Neid und Angst.
So weint also der Herr von Bechelaren stumm, als er Dietrichs Botschaft gehört hat.
Das sieht einer von den hunnischen Scharführern und sieht auch, daß Rüdiger nicht mittun will gegen die Burgunden.
Vor der Königin sagt er laut, daß es alle hören können: „Nun seht ihr, wie er dasteht, der von Etzel über alle gesetzt wurde, Burgen und Land hat er mehr als alle anderen, aber in diesem Streit hat er noch keinen einzigen Schlag getan. Es ist ihm wohl gleich, was mit uns geschieht, wenn nur alles nach seinem Willen geht. Und sein Wille ist in Wahrheit nicht nach Etzels Willen gerichtet“. So sagt der Hunne, und daß man Rüdiger auch rühme, er übertreffe an Kühnheit alle bei den Heunen, daß er das aber nun in der Not dem König wohl jämmerlich beweise.

So etwas sagt man nicht einem Mann von Ehre, auch wenn der Heune zu verstehen ist, der ja sagt, es wäre hoch an der Zeit, daß der angeblich kühnste Mann sich darauf besinne, wie sehr ihn Etzel belohnt habe in all den Jahren für seine Tapferkeit; nun aber, in der Stunde der Bedrängnis, da lasse er den König im Stich. Das stimmt ja wohl auch, und weiter versteht der Reitersmann den Eisenmann halt nicht, daß es dem das Herz zerreißt, sich auf eine Seite schlagen zu müssen und der anderen damit die Treue zu brechen. Darum Rüdigers Tränen, und nun muß er sich auch noch Feigheit vorhalten lassen, wo er gerne Leib und Leben dafür gäbe, den Streit zu schlichten und Frieden zu schaffen.

Der von Bechelaren hört den Hunnen, von weit her hört er ihn und von weit her geht ihm durch den Sinn „der wird noch sehen, was Feigheit ist, das hat er da vor Krimhild zu laut gesagt". Das denkt er und so tut er, der Markgraf, und geht hin und schlägt den Mann tot, „hin du zage boese", der nicht versteht, daß ich in Etzels Diensten die Burgunden ins Land geführt habe. So darf ich meine Hand gar nicht erheben gegen die Gäste des Königs. – Der König sieht den Mann erschlagen und er meint, zu viel Tote hat er schon, Tote braucht er nicht noch mehr. Rüdiger hat da mehr als Unrecht getan – es ist ein Fehler, sich selbst zu schwächen, der König braucht jeden Mann in diesen Tagen. Rüdiger rechtfertigt sich, und Etzel läßt das Geschehene vergangen sein, seine Sorgen sind andere. Krimhild sieht den toten Hunnenritter vor sich auf dem Boden, voll Blut vom Kopf die Leiche, und da faßt sie ihr Leid von neuem nicht: Jetzt erschlagen einander schon ihre eigenen Getreuen. Mit Tränen in den Augen sagt sie zu Rüdiger, wie Etzel und sie das verdienten, daß er ihren Kummer noch mehre, da er den Ritter erschlagen hat.

„Rüdiger, ihr habt uns doch versprochen, Ehre und Leben für uns einzusetzen und alle sagen auch, ihr wäret so ein kühner Mann. Nun brauch ich eure Treue, die ihr mir versprochen habt, als ihr mir damals im Worms zugeredet habt, Etzel zum Manne zu nehmen. Ihr habt mir damals zu dienen geschworen und nun bin ich Arme davon in so große Not gekommen."

Rüdiger darauf: „Das kann ich nicht leugnen, daß ich das geschworen habe, Ehre und Leben für euch einzusetzen; aber meine Seele zu verlieren, das habe ich nicht geschworen."

Da ist vieles falsch, was über das Lied geschrieben wird: daß der erschlagene Hunnenritter für Krimhild willkommen wäre, um Rüdiger nun noch viel mehr an seinen Lehenseid zu gemahnen? Aber um einen Lehenseid einzumahnen, dazu braucht die Königin keinen Toten, das steht ihr immer zu, und ein Lehensmann hatte ihr zu gehorchen.

Und Rüdigers Seele, um die ihm bange ist? – Zweimal einen Eid geleistet, und nun ist einer eingemahnt, der ihn zwingt, den anderen Eid zu brechen. Das ist eine Frage der Ehre? Nein, das ist ein ander Ding! Der Herr von Bechelaren sagt „Seele", weil er meint, daß er den einen Eid halten wird und damit den anderen brechen: Was der eine ist und was der andere, das ist gleich, am Ende steht für Rüdiger das Wort Meineid – „Falscheid". Und das war für die Alten nicht nur die ewige Verdammnis. Das war viel mehr: Die Aufgabe, die Preisgabe der eigenen Seele.

Der von Bechelaren hätte das Wort „Moral" nicht verwendet. Er sagt „die Seele verlieren",

wenn er meint, am nächsten Morgen und von da an sich selbst nicht mehr sehen zu können, weil das eigene Gesicht zu einem Ungesicht geworden ist – es gab einen solchen Mann gar nicht mehr nach alter Ansicht.
„Ehre“ hätte Rüdiger gesagt, Ehre hat ein Mann in den Augen der anderen, und Ehre und Schande können einem auch ohne Verdienst und ohne Schuld zuwachsen, den innersten Kreis eines Ehrenmannes betreffen sie nicht.
Aber das gegebene Wort zu brechen, meineidig zu werden, wissentlich unehrlich zu reden, das ginge dem Rüdiger von Bechelaren ganz nach innen. Für ihn gab es keine Ausrede, er hätte nicht gewußt, was das zweimal gegebene Wort am Ende bedeuten würde.
Nicht das Versenken bei lebendigen Leib in einem Sumpf, wie es Strafe für einen Meineid war, und nicht das ewige Feuer, wie es die christliche Lehre androhte, war so schlimm wie „die sêle vliezen“. Kein Tun und kein Lassen ist Rat für Rüdiger. Krimhild erinnert ihn an das alte Versprechen in Worms, wo ihr Rüdiger sein Wort gegeben hatte, Schaden für sie zu rächen und Leid von ihr zu wenden.
König Etzel, Lehensherr des Markgrafen, sagt kein Wort von dem Lehenseid, den der ihm geschworen hat; Kriegsdienst, Gehorsam und Treue hat Rüdiger dem König gelobt.
König Etzel redet nicht von Eid und Gehorsam – zusammen mit Krimhild verbeugt er sich tief vor seinem Lehensmann. Um Hilfe bitten König und Königin ihren Untertan, „dô buten sie sich beide ze füezen für den man“.

König Etzel ist ein Herr: Bitten und verbeugen, auch tief verbeugen, das wohl – aber auf die Knie haben er und Krimhild sich nicht geworfen, wie oft zu lesen. So hat das der Herr von Kürenberg nicht gemeint und nicht gesagt.
Rüdiger beugt sich tiefer als Etzel: Mein König, nehmt alles zurück, was ihr mir gegeben habt. Land und Burgen, nichts mehr will ich haben und als Bettler außer Landes gehen, wenn ihr mir nur erlaßt, gegen die Burgunden das Schwert zu heben.
König Etzel ist ein Herr: Er befiehlt nicht, was Rüdiger zu tun hat, er fragt nur, wer ihm denn helfen sollte in seiner Not, er bittet und bietet: König soll Rüdiger sein neben ihm und auch sein Lehen an der Donau will er ihm zu eigen geben und die Leute dazu, nur helfen soll er Etzel, dem großen König, seinem Lehensherren und Freund.
Jetzt bereut es Rüdiger bitter, mit den Gästen Freundschaft geschlossen zu haben.
Mit dem jüngsten der drei Könige hat er sogar seine Tochter verlobt! Auf Krimhilds Bitte um Erbarmen kann er nur mehr beklagen, daß er jetzt mit seinem Leben bezahlen muß, was er von Etzel an Liebe empfangen hat. Er bittet noch um Fürsorge für Gotelind und seine Tochter und die anderen in Bechelaren. Leichten Herzens ginge Rüdiger seinen letzten Gang, wäre der nicht gegen seine Freunde. Seiner Tochter ihren Liebsten zu nehmen: dem zu entgehen, ginge er gegen jeden Feind; aber nun er muß seinen Eid halten.
Alles versprochen und nun nicht zu halten. Es muß also sein!
Krimhild weiß, daß Rüdiger sein Wort einlösen wird, und Etzel verspricht, für Rüdigers Leute gut zu sorgen. Ihm selbst wünscht er, daß er aus dem Saal heil zurückkommt.

Der Herr von Bechelaren nimmt nicht „urloup“ wie Iring, der Däne. Der Herr von Bechelaren geht gesenkten Hauptes und wortlos von Etzel und Krimhild und sagt zu den Seinen, „ir sult iuch wâfen“, also: Rüsten alle Mann, es geht gegen die Burgunden!
Fünf Hundertschaften hat er und dazu zwölf Gepanzerte. Und keiner sagt ein Wort.
Er geht hinüber zur Saaltreppe, seine Leute hinter sich.
Volker ist der erste, der sie kommen sieht, und da vergeht ihm das Lachen und das Gegeifere, wo eine Wand aus Eisen daherkommt.
Ausgeruhte, wohlbewaffnete Männer aus Ostarrichi, dem Grenzland, wo sie Speer und Schwert oft genug zur Hand haben mußten.
Giselher schöpft Hoffnung, obwohl der Vater seiner Braut nur an Helm und Harnisch zu erkennen ist. Gesichter sind auf dieser Miniatur nicht zu sehen, die Visiere sind herunten bei allen aus Ostarrichi.
Um seiner jungen Frau willen kommt deren Vater, hofft Giselher, um Hilfe zu bringen in der großen Not.
Vor Volkers Worten zerstiebt aber jede Hoffnung. Seit wann denn Gnade in Waffen komme! Rüdiger müsse nun wohl an ihnen verdienen, was Etzel ihm Gutes getan hat durch alle die Jahre. Volker wollte noch etwas sagen, aber da ist der von Bechelaren schon die Treppe herauf.

Krachend schlägt Rüdigers Schild vor Gunther und Hagen auf den verkohlten Boden: Die da jetzt vor den Burgunden stehen, sind keine Freunde mehr.

Wehrt euch! Auf, ihr Burgunden!
Die glauben zuerst nicht, daß nun auch noch Rüdiger gegen sie ist. Rüdiger, mit dem sie alle von Herzen gut waren.
Alles, nur das nicht! Schon so viele Feinde und nun der letzte Freund verloren.
„Nûne welle got von himele“, das gebe Gott im Himmel, sagt Gunther, daß Rüdiger nicht anders als in Treue und Liebe kommt.
Rüdiger sticht sein Schwert in die Holzbohlen: Ich muß, muß gegen euch kämpfen, weil ich es geschworen habe, Krimhild verlangt es von mir, wehrt euch, Burgunden!
Gunther will das nicht hören: Es ist zu spät, Rüdiger, wir haben einander Freundschaft gelobt. Eure Liebe und Treue, die wir von euch erfahren haben, wollen wir euch vergelten, wenn ihr uns am Leben laßt.
Rüdiger darauf in tiefer Trauer: Wie gerne täte ich das, stünde dagegen nicht mein Lehenseid und mein Eid an eure Schwester.
Auch Gernot bittet nun den Lehensmann des Hunnenkönigs, den Streit zu lassen. Nach der gastlichen Aufnahme in Bechelaren, da sollte es ihm doch recht sein, wenn die Burgunden am Leben bleiben.
„Daz ir ze Rîne waeret und ich waere tôt“, antwortet Rüdiger, dann wäre seine Ehre gerettet.

Ihm bleibt aber nur, gegen die Burgunden zu kämpfen. Er kann nicht anders, auch wenn seine Freunde noch nie so schlimm enttäuscht worden sind.

Gernot sieht, daß die Dinge sind, wie sie sind, und nun, zum ersten Mal im Lied rückt auch Gunthers Bruder die Halsberge zurecht: Wenn Rüdiger gegen die Burgunden gehen müßte, dann dauert es ihn, damals in Bechelaren, am Ende der frohen Tage das gute Schwert bekommen zu haben, das er noch immer führt. In dem Gemetzel in Etzels Burg hat es ihm gut gedient, viele Hunnen sind davon zu Tode gekommen. Wenn aber Rüdiger wirklich angreifen will, dann wird er das scharfe Gastgeschenk auch gegen seinen Gastgeber führen und ihn erschlagen, Gastfreund oder nicht Gastfreund.

Wenn das so geschehe sagt Rüdiger, so möchte er nur darum bitten, daß die Burgunden für seine Gotelind und seine Tochter sorgen.

Giselher versteht die Haltung von Rüdiger nicht: Wenn der seine Freunde angreift und die Burgunden schlägt, dann macht er seine Tochter zur Witwe. Wenn er aber unterliegt, dann verliert er selber das Leben. Das ist nicht zu verstehen, meint er, daß Rüdiger dann da vor ihnen steht.

Mehr als jedem anderen hat er Rüdiger vertraut, als er seine Tochter zur Frau genommen hat. „Denkt an eure Treue, wenn ihr wieder heimkehrt und laßt meine Tochter nicht entgelten, daß ich wider euch stehen muß", sagt der Markgraf und daran will sich Giselher halten, das verspricht er.

Der jüngste der Burgundenkönige versucht noch einmal zu drohen, um Etzels Mann innehalten zu lassen. Als wenn das noch zählte! Rüdiger weiß, daß keiner die Etzelburg lebend verlassen wird.

„So muß es also sein. Gnade Gott uns allen", sagt er und hebt seinen Schild, den er vor sich gestellt hatte, als er die Treppe hinaufgekommen war, auf halbe Höhe. Zum Sturmlauf nimmt er den Schild hoch und duckt sich, die anderen hinter ihm.

Da ruft Hagen, Rüdiger soll noch warten: Auszureden wäre noch, was der Tod der Burgunden dem Etzel am Ende nutzen kann.

Das ist es aber nicht, was Hagen meint: Er sagt, er hat große Sorge, wie lange sein Schild noch halten wird, den Gotelind ihm als Gastgeschenk gegeben hatte: den haben ihm die Hunnen zerhauen. So einen guten Schild möchte er noch einmal haben wie den, den Rüdiger da hat. Was soll das?

Schilde, Speere und Schwerter von den Erschlagenen liegen zuhauf herum. Da braucht Hagen nicht zu bitten, aufheben kann er, was er braucht.

Oder braucht Hagen wirklich einen neuen Schild – und keiner gibt ihm seinen, wenn er der beste Mann der Burgunden ist?

Der Kürenberger meint das ganz anders: Hagen erweist Rüdiger den letzten großen Dienst. Der Mann aus Tronje sieht den Mann aus Bechelaren vor sich, wie elend dem ist, daß er seine Freunde nun angreifen muß. Es hilft dem nichts – Etzels Lehensmann ist er und Krimhilds Gewährsmann ist er seit Worms, da hilft ihm keine Liebe zum Gemahl seiner Tochter und

kein Gastrecht für die Burgunden. Das versteht der Mann aus Tronje. Darum sagt er, sein Schild ist zerhauen, und daß der Schild in Rüdigers Hand ihm eine große Hilfe wäre.
Dem Feind des Reiches die rettende Waffe geben? Hochverrat an Etzels Reich, an Etzel und Krimhild! Rüdiger versteht, daß ihn Hagen aus seiner Treuepflicht entlassen will.
So sagt denn der Herr von Bechelaren das einzige, was ein Herr da sagen kann:

Gern wäre ich dir gut mit meinem Schilde
Den ich dir vor Krimhild nicht geben darf
Doch nimm ihn hin, Herr Hagen und trag ihn an der Hand
Ach, könntest du ihn bringen heim ins Burgundenland.

Und da wurden vielen die „ougen von heizen trähenen rôt".

Uns auch.
„Wie grimmig Hagen auch war und wie hart sonst sein Gemüt", Rüdigers Gabe, das Geschenk eines Mannes, der in den sicheren Tod geht, das trifft selbst den Tronjer. Der sagt, er will Rüdiger nicht angreifen, und wenn alle von den Burgunden zu Tode kämen.
Das ist Hochverrat! Dem stärksten Gegner die Hand zu reichen, den Waffendienst zu verweigern, wo es um Leib und Leben seines Königs geht.
Beide fühlen: Was soll's noch, der da ist gut, soll der wenigstens lebend aus dem Gemetzel kommen, wenn irgendeiner, dann er.
Auf Hagens Wort hin verbeugt sich Rüdiger vor ihm, und da wußten alle, die da standen, daß mit Rüdiger der Inbegriff ritterlicher Tugend verlorengehen wird. Durch die Burgunden würde Rüdiger zu Tode kommen, so wie die starken Dänen Iring und Hawart und Irnfried und viel Tapfere aus Etzels Heer, auch wenn er nicht von Hagens und nicht von Volkers Hand fallen würde – auch der hat gesagt, er will nie die Hand heben gegen Rüdiger.
Und wieder rinnen beiden die Tränen über das Gesicht, Gunthers Leuten gleich wie denen aus Ostarrichi, von der Ense, der Trune und von der Tounouwe.
Bald 300 Jahre nach dem Kürenberger hat der Meister mit dem Marderpinsel das kleine Bild gemalt zu dem Vers „Vil gerne waere ich dir guot mit meinem schilde".
Da steht nun Hagen und hinter ihm die Burgunden. Alle mit offenem Visier, da sie noch immer hoffen, es werde sich alles wenden, „es wird ales rat". Wird es aber nicht, auch wenn Rüdiger seinen Schild dem Hagen gibt. Rüdigers Visier ist noch nicht zum Sturm herunten. Alle anderen aus Ostarrichi, die hinter ihm zum Saal hereinwollen, sind längst fertig zum Angriff: Helme fest, Visiere herunter und die Halsbergen dicht auf dem Harnisch, Schwert in der Höhe. Bald anderthalb Klafter Eisen ein jeder.
Und Rüdiger gibt Hagen seinen Schild.
Auf der Miniatur zur XXXVII Aventiure stehen links die aus Ostarrichi, die gerade in den Saal gekommen sind. Vor ihnen ist Rüdiger und gibt dem Hagen auf der anderen Seite, worum der

gebeten hat. Die vielen Toten auf dem Boden und den verbrannten Saal hat der Maler nicht gemalt und zu den Waffen keinen einzigen Schild. Nur den des Rüdiger, und den gibt der dem Hagen. Dann reißt der von Bechelaren das Visier herunter und rennt gegen die Burgunden.

Ehre, Liebe, Treue, das tut jetzt alles nicht mehr weh. Jetzt redet das Eisen. Mit seinem Schwert schafft sich Rüdiger freie Bahn, seine Leute hinter ihm. Hagen und Volker gehen ihm aus dem Weg, sie haben es so versprochen.

Aber auch ohne diese beiden trifft der von Bechelaren auf harte Gegenwehr, – schon durch Tor und Gang in den Saal zu kommen ist fast nicht möglich.

Hinter Rüdigers Haufen schließen Gunthers Leute das Tor und stellen sich dazu – bestehen und gehen oder fallen und bleiben, heißt das für alle.

Hart sind die Schläge von Rüdigers Leuten. Die sind ausgeruht und ihre Harnische noch ganz. Und so müssen die Burgunden zurück, auch wenn sie sich tapfer wehren.

Gunthers und Gernots List hat ihnen einen schlechten Dienst getan: Die Könige hatten gemeint, es wäre am besten, die von der Donau weit in den Saal zu lassen, hinter ihnen dann das Tor zuzuschlagen und sie dann von allen Seiten anzugreifen.

Rüdigers Leute aber sind keine Hunnen, die zu Fuß leicht zu zwingen wären – was den Burgunden da entgegensteht, sind Männer wie sie selber – groß und stark und ein jeder gewohnt, da zu stehen, wo Rüdiger es ihm schafft. Und der sagt, sie sollen sich nach außen stellen in einem großen Kreis, und wer nicht mehr stechen und hauen kann, matt oder wund, ganz gleich, der soll in den Kreis gehen und an seiner statt ein ausgeruhter Mann nach außen treten und hauen was geht!

Das tun die von der Enns und der Traun und von der Donau, und in dem Ring rennt Rüdiger immer dorthin, wo einer schwach wird oder fällt und Ersatz nicht schnell genug vorne ist, und erschlägt Mann für Mann.

Das sehen Hagen und Volker, und wie sie sich auch mühen, Rüdiger auszuweichen, sie müssen nun ihren Leuten zu Hilfe!

Langsam gewinnen nun die Burgunden mit diesen beiden die Übermacht, und einer nach dem anderen aus Rüdigers Ring kann nicht mehr ersetzt werden. Die anderen rücken darum zusammen und fechten Schulter an Schulter. Und so fallen sie auch, einer neben dem anderen. Am Ende steht Rüdiger ohne seine Leute, fast alle sind schon erschlagen, und auch Gunthers Burgunden sind nur mehr ein kleiner Haufen, viele wund und alle müde auf den Tod.

An diesem Tage kann es Rüdiger keiner gleichtun im Stechen und Hauen, wenn auch die drei Könige und Dankwart kämpfen, als wären sie nicht zu verwunden, so wenig schonen sie sich.

Gernot hält es endlich nicht mehr, er ruft zu Rüdiger hinüber, wenn der schon keinen von den Burgunden am Leben läßt, dann soll er zuvor ihn selbst angehen; da steht er, schreit Gernot, und das Gastgeschenk aus Bechelaren will er sich an Rüdiger jetzt selbst verdienen, von dem er es bekommen hat, damals, als sie noch zusammen saßen beim Wein an der Donau.

Rüdiger wartet nicht, bis Gernot heran ist, er rennt selbst auf ihn los. Sowie die beiden auf-

einander treffen, versuchen sie trotz allem Mut sich zuerst mit dem Schild zu decken gegen die wilden Hiebe, die da kommen.
Gernot wird früher matt und kann den Schild nicht mehr über den Kopf bringen. Da trifft Rüdiger ihn durch den „flintsteinharten Helm". Gernot ist todwund. Viel Blut rinnt ihm über die Halsberge auf den Harnisch. Alle Kraft nimmt er nun noch einmal zusammen, und ob er auch taumelt, er kommt von vorne unter Rüdigers Helm und trifft den von Bechelaren, daß er niederbricht. Neben ihm und wie er fällt Gernot auf die Knie und dann nach vorne auf das Gesicht: Die beiden haben ihren Streit zu Ende gebracht.
Da klagt Hagen laut über den Tod der beiden, und Giselher, der seinen Bruder in seinem Blut liegen sieht, sucht Trost im Kampf. „Der tôt der suochte sêre, dâ sîn gesinde was", und nicht ein einziger Mann von denen aus Ostarrichi kommt davon.
Das Klingen der Schwerter und die lauten Schläge auf Schilde, Helm und Harnisch sind mit einem Mal zu Ende. Still ist es im Saal, „vergangen war der dôz", das Getöse im Saal. Dort gehen Giselher und Gunther herum. Die Toten zählen sie nicht und auch nicht die Todwunden, sie können nichts tun. Der Jüngere sagt, sie sollten sich in den Wind stellen, um die Panzerringe zu kühlen und um trocken zu werden von Schweiß und Blut. Die anderen, die tun keinen Schritt, sie sitzen und lehnen nur herum, zu allem zu müde. Nicht ein Gedanke an Rettung und Entkommen. Ihre Gedanken sind aufgebraucht. „Wasser" sagt wohl einer, und die anderen nicken. Sie werden erst kommen, wenn die Nacht vorüber ist, sagt der am Fenster, und die anderen nicken. Auch die Worte sind aufgebraucht.
Lange bleibt es so still, daß Etzel sich wundert, was da im Saale geschehen ist und Krimhild nimmt ihn verzagt am Arm und weint: Einen schlechten Dienst tut uns Rüdiger – er will nicht Rache für uns, nein, die Burgunden will er an den Rhein heimbringen!
Volker steht am Fenster und hört die Königin klagen.
Ungereimtes Zeug schreit er da hinüber, er weiß nun, daß es nicht mehr lange gehen wird.
So viel ist aber doch zu verstehen: Rüdiger ist gefallen!
Damit das der König und die Königin auch glauben, tragen ihn Volker und Dankwart vor die Brüstung, die oben um den Saal geht. Dort sehen Krimhild und Etzel ihren Rüdiger, noch im Harnisch und ohne Leben. Den Helm hat ihm einer abgenommen, und so ist zu sehen, wie tief die Wunde ist an Rüdigers Kopf und Hals.
Krimhild weint, und Etzel schreit vor Trauer und Ohnmacht: Der Treueste, der Beste von allen, Freund und Ratsherr des Königs, Gewährsmann und Vertrauter der Königin: tot und erschlagen von den Burgunden.
Ganz ungebärdig, würdelos also, sollen König und Königin gewesen sein in ihrer Trauer, „als eines lewen stimme der rîche künec erdoz", gebrüllt hat Etzel wie ein Leu. Wer soll nun ihm raten, was tun, da auch die große Zahl der Hunnen der Mut verläßt. Sie rechnen ja nicht wie ihr König, der sich gesagt hat: 1000 von seinen für einen von denen da drinnen, wenn es sein muß, auch dann geht die Rechnung immer noch auf. Jeder von den Hunnen weiß nur, daß er einer von den tausend sein wird: Jeder Mann wird jetzt gebraucht. Bis Kundschafter

und Boten neue Haufen nach Gran bringen. Bis dahin werden alle fallen, die jetzt noch da sind.

Solche Gedanken lassen Etzels Leute nicht besser kämpfen, so lange sie noch davonkönnen aus der Etzelsburg, weil der König sie noch nicht nach vorn geschickt hat.

So denkt auch Etzel und brüllt „als eines lewen stimme“, wie ein Tier aus Wut und vor Sorge, wer am Ende noch bei ihm wäre außer der Königin: Im Saal waren noch immer genug von den Burgunden, und denen traute er einen Ausfall zu, was hatten sie schon zu verlieren.

So weinen beide haltlos, „ungefuoge“, über Rüdigers Tod. Krimhild hat jetzt niemand mehr, mit dem sie reden kann, mit dem sie vertraut ist.

Noch sind freilich starke Leute an Etzels Hof: Dietrich und sein Fähnlein. Aber die kann Etzel nicht um Waffenhilfe bitten, der König weiß, daß der Herr von Bern die Burgunden nicht angreifen wird. Dietrich hatte denen sogar geraten, umzukehren, und als sie das nicht wollten, da sagte er ihnen, sie sollten auf der Hut sein vor Krimhilds Zorn und darum immer in Waffen gehen.

Zu verstehen ist das freilich nicht, liebenswerter Alter! Dietrich ist zwar König in Bern, aber wo ist jetzt Bern – der Amelungenkönig steht in Etzels Dienst, seit vielen Jahren, hast du erzählt. Was soll ihn der Hunnenkönig also nicht rufen lassen, um ihm zu sagen, es geht gegen die vom Rhein, Dietrich, laßt rüsten!

Es kommt freilich am Ende so, nur halt ohne Befehl von Etzel – oder ist es anders zu verstehen? Wenn Dietrich und der dann letzte der Burgundenkönige gegeneinander stehen, dann alleine, – Mann gegen Mann und ohne Gefolgschaft ein jeder.

Das alles geht wohl auch dem Hunnenkönig durch den Kopf, da er nachdenkt, wer den letzten und entscheidenden Sturm gegen die im Saal anführen soll.

Durch ir hertzen laide so ward daz getan
man trüg den hold verhauen da in der künig sach
den etzeln degen so recht laide nie geschach
¶ Da sy den margrauen sahen doten tragen
es kund ain schreibere weder gepruefen noch gesagen
auf 1 die sich von hertzen jamer allda zaigen began

XXXVIII AVENTIURE

Wie Dietrichs Männer alle erschlagen wurden.
Oder: Das ist eine falsche Überschrift am Anfang vom Ende. Was, wenn nicht ein Überlebender dem Herrn König aus Ravenna meldet, was zu melden ist, woher weiß er dann Bescheid?

Hildebrand kommt nach einer Zeit zu seinem König und meldet, nach dem lauten Wehgeschrei in der Burg sei wohl Etzel selber zu Schaden gekommen, anders wäre so lautes Weinen und Klagen nicht zu verstehen. Selbst das läßt Dietrich besonnen bleiben: Was immer die Gäste getan haben, und wäre es noch so schlimm, die Not hat sie gezwungen dazu.

Und noch etwas: Laßt sie das genießen, daß ich mit ihnen Frieden habe.

Wenigstens fragen gehen will Wolfhart, was sich zugetragen hat in der Burg. Daß Wolfhart der falsche Mann ist für eine solche Kundschaft, das weiß Dietrich seit damals im Königssaal, als Dankwart hereingetaumelt war – „alle tot im Rittersaal" – und Hagen mit dem Schwert zu wüten begonnen hatte, als er den kleinen Prinzen erschlug.

Damals schon hatte Wolfhart gebrüllt, niemand brauche Gnade von den Burgunden, durch das Tor des großen Saales ginge er hinaus und kein Volker werde ihn aufhalten. Den Ausgang werde er schon frei machen für die Wehrlosen im Saal. Volker oder nicht Volker!

Der nicht! denkt Dietrich und bittet Helpfrich, herauszufinden, was mit Etzels Leuten und den Gästen geschehen ist, daß alle so laut klagen.

Helpfrich geht und fragt, und da sagt ihm einer, Rüdiger ist von den Burgunden erschlagen.

Rüdiger – Trost und Freude der Leute, den alle um Rat gefragt hatten und von dem keiner ohne ein gutes Wort fortgegangen war. Aus Trauer um ihn weinten sie.

„Rüdiger", sagt der Mann noch einmal und „alle, die mit ihm waren, alle tot."

Mit Tränen in den Augen rennt Dietrichs Mann zu seinem König: Rüdiger tot.

Das wäre das letzte, sagt Dietrich, zu viel Rache für alles, was gewesen, dem Teufel zum Spott sei das, was die Burgunden da getan hätten, Rüdiger war doch ihr bester Freund.

Wie hätte der das verdient von Gunther, den er umsorgt und umhegt hatte, wo er nur konnte!

Wolfhart sagt darauf, wenn das wahr wäre, dann gäbs nur eines: Alle von den Burgunden hätten mit Leib und Leben zu büßen, daß sie Rüdiger erschlagen haben.

Rüdiger, der für sie Halt und Trost war da in der Fremde, wo sie Zuflucht gefunden hatten.

So schnell redet sein König nicht: Wolfharts Herr ist auch in der Trauer um Rüdiger besonnen und will wissen, was wirklich vor sich gegangen ist oben in der Burg. Hildebrand soll gehen, sagt er, bei den Gästen selber soll er nachfragen, ob wahr wäre, was Helpfrich erzählt. Dietrichs alter Fechtmeister ist gewohnt, ohne Widerrede und Frage zu tun, was sein König ihm sagt, dreht sich um und geht. Einen langen Rock hat er an und einen Gürtel herum und grobe Schuhe an den Füßen.

„So nicht!" warnt Wolfhart, im Rock nur und ohne Waffen würde Hildebrand nur zum Gespött der Leute und der Burgunden gar, wie jeder weiß. In Waffen sollte sein Oheim gehen, anderes wäre nicht zu raten. So reden alle, die da herumstehen: Dietrichs Männer – nicht viele, aber harte Leute. In voller Rüstung stehen sie da, noch bevor Hildebrand sichs versehen kann. Das wollte der Alte eigentlich nicht, einen solchen Hofstaat mitnehmen zu den Burgunden – wenn die dort Harnische kommen sehen, dann würde vielleicht nicht viel gefragt. Kein Mensch aber fragt den Alten, Panzer klirren und Rüstriemen werden eingehakt.

Helme offen, Schwerter an der Seite und die Schilde vor der Hand, so stehen sie von ihrem Hauptmann. Der fragt noch, wohin sie wollen, so unter Waffen und klar zum Gefecht. Mit ihm wollen sie gehen, sagen sie, dann wird der Tronjer schon einen Schritt zurück tun und weniger laut reden als sonst. Und so auch dem sein Kettenhund, der Volker aus Alzey.

Ob sich Hildebrand erinnert, wie der sie damals einsperren wollte, damit sie von den Burgunden niedergemacht würden?

Wenn Dietrich damals nicht gebrüllt hätte wie ein Stier, wären sie heute alle nicht mehr am Leben! Sie damals ohne Waffen und die Burgunden alles Zeug dabei. Der Volker wird so nicht mehr mit dir reden – und mit uns auch nicht, schreit Wolfhart.

Hildebrand erinnert sich nun, wie Volker damals das Tor zugeschlagen und ein paar Burgunden davorgestellt hatte, jeder ein Schwert in der Hand.

Da nickt der Alte, und alle klirren davon auf dem Pflaster vor Dietrichs Bleibe. Hinauf den Weg zur Burg und über den Hof.

Keiner fragt sie und keinem sagen sie, was sie wollen. Keine „bitte um Urloup" von Etzel, der mit Krimhild sieht, wie das Berner Geviert in guter Ordnung über den Hof zieht hinter Hildebrand.

Die Hunnen, die sie sehen, kennen die Speere und die Harnische der Amelungen – Freunde sind es, werden es hoffentlich auch bleiben, und nicht wie die Burgunden auf jetzt und dann die Waffen heben wider ihren König.

So weichen sie also zurück und machen eine breite Gasse für die Berner.

Die sieht Volker zuerst und meldet Gunther und Giselher, daß Dietrichs Leute unter Waffen kommen, – das wird ein harter Gang, sagt er dazu.

Hildebrand kommt, bleibt stehen und setzt seinen Schild auf den Boden.

So ist er auch zu sehen auf dem Bild zur XXXVIII Aventiure: Wolfharts Rat nach guten Waffen hat er beherzigt. In Eisen steht er da, das Schwert über die Schulter. Daß er nicht mehr jung ist, wissen alle, und der Maler hat ihn auch so gezeigt; einen langen Bart läßt er Hildebrand haben, wohl auch, weil der Kürenberger erzählt hat, daß über Rüdigers Tod alle so sehr weinen, daß ihnen die „Tränen über Bart und Kinn" gingen. Von Hildebrand weiß der Maler

auch, daß der ein großer Meister mit dem Schwert ist. Darum trägt er auch keinen Helm. Schild und Schwert sind dem „snellen degene" genug an Schutz, mehr braucht er nicht.
Hinter Hildebrand stehen seine Waffengefährten, die von ihm gelernt haben, mit Speer und Schwert umzugehen. So gut, daß sie alle ihr Beinzeug in den Kammern gelassen haben: Vom Harnisch abwärts decken sie sich mit dem Schwert allein. Mehr wäre ihnen zu schwer und machte sie zu langsam!
Ihnen gegenüber die Burgunden, lange nicht so gelassen und ausgeruht wie die Amelungen. Zum ersten Mal ist Hagens schrecklich verunziertes Gesicht mit dem offenen Kiefer zu sehen. Über ihre Toten müssen die Burgunden treten, so zeigt es der Maler, zum Wegschaffen der Leichen fehlt ihnen Kraft und Mann.
Auf Hildebrands Frage, ob Rüdiger wirklich von den Burgunden erschlagen liege, sagt Hagen, das ist so. Gerne würde er anderes sagen. Allen ist leid um Rüdiger, niemand könnte ihn genug beweinen, es ist eben so gekommen wie es gekommen ist.
Aus Dietrichs Gefolge sagt Herzog Siegstab: Ihr habt den Trost von uns Heimatlosen erschlagen. Alle Güte, die wir von ihm erfahren, ist durch euch nun zu Ende.
Der junge Wolfwein aus Bern denkt an Bechelaren, wo die Amelungen durchgekommen waren auf ihrem Weg nach Gran und an die schöne Gotelind – wer sollte die gute Frau nun trösten! Um seinen Vater würde er nicht mehr trauern als um den erschlagenen Markgrafen.
Wolfhart sagt voll Zorn, nun sei keiner mehr, der Etzels Heer führen könnte, mit dem von Bechelaren ging mehr verloren als nur ein Mann.
Wolfhart, Helmnot und Wolfbrand, Wolfwein und der Alte stehen da und weinen um den toten Freund, bis Hildebrand mit heiserer Stimme Gunther bittet, sie sollten den toten Rüdiger heraustragen. Im Tode noch wollten die Amelungen ihm die Liebe lohnen, die sie ihm im Leben nicht mehr zeigen konnten. Was laßt ihr uns denn lange warten und bitten!
Das wäre recht, meint Gunther, daß sie dem von Bechelaren noch einmal danken für alles, was er ihnen Gutes getan habe.
Wie lange man noch betteln muß, daß die Leiche des besten Freundes endlich herausgegeben wird! Wolfhart reicht das süßliche Gerede. Für ihn hat sich der von Bechelaren Besseres verdient als da im Staub zu liegen, dieweilen Gunther so redet, als habe er mit Rüdigers Tod nichts zu tun, wie von weit weg redet der Burgundenkönig.
Da zeigt der Dichter einmal mehr, was er von Volker hält: blöde redet der daher – daß kein Mensch den Toten bringen wird. Wenn einer Rüdiger wirklich noch einen Dienst tun will, dann soll er ihn selber holen von dort, wo er liegt.
So redet man nicht zu einem aus Bern. Die sind vielleicht nicht die Schnellsten beim Reden, aber wenn sie sich einmal auf etwas eingerichtet haben, dann fürchten sie sich vor keinem Vogt und keinem Volker. Dann reden die Berner Eisen. Man muß nur die Ritter fragen, die in Sempach zu Tode gekommen sind von solchen wie Wolfhart, gleich ob dessen Bern so oder anders heißt, was zählt das alles!
Der sagt zu Volker, leid ist ihm genug, daß Rüdiger tot ist und wenn er nicht anderen Auftrag

hätte von seinem König, dann wollte er Volker schon zeigen, wie die Schwerter der Amelungen schneiden ins burgundische Eisen.
Der aus Alzey bekommt ein gutes Wort in den Mund gelegt, da er sagt:

Es fürchtet sich der Mann zu viel
Der, was versagt, gleich lassen will
Der hat nicht rechten Mannes Mut
Der was ihm recht scheint, doch nicht tut.

Dem Tronjer soll die kecke Rede Volkers recht gewesen sein, erzählt das Lied. Das ist Hagen zuzutrauen, da er sieht, daß die Amelungen nicht kämpfen wollen.
Denen geht es nicht um den Hunnenkönig, nein, denen ist ein lieber Freund erschlagen worden, von Leuten, die einen berühmten Helden aus Xanten von hinten gespeert und dann dessen Witwe ihr Eigentum gestohlen haben. Ihrem Gastgeber haben sie das Kind geköpft und ihn einen Hahnrei geheißen. Und solche Leute bringen Freund Rüdiger zu Tode!
„Das braucht ihr euch nicht zu wünschen", sagt darum Wolfhart, nur durch Dietrichs Befehl zurückgehalten, „ich werde dir die Saiten so verstimmen, daß du auch am Rhein noch sagen mußt, ich hab dir dein freches Gerede ausgetrieben!" Volker sieht Hagen neben sich und Wolfhart auf den Stufen unter sich, und da meint er, der wäre leicht in Wut zu bringen. Hagen

hat ihm schon zuvor bedeutet, es wäre besser, die Berner jetzt vor die Klinge zu bekommen, wo sie noch ohne ihren König sind – mit Dietrich an der Spitze wären die Amelungen allemal stärker als die Burgunden. Zu viel hatte er am Rhein schon gehört von den Heldentaten Dietrichs und seiner Leute, die Sänger zogen mit des Berners Aventiuren von Hof zu Hof. Gut also, wenn nur Hildebrand und nicht Dietrich den Haufen da führt – der Streit ist ohnedies nicht zu vermeiden, darum also besser jetzt und nicht später.
Darum läßt Hagen Volker weiter frech reden; daß er dem Wolfhart den glänzenden Helm rostig schlagen will, wenn der so redet von seiner Fiedel und ihren Tönen. Dazu käme er schon noch, bevor er heimreitet an den Rhein. Wolfhart hört das letzte nicht mehr: Sein Visier ist schon herunter, Schild und Schwert hat er in der Hand und geht auf Volker los. Hildebrand fällt ihm in den Arm und schreit ihn an, er soll sich in seiner Wut nicht seinen König zum Feind machen. Befehlsverweigerung das, der König hat anderes befohlen!
Noch nicht genug ist das dem Volker, der zu Hildebrand sagt: „ lât abe den lewen, meister." Er soll den Löwen loslassen, aber wenn ihm Wolfhart zu nahe kommt, dann hat der sein letztes Wort geredet – der von Alzey weiß wohl nicht, mit wem er da redet.
Das ist den Bernern zu viel! Wolfhart reißt den Schild in die Höhe und rennt hinauf, die anderen ihm nach so schnell sie können in ihren Rüstungen.
Hildebrand keucht neben Wolfhart hinauf: Wenn es ans Streiten geht, dann ist keiner vor dem Waffenmeister der Amelungen! Kann sein, daß ich die Leute wieder heil zu Dietrich bringen kann, fährt es ihm durch den Kopf.
Die Burgunden warten schon.

Hagen steht neben Volker, und da greift Hildebrand den Tronjer an, daß man das Eisen klingen hört und Funken sieht: Hagen zuvorderst, das weiß der Alte.
Wolfhart schlägt dem Fiedler mit dem Schwert so hart auf den Helm, daß er durch die Helmspangen kommt. Nun ist Volkers Helm offen, von der Wange rinnt das Blut. Volker wehrt sich, und beide beginnen mit dem Schwert auf den Harnisch des anderen dorthin zu schlagen, wo Stück an Stück gefügt ist – unter der Halsberge und an den Schultern. Funken sieht man wie dichte Strahlen, wenn die Klingen an den Harnischen abprallen. So geht das, bis der starke Wolfwein mit ein paar Burgunden fertig ist und zwischen die beiden kommt. Über die Toten vor seinen Füßen steigt er, da er Gunther sieht, auf den er losstürmt. Der König erwehrt sich aber des jungen Amelungen. Auch Giselher, Hagens Bruder und Volker halten dem Ansturm noch stand, gerade noch und wie lange –
Der alte Hildebrand bringt die Wende: Vor der Wand seiner kampfgewohnten Leute schlägt er sich durch die kleine Schar der Burgunden. Die schweren Harnische hat er hinter und Wolfbrand neben sich, der ihm die linke Seite deckt. So haben sie es von ihm gelernt, daß das Heil nur vorne zu suchen ist: ausweichen und zurückgehen bringt das sichere Ende, wenn Mann gegen Mann auf Schwertlänge steht. Herzog Siegstab, der Sohn von Dietrichs Schwester, bricht aus der Reihe hinter Hildebrand als erster nach vorne aus: Vor ihm weichen die getroffenen Leute Gunthers am schnellsten zurück, so wütend schlägt er drein. Das sieht Volker und greift ihn an.
Gegen Volker kann sich auch Siegstab nicht lange wehren. Bald fällt er auf die Knie und auf sein Gesicht. Da zeigt nun Hildebrand dem Mann aus Alzey, daß er noch nicht zu alt ist für die Klinge zu anderthalb Händen. Er greift Volker schnell an und schlägt ihn ein um das andere Mal seitlich auf den Helm, daß die Spangen davonfliegen. Mit dem Schild versucht sich Volker zu schützen vor den Schlägen Hildebrands, aber auch das kennt der Alte und schlägt ihm Stück für Stück vom Schild herunter, bis Volker wehrlos ist und die Schläge Hildebrands ihm ins Leben gehen.
Da sehen die Amelungen, daß auch der wilde Fiedelspieler zu bezwingen war und „drungen zuo dem strîte“.
So viel an Zuversicht haben sie gewonnen, daß sie nicht merken, wie einer nach dem anderen von ihnen fällt. Die Burgunden aber sehen bei den Amelungen neben Hildebrand, wie denen die Waffen schwer werden und sie zurückweichen. In dem Gedränge von Harnischen und dem Klirren der Waffen hat Hagen nicht bemerkt, daß Hildebrand den Volker erschlagen hat, nun sieht er seinen toten Freund am Boden und will ihn an Hildebrand rächen: Nur der kann es gewesen sein, das weiß der Tronjer. So hebt er den Schild, den er von Rüdiger hat. Er kommt aber nicht zu Hildebrand – zu gut decken den Helferich und Gerbart, Ritschart und Wichart. Helferich bekommt Hagens Bruder vor die Klinge und zeigt, was er vom Alten gelernt hat: Dankwart wehrt sich nicht lange gegen den Jungen, zu stark ist der und er versucht darum gegen einen Schwächeren zu gehen. Helferich aber setzt Dankwart nach und schlägt ihm das Leben aus dem Küraß.

So wie Helferich auf der einen Seite, schlägt sich Wolfhart auf der anderen durch die schon lichten Reihen der Burgunden, von denen er Mann für Mann niederbringt. Wie schnell seine Gefährten zuerst auf die Knie und dann auf den Helm fallen, sieht Giselher und stellt Wolfhart. An dessen Worte denkt der König noch, daß er um den Leichnam Rüdigers nicht betteln wollte. Betteln muß Wolfhart nicht, Giselher will ihm gleich einen zweiten Leichnam hinlegen – Wolfharts eigenen.

Zwischen Leben und Tod sind keine anderen Gedanken mehr, wenn soviel Tote herum liegen. Wolfhart wartet nicht, er springt über die Toten, aus denen soviel Blut rinnt, daß es vor seinen Füßen mannshoch aufspritzt, „daz iméz pluot under füezen al über daz houbet gespranc". Bei Giselher ist er aber an einen starken Mann geraten, der nur mehr an Trutz und keinen Herzschlag mehr an Schutz denkt. Wütend schlägt der auf Wolfhart ein und bringt sein Schwert durch das Kettenhemd des Berners. Der spürt die tiefe Wunde und merkt, wie ihm schwarz wird vor den Augen.

Nur einmal noch! Den Schild wirft er weg, hält sein Schwert mit beiden Händen, und schlägt mit aller Kraft, die ihm geblieben ist, auf den Burgunden ein. Er trifft Giselher an der Helmseite, daß die Spange bricht und die Ringe der Halsberge wegfliegen und die Klinge so tief in Hals und Schulter geht, daß das Blut breit aus der Wunde pocht.

So fällt der letzte der Burgunden, der noch neben Gunther und Hagen gefochten hat.

Die lehnen beide todmüde an der Mauer und sehen, daß auch neben Hildebrand niemand mehr auf den Füßen ist. Außer ihm sind alle Amelungen gefallen, die Rache wollten für Rüdigers Tod, keiner mehr da von Dietrichs Leuten außer dem Alten.

Hildebrand kniet vor Wolfhart nieder und umarmt den Sohn seiner Schwester. Er will ihn aus dem Saal tragen, schafft das aber nicht mehr und legt ihn sanft auf den Boden. Er sieht, daß Wolfhart noch soviel Atem hat, zu sagen, man muß auf der Hut sein vor Hagen. Um ihn braucht keiner zu weinen, den Freunden soll Hildebrand sagen, auf ihn kommen mehr als 100 Burgunden, die er alleine für Rüdigers Tod hat büßen lassen.

Hagen sieht Hildebrand vor Wolfhart knien und hört die letzen Worte des Sterbenden. Zwei Schritt daneben liegt Volker. Hildebrand ist nun allein, und Hagen greift den Mann an, der ihm seinen Freund erschlagen hat. Hildebrand ist aber schnell auf und schützt sich mit seinem Schwert. Das kennt Hagen, daß einer, der sich gegen die Schläge von oben decken muß, dann unten ungedeckt ist.

Er haut darum auf Hildebrands Helm und als er merkt, daß der Berner langsamer wird, schlägt er ihm die Klinge von der Seite unter die Schulter.

Hildebrand spürt die Wunde und will nur noch davon. Während Hagen innehält, da er das Blut aus Hildebrands Harnisch kommen sieht, da wirft der seinen Schild auf den Rücken und rennt zur Türe. Hagen und Gunther sind zu müde, ihm zu folgen. Sie lassen die Waffen fallen und setzen sich auf den Boden zu einem Fenster, wo ihnen der Wind Kühle bringt nach einem Tag, der heiß war die kein anderer vorher.

Schwer atmen beide, keiner sagt ein Wort, ihre Augen schließen sie vor den unzähligen Toten. Still ist es im großen Saal.
Draußen schleppt sich der blutende Hildebrand zu seinem König, dem er erzählt, was war. Dietrich sieht das Blut auf Hildebrands Harnisch und fragt, warum der sich gegen jeden Befehl in den Streit gemischt hat. Mit den Burgunden war Frieden zu halten!
Hildebrand versteht nicht, daß sein Herr nicht sehen will, daß er alleine vor ihm steht, über und über voll Blut. Hagen, sagt er, Hagen hat mir diese Wunde geschlagen. Kaum daß ich diesem Teufel von einem Tronjer entkommen bin.
Der König will nicht hören, warum Hildebrand mit dem Tronjer aneinandergeraten ist, wo doch Frieden zu halten war. Und wenn er sich nicht schämen würde, schreit er voller Wut, hätte Hildebrand mit dem Tode zu büßen, daß er die Burgunden angegriffen hat.
Den Zorn hat er sich nicht verdient, sagt Hildebrand, mit Wolfhart und den anderen wollte er ja nur Rüdiger heraus haben aus dem Saal.
Und das wollten Gunthers Leute nicht, darum der Streit. Da erst versteht Dietrich: Rüdiger tot! Und er weint um seinen Freund, der ihm immer hilfreich zur Seite war in den harten Jahren in der Fremde. An Gotelind denkt er und an ihre Tochter, die den Vater verloren hat.
Durch wen denn Rüdiger zu Tode gekommen ist, will der König wissen und hört von Hildebrand, das war Gernot, der aber selber von Rüdiger den Tod gefunden hat.
Rüdiger tot, nach Bechelaren gehen, Gotelind und ihr Kind trösten. Eine Schande und ein Elend, wie die Burgunden dem Rüdiger seine Freundschaft vergolten haben!
So geht es Dietrich durch den Kopf.
Das verdienen die Burgunden nicht, daß er jetzt noch Frieden hält – Rüdiger tot!
Es war schon vorher schwer, Etzel nicht beizustehen, aber jetzt? Dietrich schüttelt den Kopf, einmal und noch einmal. Hildebrand nickt er zu, alle seine Leute sollen ihre Waffen nehmen – ihm selbst soll man Helm und Harnisch bringen. Jetzt will er selber die Burgunden fragen gehen nach dem Grund für Rüdigers Tod, und alle haben mitzugehen.
Alle? Wem das gelten soll? Alle, „daz bin ich alters eine, die andern, die sint tot!" Dietrich fragt darauf voller Trauer, aber mit gefaßter Stimme, wie es denn geschehen konnte, daß die starken Amelungen alle tot sind und ob einer von den Burgunden noch am Leben wäre.
Hildebrand wischt sich noch immer das Blut vom Panzer: nur Hagen und Gunther.
Da weint der König bittere Tränen um seine Freunde, um Wolfhart, Wolfwein und Wolfbrand, um Siegstab und Helferich und die anderen, liebe Verwandte hat er unter den Toten. Daß seine Mutter ihn geboren, klagt der König und daß er nicht sterben kann anstatt soviel Leid zu ertragen.

XXXIX AVENTIURE

Wie Gunther und Hagen und Krimhild erschlagen wurden.
Oder: Ein König will vermitteln – spät, Majestät, zu spät!
Und: Ein Fechtlehrer darf eine Königin eigenmächtig enthaupten, ohne sofort füsiliert zu werden.
Zwei Könige weinen.

Die letzte Aventiure des Liedes beginnt mit dem König, der nichts mehr redet – zu wem denn auch. Nur Hildebrand ist noch da, und der weiß so gut wie sein Herr, was jetzt zu tun ist.

Da geht Dietrich also selber um seine Rüstung und seine Waffen. Der Herr von Bern zieht sich mühsam sein Kettenhemd und seinen Harnisch an, das Beinzeug, die Armschienen und die Ringe unter der Halsberge und diese darauf. Helm und Schild und Schwert noch, und dann geht er hinauf und über den Burghof zu der Stiege, die so viele in den Tod geführt hatte.

Hagen sieht die beiden und sagt zu Gunther, daß Dietrich wohl zum Streit kommt. Nach dem, was ihm die Burgunden angetan haben, kann es nicht anders sein. Darum macht er Gunther Mut: Einmal noch, das nächste Fechten ist immer das schlimmste, aber vielleicht das letzte, so oder so! Mit Dietrich, sagt er so laut, daß der das hören kann, mit Dietrich will Hagen alleine fertig werden. Gunther nickt dazu, Hagen soll aber zuvor noch mit Dietrich reden. Der sieht, wie ungelenk der Berner in der schweren Rüstung daherkommt und denkt, der König trägt immer nur zu festlichem Anlaß einen Prunkharnisch, nie aber einen zum Stechen und zum Hauen. Hildebrand dahinter sieht er noch immer bluten von der Wunde, die ihm der Balmung geschnitten hat: Kein starker Mann mehr, der Alte.

Da hat er sich in beiden getäuscht: Der Herr von Bern war wirklich ein Herr und ein Herzog in Zeiten der Not, der vor seinen Leuten zu stehen gewohnt war. Der Jüngste freilich nicht mehr, aber ausdauernd und besonnen. Daß der erste Sturm immer zu überstehen ist, hat er gelernt, und wenn der vorüber war, dann war das Schlimmste auch vorbei: Langsam, jeder wird einmal müde, denkt Dietrich, und daß die zwei da am Ende sind nach dem, was sie auszuhalten gehabt haben alle die Tage in Etzels Burg.

Das und das Gerede Hagens, überlegt er, das geht nicht zusammen. Der Mann zeigt mehr Mut, als er noch haben kann: Müde und bleich lehnen die letzten zwei von den Burgunden an der Wand, vor ihnen am Boden unzählige in ihrem Blut.

Dennoch bleibt Dietrich besonnen, er geht nicht gleich auf Hagen los, – obwohl Hildebrand noch so viel wäre, ihm Gunther vom Leib zu halten.

Er setzt den Schild ab, den langen, und stellt den Burgundenkönig zur Rede: Warum der ihm

Nieman wan hagen allaine vnd gunther der kunig her
¶ Owe lieber wolffhart sol ich dich han verlorn
so mag mich Immer rewen daz ich ye ward geborn
Sigstab vnd wulfwein vnd auch wolfprant
wer sol mir danne helffen in der ammelunge lant
¶ wolffwein der vil chune vnd ist mir der erschlagen
gehart vnd wichart wie sol ich die verclagen
Daz ist an meinen frewden mir der leste tag
Owe daz vor laide niemat gesterben mag

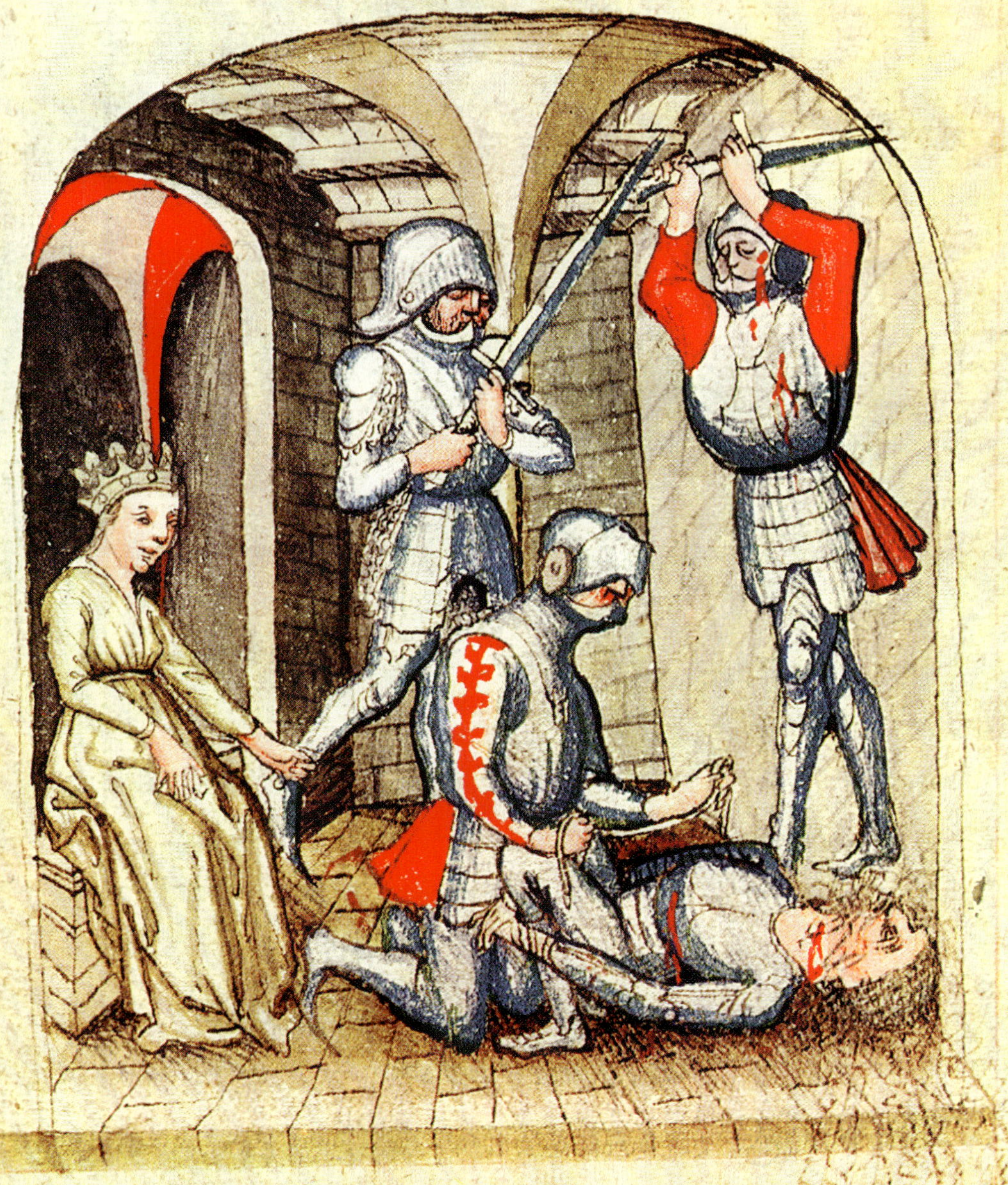

so viel Leid zugefügt hat! Nicht Grund und nicht Anlaß war, Rüdiger zu erschlagen, seinen guten Freund. Und das war Gunther noch nicht genug, nein, auch seine Berner! Solches hätte er den Burgunden nie angetan.
Darauf sagt Gunther gar nichts, Hagen antwortet an Stelle seines Königs, daran wären sie nicht alleine schuld: die Amelungen sind ja in so großer Zahl und unter Waffen gekommen!
Gunther schweigt. Dietrich sagt, er glaubt Hildebrand, daß seine Leute nur den toten Rüdiger aus dem Saal tragen wollten und dabei nichts als Spott erfahren haben.
Da endlich redet Gunther, und was er sagt, hat für Dietrich keinen Sinn: Er selber, sagt Gunther, hat verboten, die Leiche herauszugeben. Etzel zum Trotz sei das geschehen, aber nicht gegen die von Dietrich! Losgegangen ist der Streit, weil Wolfhart dann die Geduld verloren hat – kein Grund war für dessen Zorn.
Das Gerede ist dem Berner zu lang und er sieht, daß es zu nichts anderem führt, als daß Gunther und Hagen wieder zu Kräften kommen.
Er sagt, Gunther soll einstehen für alles an Leid. Wenn er es sühnen wollte, würde der Berner die Sühne annehmen.
Dazu sollten sich Gunther und Hagen ergeben. Unter seinen Schutz sollten sie sich stellen und die Waffen weglegen. Sie werden dann sehen, wie redlich es Dietrich meint. Gunther überlegt.
Da schreit Hagen dazwischen: Keine Rede, solange sie beide noch ihre Waffen haben, solange werden sie sich niemals ausliefern, – sich nicht und die Waffen nicht.
Dietrich rät den beiden nochmals gütlich zur Übergabe der Waffen und verspricht sogar, sie wohlbehalten heimzubringen an den Rhein und ihnen ihre Untaten zu verzeihen – Etzel wäre sicher einig mit ihm, das weiß Dietrich. Aber Krimhild? – „Es wird ales rat".
Die Sorge, was die Königin täte, brächte er Gunther und Hagen außer Landes, die nimmt ihm der Tronjer ab. Hagen sagt, den Burgunden stünde nur Dietrich entgegen, einzig Hildebrand sei bei ihm, nur der, meint er abschätzig, und von dem habe ein jeder gesehen, wie er mit Schimpf und Schande und mit dem Schild auf dem Rücken aus dem Saal geflohen war. Der soll darum seinen Rat bei sich behalten, sich zu ergeben.
Hildebrand läßt sich das nicht vorwerfen von einem Mann, der zugesehen hatte im Wasgenwald, wie seine Freunde erschlagen wurden. An Hagen könne man das noch „genuoc" sehen, wie ihm der aus Aquitanien dann das halbe Gesicht zerhauen hat.
Zu Hagen sagt Dietrich, der soll noch einmal sagen, was er zu Gunther geredet hat: Er will mit Dietrich alleine fertig werden, ob er Hagen richtig gehört hat?
Hagen streitet das nicht ab, redet aber nicht mehr so kühn: Damit nicht er und sein König zu Geiseln werden, darum will er Dietrich widerstehen.
Davon war vorher nicht die Rede, das merkt auch Dietrich. Er bringt seinen Schild gerade noch vor Helm und Harnisch, bevor Hagen heran ist.
„Und niemals trafen der Zyklopen Hämmer" schlimmer, als Hagens Schwert jetzt niederfährt auf den von Bern. Dietrich weiß um den Balmung und hat gehört, wie scharf der noch immer

schneidet, darum ist er auf der Hut und weicht Hagens Hieben aus. Er deckt sich mit dem Schild, so gut er kann.

So läßt er den Tronjer müde werden, und hält immer dann dagegen, wenn Hagen von der Wucht der eigenen Schläge aus dem Gleichgewicht kommt.

Dabei schlägt er am Ende Hagen eine Wunde, die „was tief unde lanc".

Dietrich sieht Hagen innehalten, stehen zuerst und dann wanken. Den Wehrlosen will er aber nicht töten – wenig ehrenvoll wäre das.

So wirft er Schild und Schwert beiseite, umfaßt den Tronjer mit den Armen und drückt ihn zu Boden. Als er auf ihm kniet, schreit er Hildebrand an, der soll ihm etwas bringen, daß er Hagen damit binden kann. Der Alte steht zuerst nur da und schaut zu, wie Hagen unter dem König kaum mehr atmen kann, dann rennt er und bringt ein Seil. Dietrich bindet dem Tronjer die Arme zusammen – so fest, daß dem die Hände weiß werden.

Dann hilft er dem Gefesselten auf die Beine und führt den wunden Mann zu Krimhild, der er das Seil in die Hand gibt, mit dem er den Tronjer geführt hat.

Da verbeugt sich die Königin tief vor Dietrich, dankt ihm und wünscht ihm Glück. Ihr Leben lang will sie ihm dankbar sein dafür, daß er ihr Hagen gebracht hat.

Dietrich bittet die Königin um Hagens Leben, da der schon genug gebüßt hat für alles.

Krimhild verbeugt sich noch einmal vor dem Berner und läßt Hagen in ein Verlies bringen.

Gunther sieht, wie sein letzter Mann weggeführt wird und ruft in den Burghof hinunter, wo denn Dietrich bleibt, den Hildebrand hält er sich vom Leibe.

Nach Dietrich ruft der König der Burgunden, der seinen besten Mann geschlagen hat.

Gunther denkt aber nicht mehr an Rache: Er steht nur darum noch im Saal, weil er zum Umfallen zu müde ist, und setzen will er sich nicht. Nein, stehend will er auf Dietrich warten, und was er dem entgegenruft, das ist nur, daß er schnell machen soll.

Der Herr von Worms, der Vogt vom Rheine, wartet auf sein Ende.

Dietrich geht noch einmal die Stiege hinauf. Bevor er aber noch oben ist, kommt Gunther schon heran und fällt über den Amelungen her, daß der sich nur mit harter Mühe wehren kann. Doch wieder ist Dietrich klug genug, den ersten Sturm abzuwarten und sich zu decken und darauf zu warten, daß Gunthers Schläge langsamer werden. Der versucht alles, um nicht wie Hagen vor die Königin geführt zu werden. Sein Mut hält aber länger als seine Kraft.

Dietrich sieht, daß Gunther schon schwach ist und haut ihm das Schwert zwischen Kragen und Armzeug. Gunthers Kettenhemd hält nicht mehr, und so geht Dietrichs Schwert tief unter Gunthers Küraß. Durch die Panzerringe fließt ihm das Blut, und er steht wehrlos vor Dietrich.

Willenlos läßt er sich die Hände zusammenbinden. Dietrich führt den Burgunden an der Hand vor seine Schwester.

Krimhild grüßt ihren Bruder: „Willekomen Gunther ûzer Burgonden lant!"

Da schaut Gunther auf und sieht der Königin in die Augen: „Gerne würd ich danken für dei-

nen Gruß, wenn du mich gütig grüßtest. Du aber bist voll Zorn und dein Gruß ist nur Spott."
Krimhild sieht ihren Bruder lange an.
Dietrich weiß, daß das nichts Gutes verheißt und bittet die Königin, ihm die beiden in Fürsorge zu geben – sie „mîn viel wol geniezen lân".
Krimhild antwortet schnell, zu schnell, „si taet iz gerne".
Der Berner versteht, was die Königin damit meint, und es kommen ihm die Tränen, wenn er daran denkt, was den beiden bevorsteht.
Alles ist nun vorbei, was der Meister mit dem Marderpinsel zu der XXXIX Aventiure gemalt hat: Auf seinem Bild liegt Hagen auf dem Boden, er blutet am Hals und unter dem Harnisch. Wehrlos ist er gegen Dietrich, der ihn fesselt.
Gunther kann sich auf dem Bild noch gegen Hildebrand wehren, der selber viel Blut verliert aus der Wunde, die ihm Hagen geschlagen hat.
Krimhild sitzt in einer Fensternische, der Meister malt sie so, als wäre sie im Saal neben den vier letzten, die zum Streit geblieben sind.
Die Königin läßt Gunther in ein anderes Verlies bringen als Hagen. Dann geht sie zu Hagen, dem sie anbietet, ihn lebend heim zu lassen an den Rhein, wenn er ihr wiedergibt, was er ihr genommen hat. So meint sie zu halten, was sie Dietrich versprochen hat.
Hagen versteht nichts: Er meint, die Königin redet vom Nibelungenschatz und weiß nicht, daß sie von ihm viel mehr verlangt: Er hat ihr nicht nur den Reichtum Siegfrieds genommen, auch dessen Leben und das des kleinen Hunnenprinzen. Weil er das aber nicht versteht, redet er nur von dem Schatz im Rhein, den er nicht herzeigen will, so lange noch einer der Burgundenkönige am Leben ist; das hat er geschworen, sagt er.
Daß bald kein Burgunde mehr lebt, der Hagen hindert, ihr das Versteck des Nibelungengoldes zu sagen, dafür sorgt Krimhild: Sie läßt ihrem Bruder das Haupt abschlagen, geht hinüber in das andere Verlies und hält es dann an den Haaren dem Hagen so dicht vor das Gesicht, daß ihm das Blut seines Königs darüber und über den Harnisch rinnt.
Das ist auch das letzte Bild in dem Buch, das Helferich Bernhard Hundeshagen so sorgsam gehütet hat: Krimhild steht vor Hagen, Gunthers blutendes Haupt in der rechten Hand und Siegfrieds Balmung erhoben in der linken.
Hagen ist im Block: Mit Eichenbohlen sind seine Beine niedergehalten und seine Arme fest im Eisen, keine Hand breit kann er sich rühren.
Hildebrand zieht das Schwert aus der Scheide, als wollte er dem Wehrlosen ans Leben.
Der Hagen in der Miniatur lacht, als er Krimhild kommen sieht: Der Maler hat aus den alten Liedern gewußt, daß Högni den Tod nicht fürchtet, zu oft hat er das Sterben schon gesehen. Högni hat gelacht, als seine Schlächter kamen, und Hagen lacht, da er Krimhild mit dem erhobenen Balmung vor sich sieht, den Kopf seines toten Königs an den Haaren in der Hand. Alles ist vorbei für ihn und er denkt nicht mehr zurück.
Zur Königin sagt er, daß sie nun alles zu einem Ende gebracht hat und das so, wie er es erwartet hat, seit er mit Gunther aus Worms fort ist.

Einmal richtet er sich im Block noch auf, so hoch er kann: „Tot sind alle von den Burgunden, Gunther, Gernot und Giselher. Den Hort weiß nun niemand mehr außer Gott und mir alleine. Und darum wirst du Teufelin nie erfahren, wo er liegt!“
Keine Bitte um Gnade, kein Wort des Nachgebens – Hagen lacht. Und er lacht auch noch über Krimhild, daß sie Siegfrieds Schwert behalten will.
„Mîn holder vriedel“, sagt die Königin. Sie läßt Gunthers Kopf auf den Boden fallen, hebt das schwere Schwert mit beiden Händen und schlägt Hagen den Kopf ab.
Etzel schreit laut auf: Er kennt das Versprechen an Dietrich, Gunther und Hagen zu behandeln, wie es einem König und seinem ersten Mann gebührt.
Nun sind beide wehrlos erschlagen und das letzte Wort der Königin war von Siegfried!
War auch Hagen Etzels Feind, so war er doch der stärkste Mann. Und nun ist er von einer Frau erschlagen, gegen jedes Versprechen!
Die Königin sieht mit starrem Blick Gunthers und Hagens Haupt vor sich.
Siegfrieds Schwert setzt sie vor sich auf den Boden und hält es mit beiden Händen: „Das hat geschehen müssen“, fühlt sie nun den schalen Geschmack der späten Rache.
Wie sie sieht auch Hildebrand die beiden blutigen Häupter auf dem Boden.
Voller Wut rennt er hin und schlägt der Königin das Haupt ab.
Etzel und Dietrich weinen.
Hildebrand geht fort.

Die lew heten alle jamer vnde not
Mit laide waz verendet des kunges hochzeit
Als ye die leb laide ze aller jungiste geit
Ich kan euch nicht beschaiden waz seyd da geschach
Wann ritter vnde frawen wainen man da sach
Dar zů die edlen knechte ir lieben frinde dot
Di hat daz strit an ende daz ist der nibelunge not

IIII c l ij

Hie hat der Streit am ende

EPILOG

Pavane vor Rüdiger – Eichenlaub für den Markgrafen

Die „Klage“, die der Kürenberger nach dem Nibelungenlied noch geschrieben haben soll, die ist für uns schon in Etzels und Dietrichs Weinen. Die beiden Könige haben Tränen für alle.

Da ist nun der Streit zu Ende und so auch der Nibelunge Not.

Der Nibelunge, halten zu Gnaden.

Denn die Nibelunge, das war Krimhild und ihr gebrochenes Herz, seit Hagen ihren Vriedel erstochen hat. Und nun hat sie alles gerächt, was sie gemeint hat, rächen zu müssen. Sie hat auch am Ende nicht verstanden, daß alles Leid und alle Not von ihr selbst verschuldet war. Ohne ihre Gehässigkeit der Brunhild gegenüber hätte es keinen Hagen gebraucht. Und die Frage, wer in Worms ranghöher war, das bedurfte keiner Klärung, denn da war Gunther König und seine Brunhild somit die erste Dame.

Die Burgundenprinzessin sah mit einem Mal eine Ranghöhere. Eine fremde Frau als Königin am Hofe zu Worms! Wunderschön ist die Fremde und alles richtet sich jetzt nach ihr. Krimhilds Gemahl ist der Brunhild gegenüber sehr zurückhaltend und sie zu Siegfried voller Hoheit.

Den Grund dafür hat Krimhild in der Hochzeitsnacht erfahren: Den Ring und den Gürtel, den er von Brunhild hatte, schenkte Siegfried da seiner Angetrauten.

Da ist der Niederländer kein Ehrenmann, und Krimhild ist danach auch keine Dame: Mit Ring und Gürtel kränkt sie die Brunhild auf den Tod.

Das ist auch heute noch zu verstehen, wenn man daran denkt, wie elend Brunhild betrogen wurde. Zuerst von Siegfried, als er die Königin verließ, der er die Ehe versprochen hat. Dann von Gunther und Siegfried gemeinsam bei dem Wettkampf auf Isenburg. Und ein drittes Mal in der Nacht, als sie von Siegfried über Gunthers Bitte überwältigt wurde. Als sie da plötzlich ein ruhiges Atmen hörte statt des schweren Schnaufens des Mannes, der sie so schrecklich in die Kissen gedrückt hat, da war es zu spät: Gunthers Gemahlin war sie nun und sie fand sich damit ab.

Keiner hätte von dem dreifachen Betrug an der Schönen aus dem Norden je geredet.

Krimhild war es, die aus Eitelkeit nicht schweigen konnte.

Dort, vor dem Dom, wurde ihr Vriedel verraten!

Danach kommt, was kommen muß: Als der Kanzler, Hagen also, sieht, wie seine Königin

weint wegen der Beleidigung durch Krimhild und den Grund dafür erfährt, da weiß der Mann aus Tronje, was er zu tun hat, da Gunther wie üblich nur redet: Siegfried!
Mit einer List gelingt es ihm, den Nibelungen zu töten. Das war nichts Unehrenhaftes zu Zeit des Kürenbergers.
Der Kanzler stiehlt dann der Krimhild den großen Nibelungenschatz, damit daraus keine Gefahr wird für die Burgunden. Auch das war nicht unehrenhaft, hatten doch die Nibelungen noch viele kampferprobte Leute. Von denen hätte Krimhild mit ihrem großen Reichtum so viel Vasallen nach Worms rufen können, wie sie brauchte, um das Reich der Burgunden in ihre Gewalt zu bringen. Und darum versenkt Hagen den Schatz der Krimhild im Rhein, damit er nie wieder in unrechte Hände kommt. Auch das ist nicht unehrenhaft, das gehört sich so für einen Reichskanzler.
Als dann Rüdiger an den Rhein kommt, da rät Hagen gegen die Hochzeit Krimhilds mit Etzel: Er weiß, daß die Witwe nie eingestehen wird, daß sie selbst schuld ist an Siegfrieds Tod.
Und als Krimhild Etzels Frau wird und einige Jahre darauf ihre Verwandten nach Gran einlädt, rät der Kanzler zwar gegen den Besuch, so wie er vordem gegen die Vermählung der Witwe mit Etzel geraten hat; daß er dann wider besseres Wissen mit seiner Herrschaft nach Gran fährt, das ist sicher ehrenhaft, aber von der vielgepriesenen Nibelungentreue ist da keine Spur. Das gehört sich so für einen Lehensmann, auch wenn er zu wissen glaubt, daß das eine Reise ohne Wiederkehr wird.

Krimhild will alle sterben sehen, die nach ihrer Meinung schuld sind an Siegfrieds Tod. Wenn dann alle tot sind, dann kann ihr auch niemand mehr sagen, daß sie an allem selber schuld ist, und dann ist Brunhild eine Witwe wie sie.
Darum müssen so viele sterben in Gran. Und als deren große Zahl nicht ausreicht, um die Burgunden zu vernichten, da muß Rüdiger von Bechelaren seinen Eid einlösen, den er der Krimhild in Worms geschworen hat.
Von keiner Gestalt sagt der Dichter, ob sie gut wäre oder schlecht in seinen Augen, nur den Herrn von Bechelaren, den beschreibt er liebevoll als einen untadeligen und tapferen Mann. Woher aber kommt dieser ehrenhafte Mann?
Für den Kürenberger kommt der aus dem Donautal und er braucht seine Gestalt, um mit ihm die alten Erzählungen zusammenzufügen. Für den Dichter ist er zudem die nobelste Gestalt im ganzen Lied und er läßt ihn dort daheim sein, woher er selber kam.
Von Rüdigers Tugend und Treue, seiner Gastfreundschaft und seiner Freigebigkeit wird erzählt, und wie ihm seine Güte und Treue zum Verhängnis wurde: Seine Königin verwendet ihn als Waffe gegen die Burgunden. Darum kommt Rüdiger zu Tode, sein Ende ist ohne Ausweg. Wegen seiner Treue zu beiden Seiten erscheint ihm selbst sein Tod als einziger Ausweg.
Dietrich und Etzel haben gut verstanden, was die Königin treibt in ihrer grenzenlosen Rachsucht: nicht allein die Rache für ihren Nibelungen, nein vielmehr die Sehnsucht, ihre eigene Schuld vergessen zu machen bei allen, die davon wissen.
Und so kommt es auch: Gunther und Hagen sind die letzten, die dafür bezahlen müssen, daß eine Königin die andere mit böser Absicht zu Tode gekränkt hat.

Darum schlägt auch Hildebrand am Ende der Königin den Kopf ab und keiner der beiden Könige, die dabeistehen, Etzel nicht und auch nicht Dietrich haben ihn dafür zu bestrafen in den Augen des Kürenbergers.
Krimhild stirbt in Gran nicht, weil sie ihren Bruder und dessen Kanzler geköpft hat, nein: Hildebrand muß die Königin richten wegen ihrer Schuld am ganzen Leid der Nibelungen.
Etzel und Dietrich weinen.
Hildebrand geht fort.
Nur hat der Kürenberger alles gesagt am Ende.
Nur eines hat er nicht gesagt:

Eichenlaub für Rüdiger.

Ich trag es ihm nach, wie lange ich sein Bechelaren auch suchen muß.
Kann sein, meine Füße tragen mich so weit.

EIN NEBELGESICHT

Mein Nibelungenbuch war noch nicht lange geschrieben, als mir ein lieber Freund ein anderes Bild des Kürenbergers brachte als das in meinem Buch:
Das auf der Seite zuvor.
Ein Abend mit gutem Wein und guten Gedanken verging über unser Gespräch, wann und wo der Kürenberger gelebt hatte – daß das Donautal seine Heimat war, wo er „der Niblunge not“ geschrieben hatte, war aber keine Frage: Zuviel und zu genau hat er über das Land zwischen Passau und Wien geschrieben und zu wenig über den Weg von dort nach Ost und West, als daß darüber ein Zweifel bestehen konnte.
Mein Freund hob das Glas, es war leer und ich schenkte nach. Ihm und mir und auch diese Flasche war nun leer und ich las gedankenverloren Namen und Adresse meines Winzers, bevor ich eine neue Flasche holte und auch dieser mit meinem Freund auf den Boden schaute.
Lange nachdem er sich verabschiedet hatte, saß ich noch am offenen Fenster und schaute in den Garten, wo die Bäume im Nebel kaum zu erkennen waren.
Noch einmal las ich das Etikett auf der Flasche – Gott weiß warum –, und diesmal laut den Herkunftsort des Welschriesling, der so leicht durch die Kehle geht und fröhlich macht, aber nicht stumpf.
„Feuersbrunn“ las ich und schaute in Gedanken auf, den Namen hatte ich schon einmal gehört und das ohne Bezug auf meinen Winzer, von dem der Wein war.
„Sagt dir das nichts?“ fragte eine Stimme aus dem Nebel in mein Gartenfenster und als ich dort hinsah, bemerkte ich eine Gestalt, die mir wohlvertraut war – ein junges Gesicht voll Freundlichkeit, blondes Haar, angezogen in der Art des späten Mittelalters. „Feuersbrunn? Freilich, freilich, jetzt fällt's mir ein, du meinst Fussenbrunn, da ist mein Wein her!“
Mein Gast lachte gutmütig und fragte, woher ich das Bild da von ihm hätte und ich sagte es ihm.
„Ist lang schon her, was kratzt es dich?“, meinte er darauf. Ich holte darum das große Buch über sein Nibelungenlied und schlug dort die Seite mit seinem anderen Bild auf, wo er auch eine wohl babenbergische Dame grüßt.
„Das Bild ist dir wirklich ähnlich, ich hab' dich darauf gleich erkannt!“
„Dann mußt du aber wissen, daß Fussenbrunn schon zu meiner Zeit nach dem Weiler Feuersbrunn benannt wurde, wo sich zwei Wege gekreuzt haben – Fussenbrunn aber verträumt abseits an einem Weg in die Weinberge lag“.
„Ich war mir immer sicher, daß du dort daheim warst, aber eine Unzahl von klugen Köpfen

sieht deine Heimat viel weiter donauaufwärts, die Bayern sehen dich als einen der ihren an, voller Überzeugung reden sie davon!"
„Und warum das? Freilich, die Bayern waren immer schon sehr bedacht auf alles, was zu ihnen gehört. Uns in Ostarrichi hat das aber sehr genützt, das muß man den Bayern lassen. Und daß ihre Bamberger – Babenberger so lange eine gute Herrschaft geführt haben über unser Land – Ehre, wem Ehre zusteht! Warum hast du mich gerufen?" zog er fragend die Brauen hoch. Dabei hielt er die Hände gerade so wie auf dem alten Bild von ihm.
„Ich hab' dich nicht gerufen – ich hätte dich aber gerne gerufen, wenn ich gewußt hätte, daß du kommst!"
„Ei freilich, du hast mich wohl gerufen: ‚Fussenbrunn' hast du gesagt und so habe ich auch geheißen – Kürenberger haben sie uns nur genannt, weil wir recht viel Gerste und Roggen hatten zwischen den Weinbergen und wenig Weideland war für das Vieh. Und darum gab es auch ein paar Mühlen- du verstehst? Kürenberger – Mühlberger – Fussenbrunner, die Leute haben auch Fussesbrunn gesagt. Warum denn hast du mich also gerufen?"
Seine Sprache klang in vielem noch nach seiner Zeit und ich versuchte mich darauf einzustellen, beim Verstehen und beim Reden.
„Gerufen oder nicht gerufen – wichtig ist dein Besuch. Das Buch da habe ich über deine Nibelungen geschrieben und es ist voller Fragen, mehr Fragen als ich Antworten hätte. Die erste,

ob du aus der Wachau, dem Donauland bist, war für mich aber keine Frage – ich verstehe mich auf solcherlei – sind doch meine Altvorderen von dort, wo deine Burgunden her waren, die du den Hagen später ‚Nibelungen' hast nennen lassen".
„Wie das? Ich sehe deinen Namen auf deinem Buch – freilich, die Rugen, die sind von Rugen, sie sagen auch Rügen zu dieser Insel, aber das war nur eine Rast auf dem Wege der Leute damals, gekommen sind sie vom Nibelungenland und dann nach West und Süd. Die einen an den Rhein und die anderen weit hinunter bis ins Welschland. Eure waren auch dabei bei diesen, so, so – wie heißt du? – So, ja, Rugen, Rügen. Aber alles Sahsen aus dem Nordland, weißt du wohl!"
„Was ist schlecht daran? Sind halt weit gezogen, die unseren, weiter als die Burgunden zum Rhein."
„Nichts ist schlecht daran, der Name ist verloren, aber was tut's", sagte das freundliche Gesicht im Fenster.
Ich wollte ihm nicht widersprechen – unser Tal steht noch heute in der Landkarte Tirols, als Weiler nur mehr – es war nicht wichtig: „Schlecht ist etwas anderes", sagte ich, „daß wir dich heute in vielem nicht verstehen können."
„‚Ich zoch mir einen Valcken' ..., das ist uns klar und es gefällt allen", sagte ich, „aber in der Nibelungen Not geht aber schon sehr viel durcheinander, das wirst du mir wohl zugestehen," – endlich konnte ich meine Fragen anbringen.
„Was geht durcheinander?" Das freundliche Gesicht wurde ernst.
Zum einen, meinte ich, wäre Island trotz allem ein wenig entlegen – auch wenn dort eine

schöne Walküre daheim war. Feuerring ja oder nein, die Sache habe sich ja ohne Zweifel nicht zum Guten gewendet.

„Das ist leicht zu verstehen", sagte mein Besucher, noch immer draußen vor dem Fenster, „später sieht man dann aber, daß auch die verschlungensten Wege zu einem gerechten Ende führen müssen."

„Gerecht kann zwischen Brunhild und Siegfried doch nur heißen, daß das Schwert Gran in der Nacht wirklich nicht zwischen den beiden gelegen ist und daß er sich unehrenhaft aus dem Staube gemacht hat."

„Wenn du so gut Bescheid weißt, wie kann diese Sache für dich zur Frage werden – ja, so wie du sagst, war die Brunhildsage gemeint. Nicht erst von mir, du weißt – Sagen sind verblaßte Erinnerungen und erinnern kann sich Eines nur an etwas, das innen ist in seinem Sinn. Das ‚Eines' muß nicht einer alleine sein, bei Sagen ist es oft ein Stamm, ein ganzes Volk sogar. Und so habe ich eine alte Sage niedergeschrieben. Und so ist diese Sache für den Xantener auch nach Verdienst zu Ende gegangen – mag er noch so stark gewesen sein und auch den Lindwurm erschlagen haben. Mit deinen Altvorderen, den Sahsen, ist er auch nicht freundlich verfahren, wie du wissen wirst. Goten hießen die vorher, wegen Gotland – Sahsen später, warum weiß ich nicht".

„Nachher die Sache mit der Burgundenprinzessin", setzte ich fort, „das reimt sich, aber warum hat er so lange gebraucht, um sie zu freien und überhaupt, wenn doch die Isländerin in Wahrheit schöner, klüger und reicher war?" 231

„So lange gebraucht hat er, weil die drei Könige in Worms und vor allen anderen der von Tronje alles dagegen getan haben, einen so starken Schwager ins Haus zu bekommen – versteht ihr heute wirklich nichts, oder ist alles soviel anders geworden?"

„Wenn man es so sieht" – ich zögerte mit meiner Antwort – „ist es wohl zu einzusehen, daß sie ihn nicht haben wollten in Worms – du meinst, die drei haben gefürchtet, Könige von Siegfrieds Gnaden zu werden, und daß die Herrschaft nicht mehr die von Worms wäre, sondern die von Xanten?"

„Gut, gut, so ist es ja auch ganz klar, warum man den Niederländer so lange hingehalten hat, nicht wahr?" Er hatte jetzt wieder sein freundliches Gesicht.

„Aber warum muß er immer wieder ‚ze hove gan', ein berühmter Deutscher leitet daraus Siegfrieds niedere Herkunft ab – ein Wüstling wäre er gewesen und ein Raufbold, ein Schmied vielleicht wegen seiner Kraft."

Mein Besucher lachte laut: „‚Ze bache gan' heißt zum Bach gehen, um sich zu waschen. ‚Ze hove gan' meint nichts anderes, als zur Herrschaft am Ort zu gehen. Erinnerst du dich vielleicht, daß ich auch erzählt habe, ‚Krimhild sult ze hove gan', als sie dem Xantener versprochen wurde? Oder meint dein Gewährsmann, die Schwester der Burgundenkönige, die Tochter von König Dankrat, sei auch von niederem Stande gewesen? Ha, ha!" Fröhlich schlug sich der Kürenberger beide Hände an die Wangen.

„Ich verstehe auch, daß Siegfried vor Brunhild als Gunthers Lehensmann erscheinen wollte, weil sie vielleicht dann selbst nicht mehr an die Nacht ohne das Schwert Gran denken wollte. Warum ist er aber überhaupt nach Island gefahren, daß er sowenig Herz haben darf bei dir, das verstehe wer mag!" sagte ich.

„Das ist doch ganz leicht einzusehen, der Lohn dafür sollte die junge Schöne in Worms sein. Und warum er nicht bei der schönen Nordfrau geblieben ist? Seine erste Leidenschaft, die schöne reife Frau, Königin in einem Land, das ungleich größer war als der Besitz seines Vaters – bist du beim ersten Feuer sitzen geblieben? Na also", meinte der Kürenberger.

„Auch gut", sagte ich, „aber warum läßt du den Siegfried bei seiner Rückkehr zur Nibelungenburg seine Mannschaft dort halb erschlagen, obwohl die doch nichts anderes tun als getreulich auf seinen Schatz zu schauen, daß der nicht weniger wird, auch wenn das gar keiner hätte bemerken können? Und wozu muß er in deinem Lied dem alten Alberich weh tun? Das gibt doch keinen Sinn!"

Fragend schaute mich mein Gast an: „Hab' ich's so geschrieben? Dann wirds auch so gewesen sein. Daß er aber die Treue seiner Burg geprüft hat, um zu sehen, wie es um seine Nibelungenherrschaft steht, das geht wohl ein, oder nicht?" Er war sichtlich zufrieden mit seiner wahrhaft dürftigen Erläuterung.

„Du wirst", blinzelte er mich an, „ sicher auch sagen, Siegfried sei unehrenhaft gewesen, als er an Gunthers Stelle Brunhilds Willen brach und ihr hernach noch Band und Ring abstreifte und wegnahm?"

„Das sage ich nicht, das denke ich nur, du hast das aber so gebraucht für den Fortgang deiner Geschichte, so wie auch das ohne Zweifel schändliche Geprahle Siegfrieds mit Band und Ring vor Krimhild. Das ist freilich das Allerletzte. Das hättest du aber gar nicht mehr gebraucht, um Hagens Speerstoß zu rechtfertigen. Das verstehen sogar wir heute, wie schlimm die Schönheit aus dem Norden betrogen worden ist: Zuerst vom Xantener, als er sie post festum verlassen hat. Dann von ihm, als er sie an Gunthers Stelle heimlich besiegte; als er sie davor belog, Gunthers Lehensmann zu sein und die Königin damit vorsätzlich verschrecken wollte; dann im Bett des Burgunden Königs, als er sie für diesen willenlos machte und zum schlimmen Ende: Band und Ring für Krimhild, die damit auch noch prahlt Brunhild gegenüber." Ich meinte, mit der Aufzählung fertig zu sein.

„Das habe ich nicht alles in Siegfrieds Sündenbuch geschrieben, wohl aber das Schlimmste, das du vergessen hast: Wie schmählich es für Brunhild war, mit ansehen zu müssen, wie ihr Gunther den Xantener zuerst zur Verantwortung ruft wegen der Schande, die der mit der Krimhild der Brunhild angetan hat und wie er dann auf den Eid Siegfrieds verzichtet, als der ihm tief in die Augen schaut. Das, das ist das allerletzte, und das hast du nicht gesagt", schüttelte er den Kopf.

„Warum", so wollte ich wissen, „nennst du dann die XV. Aventiure ‚Wie Siegfried verraten wurde'? Das war ja kein Verrat, Hagen hat doch nur getan, was Gunther hätte tun müssen, wenn er sich getraut hätte und wäre sein Gewissen rein gewesen. Nach deinem Kodex hat Hagen ja nicht gemordet und Gunther nicht verraten – Hagen hat gerichtet und Gun-

ther weggeschaut und nachher etwas gezürnt; nicht lange freilich, nur solange wie es ihm notwendig erschienen ist."
„Siegfried verraten? Habe ich nicht geschrieben! Ich habe überhaupt keiner Aventiure eine Überschrift vorangesetzt, da wäre doch die Spannung verloren gewesen, wenn die Leute aus der Überschrift schon den Gang der nächsten Aventiure gewußt hätten!"
Das leuchtete mir ein und ich blätterte weiter in meinem Buch, bis ich zur XX. Aventiure kam „Wie Etzel in Burgund um Krimhild warb". Mein Besucher sah mich aufmerksam an, als ich ihn zuerst nach Rüdiger und hernach nach Etzel fragte.
„Mein Rüdiger" seufzte der Kürenberger. „Was willst du von ihm wissen? Daß er aus dem Fränkischen kam und darum ‚ellende', besitzlos und fremd war in der Herrschaft der Babenberger? Daß ihm seine Herilungoburg von Etzel zu Lehen gegeben war? Wie schön seine Gotelind war?"
„Nein", sagte ich, „das alles nicht, aber er im Mittelalter und Etzel ein halbes Jahrtausend davor, wie soll das zusammengehen?"
„Wen kümmert das? Dich? Mich nicht! Um die Krimhild sich an den Burgunden rächen zu lassen, habe ich zwei gebraucht: Einen, der so liebenswürdig und ehrenhaft war, daß ihm Siegfrieds Witwe überhaupt zugehört und dann auch noch getraut hat; und einen zweiten, dessen Reich stärker war als die Burgunden mitsamt ihrem Gefolge. Das reimt sich doch, wie du mir sicher zugestehen wirst. Oder bist du einer von den Erbsenzählern, denen es nur auf die Zahl und nicht auf die Erbsen ankommt?"
Dem konnte ich nichts erwidern.
In mein Schweigen hinein sagte mein Besucher: „Ich wundere mich, warum du mein Lied so gut kennst, besser als ich und doch nicht verstehst, daß es den guten Rüdiger gebraucht hat und seinen Eid, daß Krimhild zu Etzel fährt," – er lachte ein wenig.
Dabei schien mir, als bewegte sich sein Gewand gar nicht, der Faltenwurf blieb stets an der gleichen Stelle.
„Die Burgunden waren aber, so wie du sie darstellst, aus deiner Zeit, ja?"
„So wie ich sie nach den nordischen Liedern erzähle, nur eben in meine Zeit getan. Was ist daran so schwer zu verstehen, der Högni war ebensoviel vor meiner Zeit wie der Etzel, meine ich. Und die habe ich in meine Zeit getan. Nur meinen Rüdiger, den habe ich aus meiner Zeit."
„Der war aber auch aus Payerland und er war der Inbegriff von Anstand und ritterlicher Tugend, die Bayern beschreibst du aber als räuberisch und wild."
„Der Rüdiger ist halt die Ausnahme, außerdem habe ich nie gesagt, daß alle in Payerlant räuberisch und wild sind."
Alles das war für mich zu verstehen, nicht aber, warum Hagen auf der Reise auf einmal die Burgunden als Nibelungen bezeichnet hat und ich mußte lachen: Unser Nibelungengau würde sonst Burgundengau heißen.
„Was ist lustig an mir?" fragte mein Besucher.

„An dir nichts, nur heißt heute ein Teil des Donautales ‚Nibelungengau' und das kommt davon, daß du den Hagen unterwegs – ohne ersichtlichen Grund übrigens – die Burgunden als Nibelungen bezeichnen läßt."
„Ich sage: ‚Nibelunges Helde', weil tausend Reisige mit waren mit den Burgunden. Und weil Hagen es eben nicht besser versteht."
„Ist er da schon blöd geworden? Bis dahin ist er in allem zu verstehen, selbst den Siegfried von hinten zu erstechen: Anders wäre es ihm und keinem anderen möglich gewesen, wenn der Xantener schon sterben mußte nach eurer Auffassung damals."
Meine Frage dazu hatte ich noch gar nicht angebracht, als mein Gast schon darauf einging. „Du verstehst also, daß der Hagen in Worms anders ist – aber beileibe kein anderer! – als der Hagen auf dem Heerzug nach Gran zum Hunnenkönig?"
Ich meinte, das müßte wohl so sein und leicht einzusehen wäre, daß Hagens Frechheit vor der Königin der Hunnen – von Volkers rotziger Art gar nicht zu reden – und seine abstoßende und jedes Gastrecht verletzende Gemeinheit gegen Etzels kleinen Sohn und dann dessen Ermordung und sein irres Gelächter am Ende einfach nicht zusammmenpassen mit dem ursprünglich tadellosen Reichskanzler in Worms, der eben den Geboten seiner Zeit entsprochen hat und nichts anderes getan, als was er für richtig hielt.
„Gut, gut so, aber nicht ganz gelesen!" sagte mein Besucher und fuhr fort: „Nur hast du dann den Högni in den alten Liedern nicht verstanden. Auch der lacht irre, als es mit ihm zu Ende geht. Und mein Hagen – das hast du ja selber gesehen, der ist ein Stück von dem Hagen aus der Waltersage, der seinem Freund einen Arm abhaut, wofür ihm der das halbe Gesicht abtrennt. Und eben ein Stück des alten Högni. In der Zeit passen die drei: mein Hagen, Walters Hagen und der Högni gar nicht so schlecht zusammen. Du siehst aber, daß ich den Bogen zum Högni aus dem Norden da zu spannen begonnen habe, wo er die Burgunden als Nibelungen bezeichnet. Ich weiß: Die 1000 Reisigen in der XXV Aventiure, die sind nur dann zu verstehen, wenn du mir durchgehen läßt, daß die Burgunden sich da schon Nibelungen genannt haben; von hoch aus dem Norden war freilich keiner dabei", mein Gast zuckte wie verlegen mit den Schultern und lachte wieder ein wenig.
„Nicht zum Lachen ist mir, wenn ich den schönsten Teil in deinem Lied lese, der zugleich der schrecklichste ist –" Er fuhr mir ins Wort: „Du meinst Rüdigers Ende oder den Tod der Krimhild?"
„Du beschämst mich! Nein, am Tod der Krimhild stört mich nur die Person des Scharfrichters – dem Hildebrand steht derlei nicht zu, wobei ich aber sehe, daß du dann niemand anderen zur Hand hast, Könige enthaupten keine Damen. Aber in einer Sage wäre doch vieles möglich: Hagen reißt sich los, nimmt der Königin den Balmung weg und köpft sie. Und Dietrich erschlägt nachher den Hagen. Oder Etzel: So wie im alten Lied von ‚Gunnars Harfenschlag'", meinte ich.
„Ei freilich, das wäre auch ein gerechtes Ende geworden, da hast du nicht unrecht!"
„Sag mir bitte, ob du den Rüdiger oder sein Vorbild ...", ich schaute auf und mußte zusehen,

wie das Bild meines Besuchers schnell undeutlich wurde, nur das freundliche Gesicht mit den weit in die Stirn reichenden Locken war noch zu erkennen und mit einmal war nur mehr der graue Nebel vor dem Fenster, der Umriß der Bäume dahinter.

Und kein Kürenberger war mehr da, den ich noch nach der liebenswürdigsten und nobelsten Gestalt in seinem Lied fragen wollte.

Aber es ging es mir so wie jedesmal: Daß mir das Eichenlaub für den Rüdiger von Bechelaren in den Händen bleibt.

GESTALTEN, GESCHICKE UND GEMARKEN IM NIBELUNGENLIED

ALBERICH
ist der Zwergenkönig, der im Dienste von König Nibelung und nachher von dessen Söhnen über die Nibelungenburg und den großen Schatz darin wacht.

ALZEY
ist die römische Gründung Altaiensis und die Heimat von Volker; der hat diese Herrschaft zu Lehen von König Gunther.

AMELRICH
ist einer der Fährleute an der Donau, für den sich Hagen ausgibt, um über die Donau zu kommen. Er bekommt darum mit dem anderen Fährmann Streit.

AMELUNGEN
heißen die Leute aus König Dietrichs Gefolge. Ihr Name kommt von den Amalern, die ostgotische Fürsten waren. Theoderich der Große stammte aus dieser Familie, die im Jahre 536 mit König Theodahat erlosch.

ASTOLD
ist ein Lehensmann von König Etzel, der ihm die Herrschaft Melk zu Lehen gegeben hat.

BABENBERGER
die auch Popponen geheißen haben, kamen aus dem Fränkischen nach Osten, nach Ostarrichi: Der Babenberger Leopold I war 962 schon Markgraf der damals noch bayerischen Ostmark und mit der Tochter des Grafen von Sualafeldgau in Bayern verheiratet. Seltsamerweise kommen die Babenberger im Nibelungenlied überhaupt nicht vor, obwohl vier Reisen durch ihr Land führen.

BALMUNG
heißt das Schwert von Siegfried von Xanten, das er von den Söhnen von König Nibelung als Lohn für seinen Schiedsspruch bekommen hatte.

BECHELAREN
heißt Pöchlarn an der Donau im Nibelungenlied. Burg und Herrschaft hat dort Rüdiger von König Etzel zu Lehen.

BERN
ist Verona und die Heimat von König Dietrich. Sein Oheim Kaiser Ermanarich (Odoaker) hatte ihm die Herrschaft von Bern genommen und ihn aus dem Land gejagt. Danach kam er nach Gran und wurde Etzels Feldherr im Kampf gegen die Wikinger im Norden.

BLODELIN
heißt der Sohn von König Botelung und Bruder von König Etzel.

BRUNHILD
ist die Königin von Island, die später Gunthers Gemahlin und damit in Worms Königin der Burgunden wird. Nach ihrem Abschied von Gunther ist von ihr nie wieder die Rede.

BURGUND
ist im Nibelungenlied der Landstrich beiderseits des Rheines bei Worms und nicht auch das heutige Burgund, la Bourgogne in Frankreich.

BURGUNDEN
sind König Dankrat mit seiner Gemahlin Ute und deren Söhne Gunther, Gernot und Giselher, wie auch

ihre Tochter Krimhild. Auch deren Verwandte Hagen und Dankwart und ihr Gefolge heißen Burgunden.

DANKRAT

ist der vor dem Beginn des Liedes verstorbene König von Burgund, der Gemahl von Ute und Vater der drei Burgundenkönige und Krimhilds.

DANKWART

von Tronje ist der jüngere Bruder von Hagen und Sohn von Aldrian.

DIETRICH

ist Dietrich von Bern, Sohn von König Dietmar, angelehnt an die Gestalt von Theoderich dem Großen, dem Ostgotenkönig aus Verona. Nachdem er nach seiner Vertreibung aus Bern 30 Jahre an Etzels Hof gelebt und Feldherr der Hunnen gewesen war, half ihm Etzel, seine Herrschaft wiederzugewinnen.

ECKEWART

war Markgraf am Hofe von Burgund. Im Nibelungenlied begleitet der Markgraf ohne Land Krimhild zuerst nach Xanten und nach Siegfrieds Tod nach Gran zu Etzel. Dort bleibt er im Gefolge der Königin, bis er vom Hunnenkönig zu Rüdiger nach Bechelaren abgestellt wird.

ELSE

heißt der Herr der Mark, des Grenzlandes südlich der Donau, wo die Burgunden von Hagen über den Strom gebracht werden.

ETZEL

ist der König der Hunnen, Sohn des König Botelung und Bruder von Blodelin. Seine erste Gemahlin war Helche, nach deren Tod er dann Krimhild freit. Den Etzel setzt der Dichter mit der historischen Gestalt des Attila gleich, der wirklich König der Hunnen war und der mit seinem Bruder Bleda ein großes Reich regierte, das vom Main bis über den Kaukasus reichte. Dazu hatte der historische Attila Ostrom in seine Gewalt gebracht und wurde nach seinem Feldzug gegen die Burgunden gemeinsam mit Aëtius Flavius von diesem auf den Katalaunischen Feldern geschlagen.

GELPFRAT

ist Graf der Mark südlich der Donau und Bruder von Else. Er wird von Hagens Bruder erschlagen, dem der Bayer wegen seines toten Fährmanns nachsetzt.

GERBERT

ist ein Ritter aus Dietrichs Gefolge, der mit Hildebrand in den Thronsaal geht und dort fällt.

GERE

ist Markgraf am Hofe der Burgunden und mit diesen verwandt.

GERNOT

ist König der Burgunden, Sohn von König Dankrat und Königin Ute. Er ist Gunthers jüngerer und Giselhers älterer Bruder.

GISELHER

ist der jüngste der Burgundenkönige und Bruder von Gunther und Gernot. In Bechelaren verlobt er sich mit Rüdigers Tochter.

GOTELIND

ist die Gemahlin von Rüdiger von Bechelaren.

GRAN

heute Esztergom, ist im Lied die Residenz von König Etzel. Die Stadt hatte ihren Namen vom Fluß Garam, einem Nebenfluß der Donau, der gegenüber von Gran in die Donau mündet. Gran liegt auf einem Festungsberg und war Sitz der Arpaden, die zu Ende des 9. Jahrhunderts aus ihrem Stammland zwischen den Strömen Dnjepr und Don vertrieben worden waren und von dort an die Donau kamen. Zur Lebzeit von Attila in der ersten Hälfte des 5. Jahrhunderts gibt es von einer Stadt Gran an der Donau noch keine Aufzeichnungen. Erst die Arpaden machen Gran am Beginn des 10. Jahrhunderts zu einer Stadt und zu ihrem Herrschaftssitz, der im Jahre 1001 zum Erzbistum wird.

GUNTHER

ist wie Gernot und Giselher ein Sohn von König Dankrat und Königin Ute. Als ältester der drei Brüder und Könige hat er die Herrschaft in Burgund, sein Herrschaftssitz ist Worms. Er heiratet Brunhild, die Königin von Island. Nach ihm und ihm zu Ehren trägt auch Siegfrieds und Krimhilds Sohn den Namen Gunther.

HADBURG
heißt eine der Nixen, die dem Hagen an der Donau das Schicksal der Burgunden prophezeien.

HAGEN
von Tronje ist der Kanzler am Hofe der Burgunden. Er ist der Sohn von Aldrian von Tronje und Bruder von Dankwart. Hagen war als Knabe von König Gibich dem Etzel als Geisel gestellt worden, um mit ihm und viel Gold den Frieden mit Etzel zu erreichen. Hagen lebte hernach viele Jahre in Etzels Diensten in Gran, weswegen er mit Straßen und Wegen im Hunnenreich vertraut ist.

HAWART
ist ein Fürst aus Dänemark. Er ist von König Lüdegast in die Verbannung geschickt und in Etzels Dienst getreten.

HELCHE
heißt die erste Gemahlin von König Etzel.

HELMNOT
gehört zum Gefolge von König Dietrich.

HELPFRICH
später Helferich genannt, ist ein Kämpfer in Dietrichs Diensten, der Hagens Bruder Dankwart erschlägt und damit die Burgunden entscheidend schwächt.

HERRAT
ist die Tochter der Schwester von Königin Helche und mit König Dietrich verlobt.

HILDEBRAND
bedeutet im Althochdeutschen das „Kampfschwert“. Hildebrand ist Waffenmeister von König Dietrich.

HUNNEN
sind im Lied das Volk von König Etzel. Name und Stamm kommt von den Hsiung Nu, einem Nomadenvolk im Norden der chinesischen Reiche. Die westlichen Hsiung Nu zogen in das Gebiet der Alanen im nördlichen Kaukasus. Von dort kamen sie an den Don und weiter nach Westen.

IRING
ist ein Däne und Lehensmann von König Hawart, in dessen Diensten er an Etzels Hof lebt. Iring ist ein berühmter Fechtmeister und der erste, der ohne Befehl die Burgunden angreift. Er wird von Hagen erschlagen.

IRNFRID
ist Landgraf von Thüringen und mit Fürst Hawart von Dänemark befreundet; er lebt in Etzels Diensten in Gran.

ISLAND UND ISENSTEIN
sind das Reich und der Herrschaftssitz von Königin Brunhild vor ihrer Vermählung mit Gunther. Ob damit wirklich Island gemeint wird, ist wegen der im Lied genannten geringen Entfernung von Worms nicht klar.

KRIMHILD
ist die Tochter von König Dankrat und Königin Ute und damit die Schwester von Gunther, Gernot und Giselher. Sie vermählt sich mit Siegfried von Xanten und hat von ihm einen Sohn, Gunther. Nach Siegfrieds Tod ehelicht sie König Etzel, von dem sie ihren Sohn Ortlieb hat.

KÜRENBERGER, DER VOM KÜRENBERG
im Althochdeutschen bedeutet „Kürenberg“ soviel wie „Mühlberg“. Der nicht überall als sicher angesehene Verfasser des ersten deutschsprachigen Textes des Nibelungenliedes ist einer der frühesten mit Namen bekannten Minnesänger. Er lebte am Beginn des 12. Jahrhunderts und entstammte einer alten österreichischen Familie, die im Donauland zwischen Enns und Melk ansässig war. Vom Kürenberger sind auch andere Lieder bekannt, die zum Teil die

gleiche schwierige Versform haben wie das Nibelungenlied.

LÜDEGAST
heißt der König von Dänemark und Bruder von Lüdeger.

LÜDEGER
ist der König von Sachsen. Mit seinem Bruder Lüdegast zieht er gemeinsam gegen die Burgunden, beide werden jedoch von den Burgunden unter Siegfrieds Führung geschlagen und gegen Gelöbnis und ohne Lösegeld in ihre Heimat entlassen.

LOCH
ist Lochheim im Rheingau, wo Hagen den der Krimhild gestohlenen Nibelungenschatz in den Strom versenkt.

MEDELIKE
oder Mölk ist Melk an der Donau in den verschiedenen Fassungen des Liedes. Die Herrschaft dort hat Astold von Etzel bekommen.

MISENBURG
heißt im Lied die Stadt an der Donau, die später Wieselburg genannt wurde. Zur Zeit des Kürenbergers war die Stadt recht wohlhabend, weil bis dahin die Donau stromaufwärts gut schiffbar war.
In Misenburg wurde alles auf Pferdewagen geladen, was nach Wien und weiter nach Westen geführt werden sollte.

MÖRINGEN
ist Mehring, ein Ort an der Donau unweit von Pförring. Dort kamen die Burgunden über die Donau.

MUTARAN, MUTAREN
heißt heute Mautern und liegt südlich von Krems an der Donau. Mautern ist einer jener kleinen Orte, die der Dichter dennoch erwähnt: Da war seine Heimat, gleich ob er nun Kürenberger oder anders geheißen hat.

NIBELUNGEN
heißen die Besitzer des Nibelungenschatzes nach König Nibelung.
Nach ihm besaßen seine Söhne Schilbung und Nibelung den großen Schatz. Der Nibelunge nach ihnen war Siegfried, nachdem er die beiden erschlagen hatte. Nach Siegfrieds Tod war Krimhild die Nibelunge. Die Bezeichnung der Burgunden als Nibelungen ist falsch, da sie nie Land und Herrschaft dort hatten.

NIEDERLAND
heißt die Herrschaft von Xanten am Rhein im heutigen Nordrhein–Westfalen.

NORWEGEN
wird als Land der Nibelungen im Lied gedacht. Die Burg Nibelung liegt dort.

NUDUNG
heißt in der Schreibweise des Kürenbergers Nuodunc, ist der Sohn von Gotelind und Rüdiger. Er wurde in der Rabenschlacht erschlagen. Seinen Schild gibt Gotelind als Gastgeschenk Hagen. Im Königssaal in Gran zeigt Hagen den schon zerhauenen Schild dann Rüdiger, der ihm seinen neuen Schild dafür gibt.

ORTLIEB
heißt der kleine Sohn von Krimhild und Etzel.

ORTWEIN
aus Metz, dem römischen Mediomatricum, ist Truchseß am Hofe zu Worms, ein hoher Beamter also, der der Hofhaltung vorsteht. Ortwein ist der Sohn von Hagens Schwester.

OSTFRANKEN
ist das Gebiet zwischen dem Main und der Donau.

OSTERRÎCHE
Osterland, Österreich war zur Zeit des Kürenbergers das Donauland im Osten der Enns und im wesentlichen gleich dem heutigen Niederösterreich.

PASSAU

ist die Stadt in Niederbayern, die auf dem Gebiet der keltischen Siedlung Boiodurum und des römischen Kastells Batavis steht. Das Bistum Passau wurde schon 737 gegründet. Bischof Wolfger führte das Bistum von 1191 bis 1204. Er war nachweislich ein Förderer von Walther von der Vogelweide. Als Gönner des Kürenbergers mit dessen Niederschrift des Nibelungenliedes um 114o kommt er nicht in Frage trotz der oft zu hörenden Hinweise hiezu.

PETSCHENEGEN

sind ein Volksstamm, der erstmals 834 im Norden des Kaspischen Meeres genannt wird. Ende des 10. Jahrhunderts kamen sie in die westliche Ukraine. Sie werden als Etzels Gefolgschaft aus Kiew bezeichnet.

PILGRIM

heißt im Lied der Bischof von Passau, der ein Bruder von Königin Ute und damit Onkel der drei Burgundenkönige und Krimhilds ist. Mit dem Bischof Wolfger kann er nicht ident sein. Ein Herr Pilgrim ist im Stifterbuch von Zwettl in Niederösterreich erwähnt, der die Erschließung des Landes um die Mitte des 12. Jahrhunderts vorangetrieben hat. Das Stift Zwettl wurde tatsächlich 1137 als Zisterzienserkloster gegründet.

RÜDIGER

ist Markgraf von Bechelaren an der Donau, dem heutigen Pöchlarn. Mit der Mark ist er von König Etzel belehnt. Markgraf ist er, weil er eine „Mark", ein Grenzland, verwaltet und darum besondere Rechte hat. Rüdigers Gemahlin ist Gotelind, seine Tochter ist mit König Giselher verlobt.

RUMOLD

ist der „Küchenmeister" der Burgundenkönige, also für die Vorratswirtschaft zuständig.

SACHSEN

sind ein Volksstamm, der ursprünglich aus Skandinavien kam und dann an der Elbe beheimatet war. Die Liudolfinger, nach denen die Könige Lüdeger und Lüdegast heißen sollen, waren eine führende Familie in Sachsen. Bis zum letzten Sachsenkönig Heinrich II ist jedoch ein König Lüdeger, wie im Nibelungenlied genannt, nicht zu finden.

SIGLIND

ist mit König Sigmunt von Niederland verheiratet und Mutter von Siegfried.

Siglind heißt auch die Nichte von Hadburg, die Hagen die Zukunft voraussagt. Erst die junge Siglind sagt ihm die ganze schlimme Wahrheit: Daß außer dem Kaplan keiner von dem Zug der Burgunden wieder heimkommen wird nach Worms.

SIGMUND

ist der König von Niederland, Gemahl von Siglind und Vater von Siegfried.

SIEGSTAB

ist Herzog von Bern und der Sohn der Schwester von König Dietrich. Der Widerspruch zwischen dem Herzogtum Siegstabs in Bern und der Königswürde Dietrichs in Bern wird im Lied nicht erklärt.

SIEGFRIED

ist Sohn von König Sigmund und Königin Siglind und nach Sigmunds Hofübergabe König in Niederland. Er ist mit Kriemhild vermählt, die von ihm ihren Sohn Gunther hat, der nach Kriemhilds Bruder heißt.

Siegfried heißt auch der Sohn von Brunhild mit Gunther.

SPANIEN

wird als Heimat von Walther von Aquitanien genannt, der gemeinsam mit Hildegund und Hagen als Geisel an Etzels Hof nach Gran gekommen war.

SCHWANEFELD

ist ein Landstrich in Franken. Das Gebiet im Norden der Donau hieß zuvor Sualafeld und gehörte als Sualafeldgau dem Schwiegervater des ersten Babenbergers, Markgraf Leopold I., dem Grafen Ernst von Sualafeldgau. Durch diese Gegend führen im Nibelungenlied anscheinend die vier Reisen an der Donau.

SCHWEMMEL
ist ein Spielmann am Hofe Etzels. Er wird mit Wärbel nach Worms gesendet, die Burgunden nach Gran einzuladen.

TENELAND
heißt das heutige Dänemark beim Kürenberger. Der Helt von Tenelant ist Iring.

TENEMARK
heißt das Land von König Lüdegast.

TEUTSCH
oder „Tiutsch" für die deutschen Gäste im Lied bedeutet wohl, daß diese aus Thüringen waren. Das ist jedoch nur aus dem Zusammenhang zu schließen. Der Name der Deutschen (aus diutisc, theudisk, also „allgemein" und „zum Stamm gehörend") ist als einziger Name eines europäischen Volkes nicht auf eine Stammes- oder Landesbezeichnung zurückzuführen. Auch das seit 786 übliche latinisierte „theodiscus" bedeutet nur die germanische Umgangssprache im Gegensatz zur lateinischen Sprache der Gebildeten.

TRISEM
oder Treisem ist der Fluß Traisen, der aus dem Süden kommt und östlich von Traismauer in die Donau mündet. Auch der Name dieses kleinen Gewässers ist ein Hinweis auf die Heimat des Dichters.

TRISEMURE
das heutige Traismauer, ist die Burg von Königin Helche.

TRONEGE
heißt Tronje, woher Hagen und sein Bruder Dankwart stammen.

TRUNE
die Traun, ist ein südlicher Nebenfluß der Donau.

TULNE
Tulln, das römische Kastell Comagenis, ist eine Stadt an der Donau.

TOUNOUWE
wird im Lied die Donau genannt.

UTE
ist die Gemahlin von König Dankwart von Burgund und die Mutter von Krimhild und ihren drei Brüdern Gunther, Gernot und Giselher.

VERGEN
heißt heute Pförring und liegt östlich von Ingolstadt. Dort kommt Krimhild auf ihrer Fahrt zu Etzel über die Donau.

VOLKER
von Alzey ist ein Lehensmann der Burgunden. Im Lied ist er ein Fiedler, ein Spielmann, der sich immer an Hagen hält.

WÄRBEL
ist ein Spielmann am Hofe Etzels. Er wird mit Schwemmel nach Worms gesendet, die Burgunden nach Gran einzuladen.

WASGENWALT, WASGENSTEIN
sind die Vogesen und ein Felsen dort.

WICHART
ist ein Amelungenritter aus Dietrichs Gefolge.

WIENE
heißt beim Kürenberger Wien an der Donau.

WOLFHART
ist der Sohn von Hildebrands Schwester. Er kämpft gegen Giselher, dabei werden beide zu Tode getroffen. Wolfwein und Wolfbrand, Wolfprant sind wie er Amelungenritter bei Dietrich.

WORMS
auch Wormez und Worms geschrieben, ist der Herrschaftssitz der Könige der Burgunden; der Älteste von ihnen ist „der herre ze worms".

XANTEN
von „ad Sanetos" nach zwei Märtyrern, liegt westlich des Rheins und war die Heimat von Siegfried.

Die Reproduktion der 38 Miniaturbilder aus der
Hundeshagenschen Nibelungenhandschrift erfolgt mit
freundlicher Genehmigung der Athesia Verlagsanstalt, Bozen.
Die Reproduktion des Herrn von Kürenberg mit Dame aus dem
Codex Manesse auf dem Schutzumschlag erfolgt mit
freundlicher Genehmigung der Universitätsbibliothek Heidelberg.

Die deutsche Bibliothek – CIP Einheitstitelaufnahme
Ruggenthaler, Peter Thomas:
Das wahre Nibelungenlied – Donauwellen statt Rheingold – Die alte Sage
des Herrn von Kürenberg mit den mittelalterlichen Miniaturen/
Peter Thomas Ruggenthaler – Wien: Molden Verlag 2001
ISBN 3-85485-071-9

http://www.molden.at/
Lektorat:
Herta Ruggenthaler
Gerda Fritsch
Astrid Widmann-Rinder
Herstellung: Alfred Rankel
Satz: Zehetner Ges. m. b. H., A-2105 Oberrohrbach
Druck: Druckerei Theiss GmbH, 9400 Wolfsberg
ISBN 3-85485-071-9